KB174297

리얼
월드
REAL WORLD LEARNING
러닝

리얼 월드 러닝

학교와 세상을 연결하는 진짜 배움

ⓒ 김하늬 2021

초판 1쇄	2021년 8월 19일			
초판 5쇄	2023년 3월 20일			

지은이　　김하늬

출판책임	박성규		펴낸이	이정원
편집주간	선우미정		펴낸곳	도서출판 들녘
디자인	고유단		등록일자	1987년 12월 12일
편집	이동하·이수연·김혜민		등록번호	10-156
마케팅	전병우			
경영지원	김은주·나수정		주소	경기도 파주시 회동길 198
제작관리	구법모		전화	031-955-7374 (대표)
물류관리	엄철용			031-955-7381 (편집)
			팩스	031-955-7393
			이메일	dulnyouk@dulnyouk.co.kr

ISBN　　979-11-5925-654-7 (03370)

교육 폴더
10

학교와 세상을 연결하는 진짜 배움

리얼 월드

REAL WORLD LEARNING

러닝

김하늬 지음

푸른들녘

리얼 월드 러너의 모습을

가장 가까이에서 보여주는

인생의 파트너, 에릭에게

고마움을 전하며

조한혜정 　　　　　　　　　　　　　　　문화인류학자, 연세대학교 명예교수

"가만있으라"고 하면 어떤 위기에도 가만히 있는 학생들이 있다. 학교는 국가가 먹여 살려야 할 거대한 수동적 시민들을 키워내는 중이다. 그런데 학교는 자신과 세상을 살릴 적극적 국민을 키워내는 곳이어야 하지 않는가? 이 책은 책임 있는 존재로 성장하는 학생들이 다니는 학교에 대해 이야기한다. 가정과 학교와 '제3의 어른' 자원이 있는 마을을 오가며 일상을 바꾸어가는 체인지메이커들의 '네트워크 허브로서의 학교'. 그런 학교를 만드는 것이 어려운 일이 아님을 보여주고 있다. 탁월한 체인지메이커이자 리얼 월드 러너인 밀레니얼 저자 김하늬가 분석한 학교 현장. 학교는 달라져야 하고 또 달라지고 있다. 망고, 망설이지 말고 가자!

송인수   재단법인 교육의봄 공동대표

김하늬의 이번 저서를 읽고 적이 놀랐다. 나는 아쇼카 펠로우가 되어 그를 만났는데, 체인지메이커 스쿨 운동에 열정을 쏟는 그 모습이 매우 신선하다고 생각했다. 그 후 멈춘 줄 알았다. 그런데 몇 년 사이에 그가 아이들이 살아갈 세상을 내다보며 학교에서 시도할 역량 교육의 깊은 통찰과 다양한 팁을 갖고 나타났다. "직업이 변하고 채용이 달라진다"는 말을 하면 학부모들은 내게 "그런 미래에 맞추어 아이들을 어떻게 가르쳐야 하나요?"라고 되묻곤 한다. 이 책이 그 대답이 되는 듯해서 반갑다.

이익겸   전 유쓰망고 인턴, 이우학교 3학년

변화하는 시대에 막연한 미래를 불안해하던 내가 꿈을 찾고 꿈을 향해 뛰게 되었다. 리얼 월드 러닝은 지속되는 무력감에 지쳐가는 내게 활력을 불어넣고 내일을 기대하게 해줬다. 학교 밖으로 나가 실제 세상을 경험해보는 배움은 모든 청소년들에게 필요하다.

김채원   망고 멘토, 매스프레소(콴다 앱) 프로덕트 오너

사람마다 각자 관심 있는 분야가 다른 것이 당연하다. 그런 다양함은 소중한 것이고, 각자의 호기심을 따라 몰입해보는 것은 중요

7

하다. 나는 유쓰망고의 고등인턴 프로그램에 멘토로서 10대 인턴들과 함께 일하며, 이들의 호기심이 세상을 만날 때 끝없이 확장됨을 눈으로 확인했다. 또한 이들의 관점을 통해 내 일을 새롭게 바라보는 계기가 됐다. 더 많은 청소년과 어른들이 이런 기회를 얻고 성장할 수 있도록, 다양한 분들이 이 책을 읽고 자신의 역할에 대해 고민해주었으면 좋겠다.

이은상   『세상을 바꾸는 수업: 체인지메이커 교육』 저자, 창덕여중 교사

체인지메이커의 다른 이름은 리얼 월드 러너이기도 하다. 그들은 자기 내면의 꿈틀거림에 주목하고, 세상에 공감하며, 행동으로 변화를 만들어간다. 저자는 학교와 학교 밖을 연결하는 체인지메이커이자 리얼 월드 러너이다. 이 책을 통해 체인지메이커 & 리얼 월드 러닝 무브먼트가 더욱 활성화되기를 기대해본다.

이인숙   미래학교자치연구소 소장

이 책은 VUCA시대를 사는 우리 아이들을 위한 미래학교 교과서이다! 배우는 곳과 일하게 될 곳의 경계를 허물고 학생 스스로 앎과 함이 일치하는 리얼 월드로 배움의 여정을 떠나도록 안내하고 있다. 스스로 직업을 창조하고 있는 저자 김하늬가 미래학교를

실현하고 있는 국내외 기관 및 단체와 연대하며 온몸으로 실천한 사례를 바탕으로 하고 있어 한 줄 한 줄이 살아 있다. MZ세대인 우리 아이들이 자기다움을 발휘하고, 학교에서의 배움을 '쓸데' 있도록 하는 교육시스템으로 어떻게 전환할 것인지 성찰하고 있어 교사와 행정가에게 단비와 같다. 특히 변화가 디폴트인 이 시대에 자녀를 어떻게 키워야 할지 혼란스러운 학부모에게는 나침반과 같은 역할을 할 것이다.

차 례

1부   리얼 월드 러너
: 진짜 세상에서는 어떻게 배우며 성장할까

프롤로그 _ 나의 리얼 월드 러닝 여정

2015년, 교사자격증도 없는 사람이 한 고등학교에서 문제 해결 프로젝트 수업을 하고, 교사를 대상으로 연수를 진행했다. 바로 스물여덟 살의 나다. 그리고 지금은 매년 천 명 정도의 교사들을 (주로 온라인으로) 만나며 변화하는 세상에 필요한 역량과 청소년 주도 프로젝트에 대한 이야기를 하는 교육 혁신 비영리 단체 '유쓰망고'를 운영하고 있다. 여전히 교사자격증은 없다. 교육학을 전공하지도 않았다.

이 책은 어떻게 내가 '스펙보다 역량'의 시대에서 이런 직업을 스스로 만든 것이 가능했는지, 또 교사 출신이 아닌 한 청년이 교사들을 통해 엿본 학교의 모습에서 발견한 현실과의 불일치를 어디서부터 풀어가면 좋을지에 대한 고민에서 시작됐다.

━ 배움의 시작

처음 내가 교육계에 발을 들여놓은 계기는 '체인지메이커 교육'을 국내에 소개하는 업무를 하면서다. 사회혁신가를 발굴하고 선정하는 일을 하는 글로벌 조직인 아쇼카의 한국 사무소 창립 멤버로서 다양한 역할을 하던 중에 신규 사업을 맡았다.

그때까지만 해도 나는 '교육'보다는 사회혁신 생태계에 더 관심이 많았다. 정확히는 사회 문제를 해결하는 사람들의 동기와 일하는 방식이 궁금했다. 그리고 어떻게 하면 더 많은 사람이 자신이 속한 그룹에서 문제를 발견하고 그것을 해결하며, 이전과는 조금 더 나은 상태로 만들고자 하는 마음을 가질 수 있을까에 대해 매일 생각했다. 그러다 보니 정체성이 형성되는 청소년기에 받는 교육에 대해 자연스레 호기심이 생겼다.

고등학교를 졸업한 지 10년이 지난 시점이었기 때문에 국내 런칭 업무를 위해서는 학교가 얼마나 변했는지 알아야 했다. 사실 학교 자체의 모습은 생각보다 많이 달라지지 않았는데, 내가 학교 다닐 때 볼 수 없었던 새로운 종류(?)의 교사들이 있었다. 학교의 변화를 위해 마음을 쏟는 교사들이었다.

그렇게 학교 안에서 이미 수업을, 교직 문화를 변화시키고 있는 교사들과 함께 체인지메이커 교육을 한국 현실에 맞게 적용하고, 정리하고, 퍼뜨리는 여정을 시작했다. 그 과정에서 나는 이들로부터 학교에서 사용하는 언어를 배우고, 시스템을 배우고, 딱딱한 제도의 틈새에서 새로운 시도를 해나갈 수 있는 방법들을 배웠다.

나의 동료는 교사들이었다. 몸담고 있었던 조직 안에서는 동료를 찾을 수 없었다. 아무도 해보지 않은 새로운 일이었고, 그래서 누구도 가르쳐줄 수 없는 일이었기 때문이다.

━ 변화하는 세상에서 나만의 역할 찾기

공동체의 문제를 발견하고 해결하는 프로젝트 중심의 체인지메이커 교육을 알리며 나는 종종 이상하다는 느낌을 받았다. 생각보다 교육 현장의 반응이 빨리 왔기 때문이다. 이게 사실 새로울 것이 없는데 말이다. 교육의 목적이 본래 '시민을 키워내는 일' 아니었던가. 교육학적으로도 이미 구성주의 교육 철학에서 시작된 프로젝트 기반 학습의 원칙과 동일한 과정이었다. 하지만 인천, 강원, 대구를 시작으로 경기, 제주, 울산 등으로 빠르게 퍼져나갔다. 그 이유는 무엇이었을까.

2015년도는 자유학기제가 도입되기 직전이었고, 2014년 지방자치제 선거에서 혁신학교 신설 및 확대를 공약으로 내세운 교육감 후보가 대거 당선되면서 더 많은 지역에서 혁신학교를 개교한 해이기도 하다. 2016년 1월에는 세계경제포럼에서 '4차산업혁명'이라는 단어가 처음 사용되며 교육계에 퍼져나가기 시작했고, 3월에는 이세돌과 알파고의 대결로 전 세계가 AI의 등장을 피부로 느끼게 됐다. 과거에 존재하지 않았던 직업이 노동시장을 장악할 것이라는 예측들이 나오면서 초·중·고 학교 현장에서는 문제 해결력과 기업가정신 같은 진취적이고 자기주도적인 역량이 강조되기 시작했다.

타이밍이 좋았다. 시대정신과 부합하는 개념을 세상에 내놨고, 많은 사람들의 공감을 받을 수 있었다. 기존의 세계시민교육, 민주시민교육, 진로교육, 사회적경제교육, 기업가정신교육, 창업교육 등이 '변화를 만드는 사람으로의 교육'이란 이름으로 모일 수 있었던 것이다.

하지만 교사들 사이의 온도차는 상당했다. 적극적으로 세상의 변화의 흐름을 읽고 새로운 역량을 길러줄 수 있는 수업을 하는 그룹이 있는 반면, 절대 다수는 여전히 기존의 체제에 최적화된 방식을 수용하여 입시 공부에 올인하는 학생들을 지원하고 있었다. 말로는 "미래 역량이 중요하다" "직업의 세계가 바뀌고 있다"고 하지만, 실제 그것이 학생들이 살아갈 삶에서 무엇을 의미하는지를 아는 교사는 적은 것처럼 보였다.

그런데 학교 현장에서 고개를 돌려 내 주변을 둘러보면, 높아만 가는 청년 실업률이 무색하게 온통 자신의 직업을 스스로 만들거나 새로운 진로를 개척해가는 친구들이 넘쳐났다. 대부분 사회혁신 분야에서 일하며 알게 된 사람들이다. 이들은 기회의 문이 적어진 회사를 쳐다보고만 있는 게 아니라 스스로 기회를 만들며 새로운 가치를 창출해내고 있었다.

경력보유여성의 커리어 연결 플랫폼을 만들고, 몽골의 친환경 케시미어로 의류 브랜드를 만들어서 현지 기업과 수익을 공유하고, 컨설팅을 통해 기업의 경직된 소통 문화를 바꾸고, 속마음을 꺼내놓을 수 있는 대화 카드를 크라우드 펀딩 사이트에서 판매했는데 반응이 너무 좋아서 대화를 통한 마음 돌봄 사업을 시작하고, 여성들이 자신의 일 경험을 기록하며 성장하는 커뮤니티를 만든다. 스타트업, 사이드 프로젝트, N잡러, 프리랜서, 비영리단체, 소셜 벤처, 1인 기업 등 자신의 일을 담는 그릇의 종류도 다양하다. 이들은 하나같이 이런 세상을 일찍 알았으면 자신의 삶이 달라졌을 거라고 이야기한다. 좀 더 마음 놓고 시도해보고 부딪혀볼 수 있는 시간이 있었다면 세상을 사는 데 진짜 필요한 자신의 역량을 개발하는 데 도움이 되었을 거라고 말이다.

교사 연수에서 'N잡러' '사이드 프로젝트'는 물론이고 '덕업일치'*라는 말을 처음 들어보거나, 크라우드 펀딩 사이트에 한 번도 접속해보지 않은 교사들을 만나며 생각했다. 내가 사는 세상과 이들이 사는 세상은 다르구나! 결과적으로 내가 느낀 교사들 간의 온도차는 교실이 현실과 멀어져서 생긴 일이었다. 학교 안에만 있으면 현실 감각을 잃어간다. 실제 세상이 어떻게 바뀌어가고

---

* 덕질과 직업이 일치한다는 뜻으로, 좋아하는 것을 일로 만드는 것

있는지를 해석해주는 사람이 필요하다. 학교의 언어를 이해하고 있는 사람이 세상의 흐름을 포착하고 그들의 언어로 다시 들려주는 역할. 그래서 교사들이 스스로 변화하는 세상으로 관심사를 뻗어나갈 수 있도록 돕고 지원하는 역할. 나는 그 일을 내 직업으로 삼기로 했다.

— 배움의 확장

체인지메이커 교육에서의 핵심 경험은 학교 밖으로 나가 학생들이 발견한 문제와 관련된 다양한 사람들과 상호작용을 하는 것이다. 이미 비슷한 문제를 해결한 사람들을 만나기도 한다. 그렇게 교실 안에만 앉아 있던 학생들은 서서히 세상을 경험하며 자신의 관점을 확장해간다. 말이 없던 학생이 자신의 생각을 당당히 표현하는 모습, 한번 해봤으니 또 해볼 용기를 내는 학생들의 모습을 본 교사들이 반응했고, 적용했고, 퍼뜨렸다. 그렇게 학생들을 따라 교사들이 만나는 학교 밖 사람들의 범위도 넓어졌다. 나는 최대한 그들이 다양한 그룹의 사람들을 만날 수 있도록 이어주는 역할을 했다. (내 친구들부터!)

변화 적응력이 뛰어난 교사들은 각자의 교육 현장에서 서로 시도한 것을 공유하며 자발적으로 배움의 커뮤니티를 만들어갔다. 해보면서 쌓은 경험치는 교과서(중학교용), 가이드북, 사례집, 영상, 교안, 워크지 등으로 함께 정리했다. 더 많은 사람들을 우리와 동일한 배움의 여정에 초대하기 위해서였다. 실제로 다양한 산출물의 형태로 만들어 오픈해놓으니 그걸 가지고 더 많은 사람이 현장에서 자신만의 배움을 시작했고, 또 그들의 배움을 더해 새로운 산출물을 만들고 있다. 2021년에는 서울시교육청에서 체인지메이커 안내서를 발간했고, 조만간 청주 교과연구회 교사들이 개발한 고등학교용 체인지메이커 교과서가 나올 예정이다.

현장에서의 배움을 정리된 형태로 내놓으며 나의 배움의 여정도 새로운 국면을 맞이했다. 그간의 행보에 동의하는 교육 혁신 분야의 다양한 사람들과 연결되면서 생각의 범위가 확장됐다. '체인지메이커 교육'이라는 이름을 벗어나서 내가 하고 있는 일이 교육적으로 어떤 의미를 가지는지 알아보고 싶어진 것이다. 그 길로 나는 세상과 연결된 학습자 주도 프로젝트의 원리를 찾아 나서기 시작했고, 수업의 변화를 넘어 학교와 시스템이 함께 작동하는 모델을 수집했다.

남편 직장 때문에 미국으로 이사를 온 초반 2년 동안은 미국 전역의 교육 혁신 컨퍼런스 다섯 군데를 다니며 변화의 앞 단에 서 고민하고 실천하는 사람들을 만나고 다녔다. 2년짜리 '학교 새롭게 디자인하기' 석사 과정을 스스로 만든 셈이다. 연결을 통해 알게 된 새로운 학교는 직접 방문하기도 하고, 교사 연수 과정에 초대를 받으며 그들의 노하우를 배우기도 했다. 2017년부터 코로나19로 이동이 어려워지기 전까지 총 한국을 8번 오가며 미국에서 포착한 학교 혁신의 원리를 한국에 적용하는 작업을 했다. 배우고, 적용하고, 또 배운 내용은 콘텐츠와 교사 연수 프로그램으로 다시 만들어 공유했다.

그렇게 변화하는 시대에 꼭 필요한 교육의 방향으로 '리얼 월드 러닝'이라는 답에 다다르기까지 어느새 나는 관심 있는 세상의 문제를 발견하고, 주변의 자원을 연결하고, 배움의 산출물을 다시 세상에 공유함으로써 또 다른 배움의 사이클을 시작하는 리얼 월드 러너가 되어 있었다.

― 교실을 세상과 동기화 하는 방법

미국에서 역량 중심 교육을 하는 혁신적인 학교들을 다니며 공통적으로 들었던 단어가 있다. 바로 이 책의 제목이기도 한 '리얼 월드 러닝(Real-world Learning)'이다. 변화의 시대가 요구하는 역량을 키우기 위해서는 학교가 세상과 연결되어 있어야 한다는 것이다. 리얼 월드 러닝을 통해 학생들은 학교에서 배우는 지식과 삶에서 필요한 역량을 일치시킬 수 있다.

리얼 월드 러닝에서의 핵심[1]은 ① 배움은 분절된 교과 공부가 아니라 여러 과목이 통합된 형태로 이루어질 때 일어난다는 것, ② 배움은 진짜 세상 속에 존재한다는 것, ③ 배움은 해당 분야의 전문가나 지역사회와의 협업을 통해 진짜 세상의 맥락을 확보할 때 가능하다는 것이다.

21

이러한 핵심 요소가 적용된 학교들은 외부 자원과 연계된 학습자 주도 프로젝트를 교과과정 전반에서 시행하고 있었다. '리얼(Real)', 즉, 실제화된 학습(Authentic Learning)을 통해 배움에 동기부여를 하고, 궁극적으로 학습자가 스스로 배움에 몰입함으로써 역량을 체화하는 환경을 성공적으로 구축했다. 그리고 내가 관찰한 학생들의 프로젝트는 시작, 중간, 끝의 과정이 전부 세상과 연결되어 있다는 공통점이 있었다. 이를 나는 책에서 리얼 월드 러닝의 세 가지 실천 역량으로 정리했다.

· **탐색 역량**: 나만이 할 수 있는 주제를 탐색하기
· **연결 역량**: 주제를 실현하기 위해 사람을 연결하기
· **실행 역량**: 사용자가 있는 산출물 만들기

나는 이 책을 통해 리얼 월드 러닝을 한국의 현 상황에 대입하여 세상과 분리되어 있는 학교를 동기화하는 작업을 하고자 한다. 1부에서는 변화가 가속화된 한국 사회를 살아가는 동시대 사람들이 현재 어떻게 배우며 성장하고 있는지에 대해 살펴본다. 변화 적응력과 실천 역량이 높은 사람들이야말로 세상을 통해서 배우는 리얼 월드 러너들이기 때문이다. 2부에서는 리얼 월드 러너들이 배우는 방식을 세 가지 실천 역량에 대입하여 하나씩 소개한다. 진짜 세상을 통한 배움을 청소년의 학습 과정에 어떻게 적

용할 수 있는지 구체적인 사례와 함께 제시한다. 3부에서는 진짜 세상과 연결된 학교, 리얼 월드 스쿨의 공통점을 통해 우리가 상상해야 할 학교의 모습을 제안한다.

3부에서 보여주는 학교들은 대부분 미국 사례다. 미국의 공교육은 지역 격차가 심하고 기초학력 수준이 전반적으로 높지 않다는 고질적인 문제점을 갖고 있다. 학업 중단자가 2분에 한 명꼴로 나올 만큼 사정이 열악한 곳이 많다. 하지만 국가 지정 교과서 없이 역량 중심의 학업성취기준만 제시하기 때문에 교사가 시도할 수 있는 수업 혁신의 여지가 높다. 또한, 공공 자금으로 운영되는 공립 학교의 범위 안에서 새로운 철학을 가진 학교 설립이 비교적 쉽기 때문에 학교의 다양성 측면에서 참고할 만한 좋은 모델이 나오기도 한다.

국내에는 사실 리얼 월드 러닝과 가장 유사한 교육 모델로 '마을교육공동체'라는 개념이 있다. 학교, 학부모, 지역이 유기적인 네트워크를 형성하여 학교에서 이루어지는 교육이 삶과 연계되도록 하고, 학교를 통하여 마을이 함께 성장할 수 있는 교육 생태계를 의미한다. 2013년부터 서울시와 경기도 교육청을 중심으로 마을교육공동체를 미래 교육의 방향으로 제시하고 청소년 활동을 장려하는 정책을 펼치고 있다.

하지만 아쉽게도 교육 활동이 가능한 강사가 있는 마을 자원에 초점이 맞춰져 있다. 이미 존재하는 자원이 제공할 수 있는 교육 프로그램에 학생들의 관심사를 매칭하는 공급자 중심의 접근을 하다 보니 대부분 외부 활동이나 방과후 수업으로 이루어진다. 마을의 자원을 수업 시간 중에 긴밀히 활용하거나 교과 과정과 연계하는 학교 시스템으로까지 발전하지는 못하고 있는 실정이다. 오히려 '활동'과 '수업'은 정교하게 분리되어간다. 지자체와 협력한 다양한 학생 자치 활동들은 확실히 늘어났고, 좋은 사례들이 많다. 아이러니하게도, 곁에서 볼 때는 청소년들의 활동이 많아진 것처럼 여겨지기에 학교의 변화를 촉진하는 데엔 걸림돌이 되기도 한다.

리얼 월드 러너들에게는 또 다른 '교육'이 필요한 것이 아니라 실제 세상에서 일하는 사람들의 모습 그 자체, 실제 세상의 문제 자체를 배움의 자료로 활용할 수 있는 기회를 갖는 것이 시급하다. 초등학교와 중학교에서 이루어지는 학생 중심의 다양한 활동들이 공부와 별개로 이루어지는 게 아니라 활동 자체가 학습과 연계되어야 한다. 특히 자신의 삶과 진로에 대해 가장 많이 고민해야 할 시기인 고등학교까지 이어져야 한다. 마을교육공동체는, 마을의 자원이 학생들을 교육하는 것이 아니라, 마을과 학생이 공통의 관심사로 만나 서로가 서로에게 배우는 학습 공동체가 될 때 비로소 실현될 것이다.

이 책은 '마을교육공동체'라는 단어를 한 번도 사용하지 않았지만, 왜 마을교육공동체를 만들어야 하는지, 학교를 마을과 연결시킨다는 게 어떤 모습이어야 하는지에 대한 이야기이기도 하다. 용어 선택에 있어서 군이 '마을교육공동체'를 사용하지 않은 이유는 기존의 담론에서 벗어나 실제적인 삶의 역량을 키울 수 있는 하나의 학습 형태로 리얼 월드 러닝을 제시하고 싶었기 때문이다.

그리고 이 책을 읽는 모두가 '마을'을 넘어선 교육 공동체의 모습을 상상하길 바란다. 우리는 지역사회를 넘어 연결되고 싶은 누구와도 연결될 수 있는 초연결 사회에 살고 있다. 마을의 범위를 넓혀 국가, 세계 차원으로 배움의 범위를 넓힐 수 있어야 하지 않을까. 그런 움직임에 리얼 월드 러닝이 하나의 키워드이자 방향성이 되었으면 한다.

━ 변화의 시대에 필요한 배움의 공식

코로나를 거치면서 고용의 불안정성, 직업의 다양성, 언제 위기와 변화가 닥칠지 모르는 불안감이 커졌고, 이는 노동시장을 변화시키고 있다. 2025년까지 일자리의 40%가 노동자의 역량 향상(upskilling) 및 재교육(reselling)을 요구하게 된다고 한다.[2] 더 이상 학교에서 모든 것을 다 배우고 세상에 나가 사용하는 방식은 작동하지 않는다는 뜻이다. 배워야 할 내용도, 종류도, 방법도 진화해간다. 기존에 없던 새로운 분야가 끊임없이 나타나므로 관련 전공을 찾기도 어렵다. 이러한 변화의 시대에서는 자신의 관심사를 끊임없이 발견하고, 그것을 일의 세계와 연결할 줄 알아야 한다.

언제 어디서든 원하는 정보를 얻고 필요한 사람과 연결될 수 있는 시대를 사는 세대들에게 배움은 학교에서만 일어나지 않는다. 오히려 학교에서의 배움은 '쓸 데가' 없다. 그래서 집중하지 못하고, 그래서 듣지 않는다. 이 간극을 메울 수 있는 방법이 바로 리얼 월드 러닝이다. 기존의 입시 위주 교육이 아닌 진짜 세상을 통해 자기다움을 발견할 수 있는 교육 시스템으로의 전환이 필요하다는 뜻이다. 자기다움의 발견은 자기 동기로 이어지고, 이는 평생 학습자로 살아야 하는 신인류로의 재탄생을 준비시킨다. 리얼 월드 러닝 생태계에서는 학교와 교사가 네트워크 연결자로 탈바꿈되고, 리얼 월드에서 자기 일을 하며 사는 우리 모두의 삶은 서로의 학습 자료가 된다.

기존에는 학교와 세상 사이에 시차가 컸다면, 리얼 월드 러닝은 학교와 세상의 시차를 좁힐 수 있는 방법을 제시한다. 변화의 시대에서는 스스로 배우는 사람을 이길 수 없다. 호기심에서 시작하는 진짜 배움은 학교와 세상이 연결되는 지점에서 일어난다.

변화의 시대에 필요한 배움의 공식을 찾아가는 과정에서 많은 사람과 함께했다. 나를 리얼 월드 러닝의 시작점에 놔준, '진짜 세상'의 물가로 헤엄쳐가게 한 사회혁신조직 아쇼카, 초기 유스벤처 론칭에 함께한 멤버들, 변화의 물결을 인지하고 새로운 생각을 배우는 데 앞장서는 교사들, 청소년 체인지메이커들, 유쓰망고를 함께 시작한 멤버들, 새로운 배움의 여정에 함께해준 씨프로그램 멤버들, 자신의 세계를 묵묵히 구축해가는 모습 자체로 영감을 주는 일터 밖 동료들, 미국에서 만난 수많은 리얼 월드 스쿨, 엘리엇 워셔와 빅픽처러닝 커뮤니티, 그리고 유쓰망고와 함께 세상을 통한 배움의 여정에 있는 망고레터 구독자들과 망고 멘토들 덕분에 리얼 월드 러닝 생태계는 이미 만들어지고 있다.

마지막으로 유쓰망고의 생각이 더 많은 사람과 공유될 수 있도록 먼저 출간을 제의해준 출판사에 감사의 말을 전한다. 덕분에 나의 리얼 월드 러닝 여정이 또 하나의 산출물로 태어나 일반 대중을 만날 수 있게 되었다. 이 책을 통해 연결될 사람들, 그들과의 만남이 영감이 되어 새롭게 시작될 또 다른 배움을 기다리며.

LA에서, 김하늬

1부

리얼 월드 러너

: 진짜 세상에서는 어떻게 배우며 성장할까

리얼 월드 러너의 시대

고립된 학교의 밀폐된 방에서 배운 지식

▶ 갑작스레 다가온 코로나 시대에 학생들은 학교에 가지 못한 채 막연한 불안감에 떨고 있다. 나 또한 그렇다. 포스트 코로나 시대다, 미래에는 어떤 산업이 트렌드일 것이다, 교육은 어떻게 바뀌어야 한다, 입시 제도도 바뀌어야 한다 등의 이야기가 들려온다. 하지만 학교 밖으로 나가본 적이 없는, 진짜 세상을 경험해보지 못한 나와 같은 대부분의 청소년들은 여전히 불안에 휩싸인 채 살고 있다. 세상이 바뀌는 것 같기는 한데, 뭐가 어떻게 돌아가는지도 모르겠고, 뭘 해야 하는지도 몰라서 흔들리는 입시 제도만 바라보며 지금까지 해왔던 대로 수능 공부를 하고 있다.

내가 운영하고 있는 교육 비영리단체에서 작년에 온라인 인턴십을 했던 이익겸 고등학생이 쓴 글의 일부다. 코로나가 시작되고, 개학이 미뤄지고, 학교에 가는 둥 마는 둥 하다 보니 금세 여름방학이 찾아왔다. 교육자를 꿈꾸는 익겸이가 마지막 업무로 뉴스레터에 실릴 소감문을 작성했는데, 인턴십을 하면서 배운 점을 쓴 내용보다 현재 자신이 처한 상황을 묘사했던 저 부분이 더 기억에 남는다. 마음이 먹먹해졌다.

코로나 상황을 겪으며 수많은 교육 전문가들이 학교의 미래에 대한 의견을 내놓고 있다. 하지만 정작 학교와 집 안에 갇혀 있는 학생들의 입장을 우리는 얼마나 헤아려봤을까. 단계별 등교 개학을 시작했을 때 가장 먼저 학교에 불려간 학년이 고3이다. 수능 준비를 해야 하기 때문이다. 하지만 이들은 불안해한다. 두려워한다. 무엇인가 바뀌고 있다고는 하는데, 그게 뭔지 실체를 알 수 없고, 학교는 여전히 세상과 담을 쌓은 채로 울타리 안에서 또 다른 세상을 만들고 있다. 진짜 세상은 어떤 모습인지 영 가늠이 되지 않는다.

리얼 월드 러닝은 변화하는 세상과 끊임없이 호흡하며 스스로 배우고 실천할 수 있는 역량을 키우는 학습법이다. 그러려면 학교를 벗어나 실제 세상을 통해 배워야 한다. 교육이 자신의 삶을 꾸려나가기 위한 지혜와 기술을 익혀나가는 배움을 의미한다면 사실 '리얼 월드 러닝'이라는 말 자체는 성립이 될 수 없다. 삶과 배움은 본래 연결되어 있는 것이기 때문이다. 하지만 '맞아, 리얼 월드 러닝이 필요하지'라고 지금 바로 수긍이 간다면, 이 글을 읽는 당신이 받아온 교육이 삶과 닿아 있지 않았다는 증거다.

산업화를 거치며 효율성을 극대화할 노동자를 양산하기 위해 만들어진 근대 교육 시스템은 학교를 학교만의 시간 안에서 돌아가게 한다. 정해진 시간에, 정해진 내용을, 정해진 순서대로 머리에 입력하고 평가받는다. 학교의 시계에 갇혀 있는 동안 학교 밖 진짜 세상이 어떻게 변해가고 있는지 알 길이 없다. 그렇게 대한민국 모든 청소년에게는 대학이라는 관문에 이르기까지 12년이라는 시차가 쌓인다.

경험주의 교육 철학자 존 듀이(John Dewey, 1859~1952)는 『경험과 교육』이란 책에서 교과적 지식이 학습자와의 상호작용 없이 배움을 강요당해 습득되었을 때 결국 그 지식은 '밀폐된 방'에 있는 상태로 채워져 영원히 나오지 못하게 된다고 서술했다.[1] 고립된 학교에서 진짜 세상으로 나와 배운 것을 활용해야 할 때, 우리가 그 무엇인가를 다시 배워야 할 수밖에 없는 배경이다. 밀폐된 방안에 있는 지식은 동일한 환경과 조건이 주어졌을 때만 사용 가능하기 때문이다. 이때, 사용하지 못한 지식은 결국 기억의 저편으로 가라앉는다. 가장 큰 문제는 '다시 배워야' 할 때, 학습자는 이미 '배움'이라는 행위 자체에 흥미를 잃었다는 점이다.

학교에서 공부한 것과 진짜 세상이 요구하는 내용에 시차가 생기는 이유가 바로 여기에 있다. 시차는 대개 두 가지 모습으로 나타난다. 첫째, 학교라는 세상과 진짜 세상이 원하는 지식이 다르다는 점, 둘째, 배운 것들이 내 안에서 내 것으로 체화되기까지 시간이 오래 걸린다는 점이다. 즉, 빠르게 변화하는 세상이 필요로 하는 내용을 학교에서 다루지 않는다는 것, 다룬다 하더라도 개인의 실천 역량으로 치환될 수 없는 방법으로 가르치고 있다는 것, 이 두 가지 문제를 우리는 가장 먼저 해결해야 한다.

청소년들이 진짜 세상을 알지 못한 채 12년간 학교라는 외딴 섬에 고립되어야 한다는 것은 매우 끔찍한 일이다. 세상으로 나갈 준비를 하는 곳이 학교가 되려면, 학교가 실제 세상과 닮아 있어야 한다. 실제 세상을 학교로 가져와 시차가 존재하지 않도록 만들어야 한다. 우리는 어쩌면 미래 학교의 모습을 논하기 전에 현재 느끼는 시차를 먼저 줄여야 할지도 모른다. 현재를 사는 사람들이 실제 세상에서 어떻게 배우며 성장하고 있는지 알아보면 미래 학교의 모습을 구체적으로 상상하는 데 도움이 되지 않을까?

진짜 세상이 필요로 하는 실천 역량

지금 당장 리얼 월드 러닝이 필요한 이유는 확실하다. 세상이 변하는 속도가 너무나 빨라 학교와 진짜 세상과의 시차가 점점 더 크게 벌어지기 때문이다. 학교 밖의 사람들은 세상의 변화를 읽으려 부단히 노력하고, 시대의 변화에 맞게 자신의 모습을 바꿔간다. 2020년 새해 벽두, 코로나 사태가 터지면서 사회 각 산업은 전례 없는 변화를 맞이했다. 인류가 예측했던 미래 사회의 도래 역시 5년 이상 빨라졌다. 누구도 비켜갈 수 없는 전염성 바이러스라는 외부 요인에 어떻게 대응하느냐에 따라 비즈니스의 생존 여부가 결정되는 수많은 사례를 우리는 목도했다. '대응한다'는 것에는 변화를 인지하고, 적응하고, 대처하는 과정이 수반된다. 여기 민첩하게 변화에 대응한 사람들이 있다.

▶ 여행길이 막히게 되자 일본 와카야마현에 사는 우시로 다카야 사장이 운영하는 '와이구마노(WhyKumano)' 게스트하우스는 온라인 숙박을 시작했다. 투숙객들이 만 오천 원을 내고 자기 집에서 가상 여행을 하는 것이다. 여행에는 가보지 못했던 곳에 가는 설렘뿐 아니라 새로운 사람을 만나는 기쁨도 함께한다. 온라인 숙박은 바로 그 점에 주목했다. 같은 날 신청한 투숙객들이 게스트하우스 거실에서 마주치듯, 줌(zoom, 온라인 회의실)에서 만나 자기소개를 하고 새로운 친구를 사귀게끔 환경을 제공한 것이다.

관광업뿐 아니라 실내 체육시설들도 고전을 겪고 있다. 미국에서는 재택 대피령이 장기화되면서 야외 공간이 없는 실내 업종들은 문을 닫아야 하는 지경에 처했다. 이러한 상황을 타개하고자 해변에 사이클링 기구를 쭉 늘어놓고 클래스를 운영하는 '비치 사이클링'[2]이라는 서비스가 나왔다. 사회적 거리두기를 하며 함께 운동할 수 있는 환경을 제공한 것이다. 블루투스 헤드폰을 끼고 사이클링 강사의 지도와 음악을 들으며 40분간 칼로리를 태우는 것은 똑같지만 땀 냄새가 가득한 실내 스튜디오가 아닌 바닷가다. 이들은 기존의 공간을 벗어나는 시도를 통해 아름다운 LA 노을을 눈앞에 둔 채 운동하는 새로운 경험을 만들어냈다.

이런 사례에서 주목해야 할 점은 의사결정의 속도와 방법이다. 즉, 기존의 지식과 관성에 의존하거나 위계에 의해 의사를 결정한 게 아니라는 것이다. 변화 속도가 빨라진 사회에서는 나이도, 학위도, 정해진 규칙도 유효하지 않다. 사람들의 니즈를 파악해서 변화에 대응하는 능력이 무엇보다 중요해진다. 따라서 코로나 이후에는 기업을 운용할 때 중간급 임원을 거치지 않고 급변하는 트렌드를 즉시 반영하고 빠르게 의사결정을 할 수 있는 조직 문화가 더욱더 강조될 것이다. '대표에만 직보, 32세 과장·29세 대리가 전권을 쥐다'라는 기사[3]에는 23~35세의 밀레니얼 세대로만 구성된 패션 브랜드 SPAO의 제품 디자인팀 성공 스토리가 나온다. 자율적인 팀 운영으로 국내 기업 중 가장 먼저 펭수와 브랜드 콜라보를 기획한 곳이다. 인기 콘텐츠 제휴 전략을 구사하여 코로나가 시작된 2020년 1분기 매출(100억)이 전년도 대비 10% 이상 늘었다.

몸집이 큰 기업들도 기존에 자신이 속해 있던 산업 구조를 뒤흔드는 새로운 방도를 모색하고 있다. 현대백화점은 업계 최초로 '라이브 커머스' 전문가 양성을 위한 교육을 시작했다. '백화점'이라는 지역 기반의 안정된 공간을 기반으로 운영되던 유통업이 온라인 쇼핑몰 운영을 넘어 실시간 라이브로 상품을 소개하고 판매하는 언택트 마케터들을 직접 양성하겠다는 취지다. 우리에게 익숙한 백화점의 모습이 바뀌어가는 중이다. 또한 변화를 이끄는 데 중요한 역할을 하는 스타트업 영역에서는 초기 스타트업에 투자하는 '포스트 코로나 펀드'가 300억 규모로 조성되었다.[4] 코로나 바이러스가 나타나기 이전과 이후에 필요한 서비스와 제품은 분명 다를 것이라는 의미다.

코로나로 변화가 가속화된 세상에서는 변화를 빠르게 인식하고, 기회를 포착하고, 기존에 없던 모델을 만들어내는 역할이 중요하다. 물론 새로운 배움의 필요성을 이야기할 때마다 '급격한 사회 변화'는 늘 주목의 대상이었다. 그러나 지금은 분위기가 완전히 다르다. 시대가 빠르게 변화하는 만큼 이에 대응할 수 있는 문제 해결 능력, 회복 탄력성, 공감 능력, 기업가 정신 등을 키워야 한다는 주장이 더는 먼 미래의 이야기가 아니기 때문이다. '미래 역량'이라고 불렀던 것들이 지금 당장 필요해진 시대가 눈앞에 펼쳐졌다. 고립된 학교의 밀폐된 방에서 배운 '지식'을 진짜 세상이 필요로 하는 '역량'의 관점으로 재구성해야 하는 이유다. 그리고 이때 우리에게 필요한 것은 '실천 역량'이다. 지식을 전수받아서 사용하는 주기가 빨라졌을 뿐 아니라 필요한 지식이 계속해서 바뀌고 있기 때문에 변화에 대응하고 불확실성을 헤쳐나가는 방법을 실제로 준비해야 한다. 망설이지 않고, 너무 늦기 전에 일단 한번 해볼 수 있는 능력은 어떻게 길러질까? 실천의 과정을 3단계로 나눠서 각각의 단계에 필요한 역량을 구체적으로 살펴보자.

세상과의 접점	리얼 월드×주제	리얼 월드×자원	리얼 월드×산출물
실천 역량	탐색 역량 : 나만이 할 수 있는 주제를 탐색하기	연결 역량 : 주제를 실현하기 위해 사람을 연결하기	실행 역량 : 사용자가 있는 산출물을 만들기
설명	나의 관심사, 내가 가진 강점을 파악해서 세상의 필요와 연결시키는 능력	주변의 자원을 인식하고, 새로운 자원을 동원할 수 있는 능력, 협업을 통해 문제를 해결하는 능력	더 많은 사람과 공유할 수 있는 형태로 결과물을 만들어내는 능력

<표1. 변화하는 세상에 필요한 실천 역량>

먼저, 탐색 역량은 현재 자신이 가장 해보고 싶고, 잘할 수 있는 것을 찾아가는 힘이다. 변화에 휩쓸리기보다는 자신의 내부

에서 이유를 찾을 때 오히려 세상이 요구하는 것과의 교집합을 찾아내기 쉬워진다. 실행해보고 싶은 주제를 발견했으면, 그것을 해내기 위해 다양한 자원을 엮을 줄 아는 연결 역량이 필요하다. 연결 역량은 필요한 정보와 인적 자원을 조달하는 힘, 함께 문제를 해결할 수 있는 사람/조직과 협업하고 소통하는 힘을 의미한다. 마지막으로, 실행의 목적에 있어서 다른 사람들의 참여를 이끌어낼 수 있는 형태의 산출물을 만들 수 있는 역량이 중요하다.

중요한 점은, 각각의 과정이 개인의 차원에서 끝나는 게 아니라 철저히 세상과 연결되어 있다는 사실이다. 변화의 시대에서 변화와 고립된 채로는 실천 역량을 갈고닦을 수 없다. 변화의 물결 안에 있을 때만이 비로소 나의 역량을 테스트해볼 수 있다. 리얼 월드 러닝의 핵심이 되는 주제, 자원, 산출물, 이 세 가지 요소들이 바로 세상과 만나는 접점이다.

예측할 수 없지만, 우리에게는 이제 또 다른 형태의 불확실성이 언제든 찾아올 수 있다는 감각이 생겼다. 실천적 역량이 쌓이다 보면 이 불확실성에 의연하게 대처할 수 있게 된다. 계속해서 새로운 걸 배우는 데 두려워하지 않는 사람이 될 수 있고, 변화 대응력을 키움으로써 그 안에서 나의 역할을 스스로 찾아나갈 수 있다. 따라서 우리는 이 세 가지 실천 역량을 기르기 위해 어떤 교육 시스템을 설계해야 하는지를 이야기해야 한다. 세상은 계속 변화할 것이다. 변화하는 세상과 호흡하며 끊임없이 배우고 실천하는 진정한 리얼 월드 러너만이 생존할 것임은 자명하다.

리얼 월드 러너가 맞이하는 일의 변화

나는 '집에서 일하는 아버지'를 보고 자랐다. 나에게 '아버지'라는 존재는 내가 필요할 때 찾을 수 있는 사람, 가정과 일을 함께 돌보는 사람, 장소에 구애되지 않고 일하는 사람이었다. 1990~2000년대 일상에서는 흔하지 않은 풍경이었다는 걸 중학교에 입학해서야 알았다. 새로 사귄 친구가 자기보다 일찍 나가서 늦게 들어오는 아버지의 얼굴을 자주 본 적이 없다고 해서 놀란 기억이 있다.

아버지의 직업은 프리랜서 외신 기자였다. 대학 졸업 후 공기업에 들어갔으나 조직 생활이 너무 답답해서 3개월 만에 퇴사하고 가진 직업이다. 그는 일찌감치 시스템의 일원이 되어 하는 일이 자신과 맞지 않다는 걸 알아차린 것이다. 그러고는 조직에 속하지 않으면서 주도적으로 일할 수 있는 기자가 되었는데, 이때 아버지의 무기는 영어 실력이었다. 그 후 통신사인 아시안 소시스(Asian Sources)를 비롯해 아시아 트래블 뉴스, 파이낸셜 타임즈, 아시안 PR 뉴스 등 첨단 기술과 관광 분야의 업계지(B2B) 매체를 집중적으로 공략하며 기사 쓰는 일을 시작했다.

그 뒤로 아버지는 우리나라가 반도체 생산 1위를 달릴 때는 국내 기술을 해외에 소개하거나 해외 기술을 국내에 소개하는 해외 홍보 대행사를 차렸다. 대부분 기술 잡지를 기반으로 한 PR이었다. 초기 10년은 잘 성장했지만 데이터를 기반으로 하는 디지털 마케팅으로 시장이 전환되며 위기가 찾아왔다. 변화가 온다는 것을 인식하고는 있었지만 제때 담당 인력을 채용하지 못해 발빠르게 대처하지 못했다. 변화 대응력을 제대로 발휘하지 못한 것이다.

최근 환갑이 된 우리 아버지는 몇 년 전부터 전혀 다른 분야에서 프로젝트 기반으로 일을 시작하셨다. 평소 즐기시던 여행과 걷기, 마라톤을 소재로 커뮤니티 중심의 시니어 건강/여행/레저 상품을 만들고 있다. 대관령 눈꽃 축제의 부대 행사인 국제 알몸 마라톤 대회 기획을 맡기도 했다. 고령화 사회 대비를 위해 지자체들이 여가와 웰빙을 위한 예산을 마련할 것이라는 새로운 기회를 포착한 것이다. 다행히 그동안의 커리어를 통해 스스로 일을 짓는 방법을 터득했기에 가능한 일이다. 기자로 일하며 시장을 파악하는 능력이 생겼고, 회사를 운영하며 필요한 자원을 엮어내는 연습을 했으며, 좋아하는 것을 일로 만들고 싶은 욕망이 있었다.

아버지는 프리랜서, 창업가를 거쳐 독립적으로 노동하는 '인디펜던트 워커'가 됐다. 조직에 종속되어 일하는 사람이 아닌, 주체적으로 일을 다루는 사람이 내게 아주 가까이 있었던 셈이다. 아버지의 모습을 통해 조금 일찍 경험한 일의 미래를 소개한다.

『인디펜던트 워커: 좋아하고, 잘하고, 의미 있는 나만의 일 만들기』라는 책에서는 인디펜던트 워커를 다음과 같이 정의한다.

· 첫째, 독립적으로 일한다. 회사에 속하든, 속하지 않든 회사나 직무만으로 일을 정의하지 않고 원하는 일을 만들어간다.
· 둘째, 비전을 갖고 일한다. 단순히 요청받은 작업을 수행하는 것이 아니라, 나의 목표를 위해 일한다. 필요하다면 함께할 동료를 주도적으로 찾고 협업한다.
· 셋째, 좋아하는 일을 잘한다. 원하는 일에서 전문성을 구축하고, 시장의 흐름을 파악한다. 변화하는 시장에 맞게 능력을 재편하거나, 전문성을 바탕으로 새로운 시장을 만들어간다.

올해 2월 말에 출판된 이 책에는 실제 책의 제목처럼 살고 있는 국내 9명의 밀레니얼 저자들을 인터뷰한 내용이 담겨 있다. 프리랜서 마케터, 한 회사의 콘텐츠/커뮤니티 매니저이자 작가, 유튜버이자 작가, 자기가 만든 회사의 대표이자 다른 조직의 크리에이티브 디렉터 등 회사 소속 여부와 상관없이 일의 영역에서 자신의 세계를 만들어가는 사람들이다. 사실 아버지처럼 조직 생활이 맞지 않아서 독립적인 일의 형태를 선택한 사람들은 예전부터 '프리랜서'라는 이름으로 존재했다. 중요한 것은 프리랜서의 종류가 매우 다양해졌다는 점, 조직과 나를 분리하여 나의 고유한 역량을 발휘할 수 있는 일(들)을 만들어가는 것이 개인의 선택이 아닌 필수가 되어간다는 점이다.

분류	인구(명)	디지털플랫폼에서 수익을 얻는 비율 (%)	디지털플랫폼 사용자 수(명)	플랫폼의 예
전체 인디펜던트 워커	1억6200만	15	2400만	
노동력을 제공하는 인디펜던트 워커	1억5000만	6	900만	-Freelance Physician -Deliveroo -TaskRabbit -Uber -Upwork
상품을 판매하는 인디펜던트 워커	2100만	63	1300만	-Etsy -eBay -DaWanda
자산을 임대하는 인디펜던트 워커	800만	36	300만	-Airbnb -Boatbound -Getaround -BlaBlaCar

자료: Mckinsey Global Institute analysis
유럽15개국의 경우, 5개국(영국, 독일, 프랑스, 스페인, 스웨덴)의 조사 결과에 근거하여 15개국의 수치를 추정함.

<표2. 인디펜던트 워커의 종류 및 수치
- 맥킨지 2016년 보고서, 폴인 리포트 재인용>[5]

이제 우리는 미처 인지하지 못한 사이에 일의 형태가 완전히 달라지는 길목에 서 있다. 4차 산업 혁명이라 통칭되는 기술의 발달로 인한 일자리 감소, 코로나로 가속화된 재택 근무가 특히 큰 영향을 미치고 있다. 포스트 코로나에는 근무시간이 아닌 성과로 업무량을 측정하게 되고, 역량 있는 개인들과 협업하는 형태의 일이 증가할 것이라는 예측은 눈여겨볼 만하다. 프리랜서들을 중계하는 플랫폼인 업워크(Upwork)와 미국의 프리랜서 노동조합(Freelancers Union)에서 2014년부터 해마다 발표하는 통계자료에 따르면, 2020년대에 미국과 유럽의 노동 인구 중 40~50가량이 인디펜던트 워커가 된다고 한다.[6] 긱 이코노미(Gig Economy)[7]라고 부르는 플랫폼 노동자들과 유연한 계약을 통해 일하는 사람들이 늘어난다는 것이다.

인디펜던트 워커 시대의 도래는 더욱 다양해질 노동시장의 변화에 대응할 수 있는 실천 역량을 요구한다. 가장 느리게 반응하는 국내 대기업들도 인재 고용 방식을 공채에서 수시채용으로 바꾸기 시작했다. 대졸자를 대량 채용해서 재교육하는 형태에서 벗어나 이미 경험이 있거나 잠재력을 보여주는 소수의 필요한 인원을 채용하겠다는 의지다. 한 번에 뽑는 인원의 숫자는 줄었지만 시장의 필요에 따라 필요한 포지션을 수시로 채용하는 것이 특징이다. 직무 '지식'보다는 직무 '역량', 아는 것보다는 하는 것이 중요하다는 뜻으로, 직무가 주어졌을 때 해낼 수 있는 의지와 돌파력이 있는지를 핵심 역량으로 본다.

2019년 현대자동차가 직무 중심의 수시채용 방식을 도입했고, KT에 이어 LG그룹도 60년 넘게 시행해온 정기공채 제도를 없앴다. LG는 신입사원의 70% 이상에게 채용연계형 인턴제도를 도입하겠다고 발표했다. SK그룹도 수시채용을 늘려가는 중이다. 취업 플랫폼 〈사람인〉의 2020년 조사에 따르면 국내 대기업 수시채용은 전년도 대비 3배 상승했다. 전체 고용 시장에서 수시채용'만' 진행하는 기업도 79%나 된다.

수시채용 시장에서는 최소 요건을 갖추기 위해 준비하는 자격증 위주의 스펙보다 직접 해보며 쌓은 직무 경험을 중요시한다. 그러니 관건은 어떻게 직무 경험을 쌓아가는가 하는 점이다. 다행스럽게도 인턴십 기회를 얻기 힘든 취준생들에게 직무 부트 캠프를 제공하는 '코멘토' 같은 회사가 생겨나고 있다. 단순히 취업에 대한 정보를 알려주는 것이 아니라 해당 분야의 현직자가 실제 업무 미션을 내주고 수강생들은 직접 일하는 상황을 제공하여 현장에서 필요한 실천 역량에 대한 감을 잡을 수 있게 도와주는 것이다.

'금융공기업 심사역이 되어 대한민국의 수출기업들을 직접 지원해보기' '외국계 반도체 장비회사 CS 엔지니어가 하는 일 직접 체험하기' '실무에 직접 쓰이는 서류로 진짜 무역 실무 이해하기' 등과 같은 구체적이고 실천적인 제목의 프로그램이 매달

300개씩 제공되는데, 현재 등록된 멘토만 1만 5천 명이고, 사용자는 60만 명이다. 대부분 대학생들이다.

직무 역량 중심의 고용 환경에서는 '회사에 취직했다'는 말보다 '일을 찾았다'는 말이 더 자연스럽다. 회사의 존폐에 의지하지 않는다는 말이기도 하며, 동시에 '나만이 할 수 있는 일'을 찾아야 한다는 뜻이기도 하다 잡코리아에서 발표한 2020년 조사에 따르면 직장인 평균 이직횟수가 3.1회이고, 이직 경험률은 전체 90.7%에 다다른다. 흥미로운 점은 곧 사라질 직무에서 벗어나 전혀 다른 직무로 이동해야 할 수도 있다는 것이다. 극단적으로 2030년이 되면 한 사람당 평균 29~40개의 직업을 선택하며 살아갈 것이라고 예측하는 보고서도 있는데[8] 회사라는 조직이 사라지고 개인들이 프로젝트 중심으로 일하는 세상이 올 수도 있다는 뜻이다.

이러한 사회에서는 공교육 시스템 안에서 관심사를 발견하지 못하고 실천 역량을 가꿔나갈 능력을 키우지 못한 책임이 졸업 후 온전히 개인에게 주어진다. 배우고자 하는 호기심과 욕망을 잃은 채 무작정 회사에 들어가 일을 시작하더라도 '이게 아닌 것 같은데'라는 불안감을 지울 수 없을 것이다. 눈과 귀를 닫고 묵묵히 주어진 일만 하며 한 회사에서 버틸 수 있는 시대는 끝났기 때문이다.

회사 밖으로 고개를 돌려 진짜 세상이 움직이는 시간의 속도를 확인한 회사원들은 정체된 회사와의 시차를 극복하기 위해 퇴사를 고민한다. 오죽하면 책 제목에 '퇴사'라는 단어가 들어간 국내 서적이 300권이 넘을까? 어떻게 퇴사를 준비할지부터, 퇴사 후 내 일을 만든 성공 스토리, 퇴사 기념 여행책, 회사에 의존하지 않고 사는 법까지 그 내용은 다양하다.

학교라는 울타리를 나오면 생존과 성장을 책임질 사람은 오로지 나 자신뿐이다. 리얼 월드 러너들은 이러한 변화하는 일의 형태를 파악해서 자신의 배움의 전략을 다시 짜야 한다. 아니, 일의 변화를 인지하여 대처하는 사람들이 리얼 월드 러너들이다.

네트워크 지식 사회를 사는 평생학습자

이직도, 직무의 이동도 많아지는 세상에서 자기 일을 만들어 가는 사람들은 어디서 어떻게 배울까? 리얼 월드 러너의 학습 계획을 세우기 전에 우리는 먼저 현재 세상이 지식을 어떻게 유통하고 있는지 정확하게 이해해야 한다.

코로나가 시작되자마자 ADPList.org(Amazing Design People List)라는 그룹을 만든 펠릭스(Felix)라는 20대 후반의 디자이너가 있다. 회사가 어려워져 갑자기 해고당하는 디자이너들을 위해 만든 것으로, 제품 디자이너부터 UI/UX 디자인, 그래픽 디자인, 게임 디자인 등 직업 타이틀에 '디자인'이 들어간 모든 직종을 위한 플랫폼이다. 1년도 안 되어 전 세계 1,500명의 디자이너들이 멘토로 등록한 이 플랫폼에는 이제 막 업계에 발을 들여서 네트워크가 필요한 사람이나 경력 이동을 위해 자신의 포트폴리오에 대한 피드백이 필요한 사람들이 누구나 무료로 멘토링을 신청할 수 있다.

싱가폴에서 태어나 일반적인 교육을 받고 자란 펠릭스는 고등학교 졸업 후 진학 대신 창업을 했다. 호기심이 많은 아이였다고 본인을 소개한 그는 19살에 첫 회사를 만들어 21살에 팔고 인도네시아에 있는 한 스타트업 회사에 헤드 디자이너로 스카웃되었다. 펠릭스는 디자인을 정식으로 배운 적이 없다. 항상 기술에 관심이 많아서 어떻게 기술로 세상을 바꿀 수 있을까 고민했을 뿐인데, 사실 이 고민이야말로 그의 삶을 이끄는 핵심 질문이었다.

그는 디자이너가 되고 싶어서 디자인을 배운 게 아니라 자신을 표현하고 싶어서 배웠다. 그렇게 스스로 배움을 시작한 펠릭스는 링크드인[9]을 통해서 현직자들에게 자신의 작업이 산업의 기준에 맞는지 물어보며 피드백을 요청했다. 수많은 만남과 연결을 통해 자신의 역량을 성장시키고 커리어를 선택해가는 데 많은 용기를 가질 수 있었다. 이 경험을 보다 많은 사람들이 경험했으면 하는 마음에 ADPList를 만들었다고 한다. 공동 창업자 제임스

(James)는 아프리카 가나에 살고 있다. 그는 교육 환경이 열악한 곳에서 자랐기 때문에 배움의 커뮤니티가 중요하다는 걸 잘 알고 있었다. 네트워크와 정보에 누구라도 쉽게 접근할 수 있으면 좋겠다는 생각을 하던 차에 링크드인에 올라온 펠릭스의 프로젝트를 보고 바로 그에게 직접 연락했다. 첫 시작은 엑셀 파일에 주변 사람들의 정보를 모으는 것이었다. 좋은 사람들이 모이면 연결의 파급력이 커질 것이라는 둘의 확신은 온라인상에서 점점 퍼져나가 현재 ADPList의 링크드인 페이지는 1만7천 명이 팔로우를 하고 있다. 앞으로는 디자인 외의 직무들까지 취합할 수 있도록 커뮤니티를 넓혀갈 계획이라고 한다.

ADPList가 발룬티어(volunteer) 기반의 무료 플랫폼으로 운영될 수 있는 것은 연결의 힘을 경험한 사람들이 존재하는 덕분이다. 지금은 내가 상대방에게 정보를 주는 입장이지만, 언제든 정보가 필요한 사람이 내가 될 수도 있다. 기존의 지식으로는 현재 필요한 역량을 채울 수 없기 때문에 변화에 함께 대처하며 살아갈 동료를 찾는 것이다. ADPList처럼 현장의 정보와 자신의 노하우를 공급하는 멘토와 실시간으로 연결되는 형태 이외에도 스킬쉐어(Skillshare)처럼 서로가 서로에게 가르치는 피어 러닝 플랫폼, 책을 함께 읽는 독서 모임 등 배움의 커뮤니티는 점점 더 많아지고 있다.

국내에는 밀레니얼 세대 사이에서 유행처럼 번지기 시작한 유료 독서 커뮤니티 '트레바리'가 있다. 2015년에 생겨 5년이 지난 2020년 하반기에 알토스벤처스로부터 40억 원을 투자받기도 했다. 누적 회원 5만 명으로 현재는 20~60대까지 연령대도 다양하다. 2020년 기준으로 운영되고 있는 주제는 200여 개, 모임은 400여 개다. 멤버가 되면 4개월 동안 월 1회 정기 독서모임과 멤버 전용 공간에서 열리는 다양한 커뮤니티 이벤트에 참가할 수 있다.

위에서 소개한 『인디펜던트 워커』라는 책을 출판한 '북저널리즘'은 출판사가 아닌 '젊은 혁신가들을 위한 콘텐츠 커뮤니티'로 자신을 설명한다. 월 일정 금액을 내면 오디오북, 온라인 리포트 및 전자책 등의 형태로 제공되는 콘텐츠를 이용할 수 있고, 온오프라인으로 에디터, 저자, 멤버들과 만나 토론도 할 수 있다.

이 두 서비스의 공통점은 변화하는 세상에 필요한 지식을 함께 배울 수 있는 자료(책, 콘텐츠)와 사람(커뮤니티)을 제공한다는 것이다. 트레바리는 클럽장으로 기업인, 대학교수, 언론인 등 업계의 산 지식을 전해줄 수 있는 전문가를 섭외하는 것이 특징이고, 북저널리즘 역시 에디터들이 각 분야의 전문가들을 저자로 섭외하여 오리지널 콘텐츠를 생산해낼 수 있도록 한다. 그리고 이를 유통하는 방식에서 정보를 소유한 사람이 다른 개인들과 직접 연결됨으로써 참여하는 사람들이 공통의 관심사로 서로가 엮여 있다는 소속감을 갖게 한다. 그 안에서 공유된 지식은 모두의 것이 되고, 각자의 삶을 통해 밖으로 흘러나간다. 네트워크에 존재하는 지식이 곧 나의 지식이 되고, 나의 지식이 곧 네트워크에 존재하는 지식이 되는 것이다.

유료 커뮤니티 서비스가 아니더라도 기존의 소셜네트워크서비스(SNS)를 통해 많은 정보가 공유되기도 한다. 나만 해도 일과 관련된 뉴스는 직접 찾아보지 않은 지 꽤 되었다. 페이스북 친구들이 담벼락에 공유하는 기사나 정보만으로도 차고 넘치기 때문이다. 이미 관심 분야로 연결된 네트워크 관계에서 서로가 서로에게 도움이 되는 지식을 공유하는데 굳이 기사를 따로 찾아볼 필요가 있을까? 그런데 이 지점에서 의문이 생긴다. 어떤 지식이 공유되는 걸까, 공유할 수 있는 지식이 따로 있는 걸까?

이제는 개개인이 정보를 발신하는 매체가 됐다. 일로 만난 지인의 페이스북이나 좋아하는 분야 전문가의 개인 인스타그램을 팔로우 해보라. 그들이 올리는 자료들, 즉 본인의 작업에 영감이 됐던 자료들을 내 피드에서 고스란히 전달받을 수 있다. 어떤 마케터가 운영하는 인스타그램 '영감 노트(@ins.note)'는 팔로우 수가 7만1천 명에 달한다(2021년 4월 기준). 말 그대로 영감 노트이기 때문에 일상 생활에서 그가 보고 느끼는 것들이 다 올라온다. 인터넷 기사에서 본 인상 깊은 구절, 새로 발견한 물건, 요즘 본 전시, TV 프로그램 등이 캡쳐된 이미지로 올라온다. 'ㅎㅇ'이라는 제목의 뉴스레터는 한 개인이 자신이 10일간 보고 읽고 들으며 소비하는 콘텐츠만 모아서 발신하기도 한다. 덕분에 최신 음반 출시 정보를 먼저 알게 되고, 요즘 콘텐츠의 흐름이 어떤지 파악하는 데 도움을 받을 수 있다.

이렇게 이전에는 개인의 사적인 공간에 갇혀 있던 정보가 모두가 볼 수 있는 환경으로 옮겨왔다. 꼭 유명한 사람이 아니더라도 개인이 온라인상에서 수집한 정보를 정리하는 SNS계정을 한두 개씩은 가지고 있다. 흥미로운 점은 자신의 기획에 단초가 될 만한 중요한 경험들을 공유하는 그 마음이다. 네트워크에 시대에 사는 리얼 월드 러너로서 '나도 누군가가 올린 정보의 덕을 봤으니 나도 정보를 올린다'는 넉넉한 공유의 마음이 생긴 것은 아닐까? 혹은, 사람의 관점은 다양하기 때문에 똑같은 장면을 봐도 해석하는 건 다양할 것이라는 다양성에 대한 확신, 혹은 자신의 관점에 대한 자신감일 수도 있겠다.

다시 ADPList 사례로 돌아가보자. ADPList를 만든 펠릭스와 제임스는 사람을 연결해주는 온라인 공간에서 만나 사람과 지식을 동시에 연결해주는 또 다른 온라인 공간을 만들어냈다. 이들은 코로나로 인한 변화를 인식했고, 자신들이 가장 잘할 수 있는 방식으로 대처했다. 변화 대응력과 문제 해결력이 어떻게 발현되는지를 보여주는 사례다. 재밌는 사실은 이 모든 과정이 새로운 지식을 배우면서 일어났다는 점이다. 링크드인을 효과적으로 사용하는 방법을 배웠고, 홈페이지를 만드는 코딩을 처음 배웠고, 좋은 멘토를 유인하고 관리하는 법을 배웠고, 다른 나라에 살고 있는 사람과 온라인으로 소통하는 법을 배웠다. 지금은 투자 받을 준비를 하며 자원을 모으는 법을 배우고 있다.

현재를 살아가는 세대가 배우는 방식은 이전 세대와는 다르다. Z세대는 인류 최초로 태어나면서부터 스마트폰을 사용하는 환경에서 자랐다. 세상에 존재하는 지식과 정보를 매일 손가락으로 엮으며 살고 있다. 이들은 모르는 게 생기면 유튜브에서 검색하고, 흥미로운 채널은 구독해서 끊임없이 정보를 소비한다. 코딩을 배우고 싶으면 언제든 배울 수 있고, 원하는 정보를 찾기 어려우면 정보를 갖고 있는 사람과 연결하면 그만이다. 배울 수 있는 자료들이 세상에 널려 있는 것이다. 핵심은 배우는 순서에 있다. 누군가 정해놓은 순서대로 배운 후에 적용하는 게 아니라 관심이 있는 순서대로 정보를 찾으며 엮어낸다.

스스로 배울 수 있는 세대. 궁금한 게 있으면 직접 찾아볼 수 있는 세대. 그리고 끊임없이 배워야만 하는 세대. 변화하는 세상에서 평생학습자로 살아가는 사람들이 바로 리얼 월드 러너들이다. 변화를 인식하고 스스로 배우며 나만의 일을 만들어가는 사람들을 주목해야 한다. 다음 장에서는 리얼 월드 러너들이 어떤 특징을 갖고 있는지 살피려 한다.

MZ 세대가 스스로 배우는 온라인 학습 장소

아래 리스트는 실제 청소년들에게 물어본 답변을 모은 것이다. 궁금한 점이 있을 때 어디서 찾아보는지, 평소 즐겨보는 온라인 영상 콘텐츠는 무엇인지 조사해보았다. 주제도, 정보를 전달하는 형태도 다양하다. 이 중에 당신이 알고 있는 유튜브 채널이 있는가? 가정에서, 학교에서 여러분이 만나는 청소년에게 "궁금한 정보, 어디서 얻니?" 라고 물어보기 바란다. 당신의 배움의 지경이 넓어질 것이다.

- 닷페이스: 젠더 다양성과 평등, 기후위기, 인권 등 아직 해결되지 않은 사회 이슈들을 탐사 보도 형태의 영상을 통해 사람들의 참여와 인식 변화를 이끌어냄.

- 미션파서블: 특수부대 출신 유튜버. 주변에서 흔히 접할 수 없는 특수부대에서의 경험과 그 이후의 삶에 대한 정보를 엿볼 수 있음.

- 바늘이야기 김대리: 국내 가장 오래된 뜨개질 실/용품 인터넷 쇼핑몰 '바늘이야기'의 창업자 딸이 운영하는 뜨개질 법 노하우 전수 채널.

- 사피엔스 스튜디오: 《책 읽어 드립니다》《어쩌다 어른》제작진이 만든 지식 큐레이팅 채널. 강연 프로그램이 올라옴.

- 소비더머니 (14F 채널 중): 브랜드(기업)의 역사를 다 훑어줌. 창립자는

누구고, 어떻게 성장했고, 어떤 이슈가 있었고, 요즘은 어떤지에 대한 내용이 있음.

- 쓰레기 왕국: 환경 운동가도 아닌 일반인이 일상에서 실천할 수 있는 쓰레기 줄이는 방법에 대한 정보를 제공. 제로웨이스트 숍 소개, 제품 리뷰 등도 있음.

- 씨리얼: 청(소)년 세대가 공감하고, 부담 없이 볼 수 있는 시사교양 콘텐츠 채널.

- 우신사TV: 무신사 스토어에서 판매하는 상품의 광고와 판매 지원을 위해 만들어졌지만, 옷 활용법과 패션 트렌드를 배울 수 있음.

- 잇섭: 테크 크리에이터 잇섭(ITSub) 채널. 테크에 관련된, 관심 있는 무엇이든 리뷰(전자기기, IT이슈, 자동차, 테크).

- 조승연의 탐구생활: 조승연 작가가 넷플릭스나 책 콘텐츠를 소개해주기도 하고, 역사나 해외 문화 같은 것들을 이해하기 쉽게 설명해 줌.

- Alivia D'andrea: 폭식증을 극복하기 위한 여정을 한 치의 거짓없이 공유한 채널. 실패도 가감없이 보여주어서 그 솔직함에 공감할 수 있는 이야기.

- EO: 다양한 창업가와 사회 혁신가들의 이야기를 듣고, 어떻게 성공을 이루어냈는지 그 과정을 알아볼 수 있음.

- Jungle Survival: 정글에서 맨손으로 집을 짓거나 수영장을 만드는 등 신기한 건축물을 짓는 리얼 다큐.

- Kurzgesagt(쿠르츠게자크트): 과학과 관련된 주제에 대해 이해하기 쉽도록 직관적인 애니메이션들로 쉽게 풀어낸 채널.

- Nerdwriter: 매주 올라오는 예술, 과학, 철학과 관련된 비디오 에세이 채널.

- Tesla Daily: 전기 자동차의 No.1 선두주자. 최근 배터리를 자체 생산 하기 위해 준비 중. 자동차의 미래에 대한 모습을 상상할 수 있음.

- tvN 인사이트: 매주 월요일 저녁에 올라오는 시사, 교양 강연 채널.

- WLDO: 여러 기업의 마케팅 전략에 대해 소개하는 채널. 환경 문제나 사회 문제들에 대해 기업들이 어떻게 대응했는지에 대한 내용을 볼 수 있음.

리얼 월드 러너의 특징

스스로 '배우기'를 선택한 사람들

리얼 월드 러너는 문자 그대로 실제 세상을 통해 배우는 사람, 즉 실제 세상에서 배우며 살아가는 사람이다. 사실 모든 인간은 리얼 월드 러너다. 태어나면서부터 죽을 때까지 사회와 상호작용을 하며 지식을 받아들이고, 또 생산하면서 살아가기 때문이다. '배움'이라는 행위는 넓게 보았을 때 우리가 살아가면서 깨우치는 것 자체를 이른다. 그런데 이제 지식을 전수받는 방식과 생산하는 방식이 기존과 달라진 사회에 살게 되었다(1장에서 설명했다).

대량 생산 체계로 산업이 발전했던 시기에는 개인이 접근 가능한 정보가 제한적이었기 때문에 세상의 필요를 거대 회사가 인식하고, 회사 안에 속한 개인은 전달받는 방식으로 이루어졌다(그림1-좌측). 회사의 성장 속도가 빨랐기 때문에 그 안에서 맡은 역할을 성실히 수행하는 게 중요했고, 회사 바깥의 또 다른 직업에 관심을 가질 이유가 없었다. 회사의 울타리를 벗어나도 스스로 할 수 있는 일이 있다는 것을 알지 못했다고 하는 것이 정확하겠다. 그렇기 때문에 회사에 취직하는 일이 자아를 실현할 수 있는 유일한 방법으로 여겨졌고, 평생 하나의 회사로도 충분했다. 개인의 주체성은 중요하게 취급되지 않았다. 공장식 수동형 노동자가 만들어진 것이다.

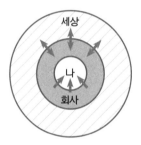
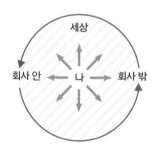

<산업화 시대>
실제 세상과 단절되어
회사의 지시에 따라 배우는 조직 속의 나.

<온라인 플랫폼 시대>
실제 세상에서 스스로 배우는
리얼 월드 러너와 회사의 관계도.

그림1. 배움의 흐름

하지만 개인이 실제 세상에 존재하는 다양한 정보에 자유롭게 접근하는 일이 가능해지면서 배움의 흐름은 나에서 시작해 전방위적으로 뻗쳐 나간다(그림1-우측). 지식을 서로 공유하며 배우기도 하고, 전수와 생산이 동시에 일어나기도 한다. 전수받을 지식의 양과 종류가 다채로워졌을 뿐 아니라 지식이 쌓이고 사용되는 주기가 짧아졌기 때문이다. 가장 큰 변화는 누구든 참여할 수 있는 온라인 플랫폼이 대중화된 지식 정보사회에 돌입하면서 회사에 종속된 '나'가 아닌 창조적으로 '내 일'을 만들어갈 수 있는 시대가 도래했다는 데 있다.

회사의 안과 밖을 자유롭게 유영하며 나만이 할 수 있는 일을 찾은 사람들에게는 어떤 공통점들이 있을까.

― 회사 밖에서 스스로 배우는 리얼 월드 러너

요즘 가장 영리한 디자인 스튜디오라고 하면 유튜브 '모티비(MoTV)'를 운영하고 있는 모빌스 그룹이 제일 먼저 떠오른다. 유튜브를 시작으로 인스타그램, 브런치 등 온라인 채널에서의 존재감뿐 아니라 코로나 시대에 오프라인 행사로 노동절 관련 굿즈를 판매하는 데 7천 명을 모이게 했다. 너무 익숙해서 오히려 새로운 시도가 어색할 법한 오뚜기 누룽지, 롯데월드 로티와 로리 캐릭터가 이들에게 리브랜딩을 맡겼을 정도라면, 이들에게 뭔가가 있다는 말에 고개가 절로 끄덕여진다.

모티비는 라인프렌즈 브랜드디자인팀 팀장으로 근무했던 모춘(가명)이 퇴사를 결정하고 자신의 브랜드를 만들어가는 과정을 기록한 콘텐츠다. 이 기록이 특별한 이유는 투명성이다. 모르는 건 모르겠다, 고민되는 건 왜 고민되는지, 지금 자신에게 필요한 건 무엇인지 고백적으로 담아냈기 때문에 보는 이로 하여금 공감을 불러일으켰다. 어느 날은 자신의 생각에만 갇히지 않도록 콘텐츠, 브랜딩을 업으로 하는 사람들을 찾아가 조언을 구한다. 배움을 찾아나선 것이다. 그 내용이 모여 'MoTV 현실 조언 시리즈'가 됐다. 채널에서 가장 반응이 좋은 시리즈다. 사업을 고민하는 누구라도 도움을 받을 수 있는 내용이기 때문이다.

구독자 3만 명을 돌파한 모티비는 자신들의 브랜딩 과정뿐 아니라 타회사가 의뢰한 리브랜딩 작업 과정에서 진행되는 실제 팀 회의까지 가감없이 녹화하여 공유한다. 대기업 디자인 수주 프레젠테이션을 콘텐츠로 직접 보게 된 팬들은 흥분하고, 댓글에 자신의 아이디어를 남기기도 한다. 현직 마케터/디자이너, 예비 마케터/디자이너가 대부분인 구독자들의 특성을 보면 그럴 만도 하다. 모빌스 그룹은 댓글에 올라온 아이디어를 통해 영감을 받기도 하고, 실제 구독자의 의견을 반영해 제품을 제작하기도 한다. 제작자와 소비자가 소통을 통해 서로 배우는 구조를 만들게 된 것이다.

모춘은 회사를 나와 스스로 배우며 실험하고 기록하는 리얼 월드 러너의 모습을 보여준다. 흥미로운 사실은 모티비에 올라온 영상들이 더 좋은 브랜딩을 하고 싶은 사람들, 마케터를 꿈꾸는 사람들에게 풍부한 공부 자료가 된다는 사실이다. jiwoodayo라는 아이디로 블로그를 운영하는 사람은 정보를 찾다가 모티비 채널까지 흘러 들어오게 된 유튜브 알고리즘을 찬양하며 자신의 브랜딩 멘토를 발견한 기쁨을 포스팅 하기도 했다. 리얼 월드 러너들은 이런 식으로 자신의 호기심에 이끌려 영상, SNS, 책을 넘나들며 한 사람을, 한 주제를 파며 스스로 배움의 여정에 돌입하게 된다. 모춘이 의도하든 하지 않았든, 자신의 배움의 여정을 공개함으로써 같은 주제에 흥미를 가진 사람들이 모여드는 배움의 커뮤니티가 형성된 것이다.

모춘과 모티비 구독자 '모쨍이'들은 스스로 배우는 사람들이다. 그게 자신의 고민을 털어놓는 솔직 담백한 영상으로 표현될 수도, 댓글에서 서로 말장난을 치는 유희의 모습으로 표현될 수도 있지만, 전부 '배움'이다. 이러한 배움은 자신이 알고 싶은 것을 탐구하고자 하는 욕망에서 시작한다. 나는 이 '탐구하고자 하는 욕망'이 진짜 세상을 살아가는 데 가장 큰 배움의 동력이라고 생각한다. 알고 싶은 것이 없는 사람은 아무리 좋은 배움의 환경이 주어져도 스스로 배울 수 없다.

회사를 나와서 자신의 길을 개척해가는 사람들은 스스로 배우는 일에 더 철저해진다. 잘 배우고 적용하는 것이 생존과 직결되기 때문이다. '카페 개업'이라는 문제를 놓고 생각해보자. 여기서는 어떤 공간에서 어떤 메뉴를 팔 것인지를 정하기 위한 공부가 제일 먼저다. 따라서 시장조사, 타 카페 메뉴 분석을 통해 카페를 열 수 있는 최소한의 조건을 셋팅해야 한다. 물론 그 후에도 배우기는 끝나지 않는다. 고객 피드백을 반영해서 끊임없이 수정하고 개발하는 작업이 지속된다. 그러다가 더 맛있는 커피를 내리기 위한 배움과 시도를 계속해가면 커피 장인이 될 수도 있다. 더 좋은 공간을 만들기 위한 배움과 시도를 계속해가면 공간 전문가가 될 수도 있다. 퇴사하고 나만의 무언가를 하겠다는 것은 스스로 배워나가겠다는 의지 표명과 다름없다. 반대로 말하면, 스스로 배워나갈 힘이 없는 사람들은 '회사 인간'으로 남게 된다.

하지만 리얼 월드 러너가 되기 위해서 모두가 회사 밖으로 나와야 하는 것은 아니다. 회사 안에서도 충분히 나의 것을 만들어나갈 수 있다. 일의 영역에 있어서 나만의 세계를 구축해가는 것이다. 회사라는 일터만큼 훌륭한 리얼 월드는 없다. 그곳에서 자신이 더 알고 싶은 것은 당연히 '일'일 수밖에 없다. 일을 잘 배워서 잘해나가고 싶다는 마음을 갖기 시작하는 순간, 단순히 회사에 소속된 '직장인'이 아닌 내가 맡은 분야에서 나만의 지식과 노하우가 있는 '직업인'이 되어간다. 존재감 있는 회사 인간이 되는 것이다.

─ 회사 안에서 스스로 배우는 리얼 월드 러너

신조어 중에 '일잘러'라는 단어가 있다. '일을 잘하는 사람'의 줄임말이다. 일을 잘한다는 건 무엇이고, 어떻게 해야 일을 잘하게 될까. 누가 시키기 전에 일의 맥락을 파악해서 먼저 하고 있거나, 일의 우선순위를 알고 있거나, 협업을 잘하거나, 성공적인 결과를 내는 사람 등이 모두 일잘러일 수 있다. 핵심은 일의 원리를 파악하는 것에 있다. 그러기 위해서는 스스로 배우고자 하는 마음이 있어야 한다. 자발적으로 해야 일이 놀이가 되고, 내가 하고 싶어서 하는 일이 되어야 자발성이 지속된다. 하지만 착각해서는 안 된다. 시작이 나에게서 비롯된다는 것이지, 모든 내용을 셀프로 배워야 한다는 뜻은 아니다. 스스로 배움을 찾아나서기 시작하면 예상치 못한 곳에서 도움을 받을 수 있다.

요즘은 온라인 기반의 다양한 지식 콘텐츠 플랫폼 서비스가 생기면서 언제든 마음만 먹으면 배움의 여정을 시작할 수 있는 기회가 더욱 많아졌다. 특히 일잘러가 되고 싶은 사람들을 위한 맞춤형 콘텐츠들이 나오고 있다. 유료 지식 콘텐츠 서비스 초기 선두 주자라고 할 수 있는 퍼블리(Publy)는 진화에 진화를 거듭해 현재는 2030세대의 커리어 관리 SNS '커리어리', 일에 대한 고민을 콘텐츠로 해결하는 '퍼블리 멤버십'을 운영하고 있다. 〈중앙일보〉에서 만든 폴인(fol:in)은 '내일을 위한 콘텐츠'라는 슬로건을 내세우며 변화하는 시장을 읽을 수 있는 전문 콘텐츠를 제공한다. 둘 다 타깃은 자기 일을 좋아하고, 더 잘하고 싶은 (예비) 일잘러들이다.

이러한 플랫폼에서 유심히 봐야 하는 점은 지식 생산자가 누구인가 하는 것이다. 유명인도, 교수도 아닌, 리얼 월드에서 자기 일을 하는 사람들이다. '어느 회사를 다니는 누구'로 소개하는 사람이 아니라, 무슨 일을 어떻게 하는지 실질적으로 설명할 수 있는 사람들이 콘텐츠 저자로 활동한다. 일에 대한 개인의 철학과 암묵적인 현장 지식을 꺼내놓음으로써 유니크한 경험을 돈으로 사고 팔 수 있게 만들어놓은 것이다. "팔리는 상세 페이지에는 '이 것'이 있다! 와디즈 에디터의 제작 노하우" "'skip' 못 누르게 하는 광고는 어떻게 만들까? 네이버 시리즈 실무자가 밝히는 광고 비하인드"류의 콘텐츠처럼 이론적 지식이 아닌 리얼 월드에서 경험하고 배운 현장감 있는 스토리 자체가 상품이 된다. 퍼블리는 300명의 저자가 함께하고 있다.[2]

회사 안에서 스스로 배우는 사람들은 내가 하는 일을 나의 언어로 정리해나가는 일을 게을리 하지 않는다. 그리고 퍼블리, 폴인 같은 플랫폼을 통해 밖으로 공유한다. 지식 생산자들은 오히려 자신의 일을 남에게 전달하는 과정에서 스스로 더 많이 배우게 된다. 지식 콘텐츠 플랫폼은 현장 지식이 필요한 예비 일잘러에게도, 지식을 공급하는 일잘러에게도 도움이 되는 배움의 선순환 환경을 제공하고 있다.

리얼 월드 러너들은 적극적으로 회사 외부에서 배움의 커뮤니티를 만들기도 한다. 아는 사람들끼리 모임을 만들 수도 있지만 페이스북, 링크드인 등에서 관심 있는 키워드 검색을 통해 전혀 모르는 사람과 연결될 수도 있다. '힙한 서비스들의 비밀'이라는 페이스북 페이지는 서비스 기획자들을 위한 커뮤니티다. 마케터, 개발자 커뮤니티는 있는데 서비스 기획만을 위한 커뮤니티는 없다는 각성 아래 탄생한 것이다. 이곳에서는 생산물을 만드는 다양한 직무의 사람들이 서로의 아이디어를 나누기도 하고, 좋은 사례가 있으면 정보를 공유하기도 한다.

페이스북을 기반으로 성장한 모임 중에는 '스여일삶'이라는 곳도 있다. '스타트업 여성들의 일과 삶'의 줄임말이다. 이름 그대로 스타트업 업계에 종사하는 여성들이 온/오프라인으로 모여 연대와 네트워킹을 하는 곳이다. 5천여 명이 넘는 멤버들을 대상으로 직무, 업종, 연차, 취미별 스터디 모임을 활발히 운영하고 있다. 두 곳 모두 당사자 스스로 자신의 배움을 확장하기 위해 시작한 모임이다.

다시 한번 강조하지만 이 모든 것의 시작은 자신이 알고 싶은 것을 탐구하고자 하는 욕망에서 비롯된다. 무엇을 왜 배워야 하는지에 대한 이유를 스스로 찾아내야만 배우고자 하는 힘이 생긴다. 앞으로는 지식과 기술력의 차이를 줄이기 위한 더 다양한 서비스가 나올 것이다. 자신이 가진 노하우를 공유하는 성인 교육 플랫폼을 비롯해서 코딩을 몰라도 누구나 홈페이지를 만들 수 있는 툴, 디자인을 몰라도 누구나 웹 이미지를 만들 수 있는 툴 등 새로운 서비스가 요즘 하루가 멀다 하고 출시되고 있다. 배우고자 하는 마음만 있으면 된다. 무엇을 배우고 싶은지 스스로 알아차리기만 하면 된다.

자기다움으로 내 일을 만든다는 것

무엇을 왜 배워야 하는지를 정확히 파악하려면 자신이 무엇을 좋아하는지에 대해 잘 알아야 한다. 자기만의 질문이 있는 사람들은 변화하는 세상에서도 흔들리지 않는다. 변화를 읽지만 변화에 끌려 다니지 않는다.

일본 최고의 전략 컨설턴트 야마구치 슈와 구스노키 겐이 개인 고유의 관점으로 탁월한 성과를 올린 사람들의 특성을 분석한 책 『일을 잘한다는 것』에 '아웃사이드 인'과 '인사이드 아웃' 사고방식에 대한 이야기가 나온다. '아웃사이드 인' 사람들은 예측 불가능한 미래를 대비하여 앞으로 유용한 기술이 무엇일지를 먼저 따져가며 외부환경에 판단의 기준을 놓는다. 이들은 계획이 완성되어야 실행하며, 일이 잘되든 못되든 상황 탓을 한다. 반면, '인사이드 아웃'은 자신의 논리에서 답을 찾아간다. 책에서는 이를 '좋아하는 마음'이라고 표현하기도 한다. 무언가를 좋아하는 강력한 마음으로 시작하기 때문에 환경을 뚫고 나갈 힘이 생긴다는 것이다. 이들은 먼저 실행하고 닥쳐오는 변화가 있으면 계획을 수정해나간다.

리얼 월드 러너를 자칫 잘못하면 세상의 변화를 좇아가는 사람이라고 이해할 수 있다. 하지만 리얼 월드 러너는 오히려 인사이드 아웃의 태도를 가진 사람에 가깝다. 자신의 내부를 들여다보는 데 소홀하지 않고, 자신의 눈으로 세상을 바라보는 데 주저하지 않는 사람들이다. 변화의 파도에 휩쓸려 앞으로 유망할 것을 따라가는 게 아니라, 자신의 논리를 가지고 세상의 맥락을 연결하는 사람이다. 그러다 보면 어느새 나만의 일하는 감각, 배우는 감각이 쌓이게 된다. 야마구치가 말하듯, "'좋아하는 마음'이 자신의 내면에 존재하지 않으면 감각의 연마는 시작되지 않는다."

위에서 예로 든 모티비가 그렇다. 모춘은 퇴사가 유행이고 인디펜던트 워커가 뜨니까 휩쓸려 결정한 경우가 아니다. 자기 주체적으로 일하는 사람들을 위한 브랜드를 만들고 싶은 마음으로 큰 조직을 나왔고, 직접 새롭게 일하는 방식을 실험하는 크리에이티브 그룹을 만들었다. 그는 일하는 사람들에게 던지고 싶은 자신의 메시지가 무엇인지를 먼저 고민한 다음, 그것을 가장 잘 보여줄 수 있는 자기다움이 있는 외부 팀과 첫 번째 프로젝트를 협업했다.

공교롭게도 비슷한 시기에 퇴사한 배달의 민족 출신 2명의 마케터가 '두낫띵클럽'이라는 프로젝트명만 만들고 이제 막 딴짓을 시작하려던 참이었다.[3] 이름은 '아무것도 하지 말자'로 지어놓고 무언가 일을 벌리는 아이러니한 상황이지만, 일에 종속되지 말고 오히려 아무것도 하지 않으면서 자신을 돌아보는 시간을 사람들이 갖길 원하는 마음에 뭐라도 하고 싶었던 것이다.

서로를 알아본 모춘과 두낫띵클럽은 만나자마자 바로 협업 계획을 짜기 시작했다. '일'을 하는 사람 모두에게 중요한 노동절을 더 의미 있게 보낼 수 있도록 그날에 맞춰 두낫띵클럽 창단식을 기획하고, 두낫띵 행동강령, 티셔츠, 낫투두(not-to-do) 리스트를 적는 메모장 등의 굿즈를 만들었다. 이들이 준비한 메시지는 노동절 하루 1천 명을 홍대 팝업 스토어에 줄 세우는 데 성공했다.[4] 만든 사람들의 자기다움이 효과적으로 전달된 덕분이다.

이렇게 자기다움을 밖으로 꺼내 세상의 반응을 확인해볼 수 있는 가장 좋은 방법이 '사이드 프로젝트'이다. 사이드 프로젝트는 본업이 있는 상태에서 자신이 해보고 싶은 일을 작은 프로젝트 단위로 쪼개 일정 기간을 정해놓고 실행하는 것을 말한다. 물론 두낫띵클럽처럼 본업이 없는 상태에서 해보고 싶은 일을 마음껏 해보는 차원으로 이루어질 수도 있다. 혹은, 본격적인 사업을 시작하기 전에 실패해도 괜찮을 정도의 사이즈로 안전망 속에서 시도해보는 프로토타입이 될 수도 있다.

사이드 프로젝트는 내가 무엇을 좋아하는 마음을 공유하는 것이다. 나 역시 사이드 프로젝트가 있다. 공교육 혁신을 업으로 하고 있지만 캠핑을 좋아해서 같이 캠핑 가는 사람을 모으는 프로젝트를 하고 있다. 그것도 여자끼리 캠핑. '우먼스베이스캠프[5]'라는 이름도 붙였다. 장비가 없거나 여자 혼자는 위험하다고 생각해서 캠핑을 해본 적이 없는 사람들에게 자연에서의 경험을 느끼게 해주고 싶어서 시작했다. 이 프로젝트를 하는 동안에는 일하는 내 모습에서 보이지 않는 또 다른 나의 내면이 조명되는 것 같아서 만족감이 크다. 코로나 때문에 잠시 멈추긴 했지만, 혹시 아나? 이 일이 잘 되면 본업의 비중이 줄어들 수도 있을 것이다.

채식을 시작하면서 레시피를 영상으로 찍어 올리기, 함께 매주 한 번씩 모여 글을 쓰고 책으로 발행하기 등 사이드 프로젝트의 주제에는 제한이 없다. 그렇기 때문에 한 사람이 할 수 있는 사이드 프로젝트의 숫자에도 제한이 없다. 자기다운 모습이 꼭 하나로 수렴되지 않을 수도 있기 때문이다. 이는 요즘 유행하는 '부캐 만들기'와도 일맥 상통한다. 내 안에 다양한 내가 있다는 걸 스스로 인정하고 하나씩 정의해보는 것이다. 사이드 프로젝트, 부캐 만들기에 사람들이 반응하는 이유는 자기다움을 찾고 싶은 우리 모두의 깊숙한 내면의 목소리 때문이다. 조직에서 충족되지 않는 성장의 갈망을 내가 스스로 만드는 이야기로 채우는 것이다.

자기다움을 찾은 리얼 월드 러너는 회사 안과 밖에서의 자기 정체성을 유기적으로 연결한다. 배움과 적용, 발견과 행동이 끊임없이 연결되기 때문에 어느 한 곳에 고립되거나 정체된 나는 더 이상 존재하지 않는다. '일하는 나'와 '무엇을 좋아하는 나'가 상부상조하면서 나의 모습은 더욱 구체적이고 단단해진다. 예를 들어, 퍼블리 리포트 『노션으로 정리하는 법』의 저자 김민석 님의 자기소개 글을 보자.

▶ 일 잘하고 싶은 욕심과 나를 지키고 싶은 마음이 공존하는 사람. 디지털 미디어 스타트업, 소셜 섹터를 거쳐 지금은 엔씨소프트의 플랫폼 조직에서 서비스를 만들고 있습니다. 기록하는 것을 좋아하고, 사이드 프로젝트로 디지털 정리 1:1 컨설팅 〈나 조각모음〉을 합니다.

이제 '조직에서 일하는 나'로만 자신을 소개하는 것은 구식이되었다. 리얼 월드 러너의 시대에서는 자신의 욕망을 드러내고 실천 역량을 적극적으로 사용하는 사람들의 스토리가 더 매력적이다. 김민석 님은 퍼블리를 통해 자신이 좋아서 하고 있는 사이드 프로젝트의 주제로 지식 콘텐츠를 만들어냈다. 단순히 공유를 넘어 나만의 관심과 취향을 남에게 알려주며 경제 활동까지 할 수 있는 플랫폼이 많아지면서 자기다움을 갖춘 사람들에게는 더 많은 기회가 열렸다. 좋아서 시작한 프로젝트로 돈을 벌고, 그게 다시 내 일에 영향을 줄 수 있는 시대가 된 것이다.

단선적인 진로 설계가 불가능한 21세기에는 변화하는 환경의 맥락에 따라 개인이 진로를 선택하는 '진로적응도(Career adaptability)[6]를 갖추는 것이 생존 전략으로 제시되기도 한다. 같은 회사에서 같은 일을 하더라도 개인의 경험이 각기 다르기 때문에 일에 대한 나의 경험을 스스로 만들어가는 사람이 더 빠르게 적응하고 다음 진로로의 이동이 용이하다는 것이다.

꼭 사이드 프로젝트가 아니더라도 동시에 다양한 조직에 속해서 일을 하는 'N잡러'가 등장한 이유이기도 하다. 멀티커리어리즘(multi-careerism) 현상이라고 볼 수 있는 N잡러는 하나의 직업에 얽매이지 않고 다양한 사회 활동으로 자아를 실현하고자 하는 사회상을 반영한다. 과거에는 한 우물을 파지 않고 이것저것 관심을 많이 갖는 사람을 보면 전문성과 진정성을 의심했다. 하지만 이제는 개인이 가진 여러 측면의 자기다움을 분명히 정의 내리고 다양한 분야를 융합하여 내 일을 만들어갈 수 있는 것 자체가 또 하나의 전문성으로 부각된다. 내가 진정으로 좋아하고 잘하는 것이 여러 개일 수 있다는 것이 받아들여지는 세상이 온 것이다. 이제 리얼 월드 러너가 해야 할 일은 분명하다. 여러 관심사가 '나'라는 사람과 어떻게 연결되는지의 맥락을 설명하는 것이다.

사실 멀티커리어리즘의 가능성은 열렸지만 이것도 직접 해보기 전까진 아직 우리에게 익숙한 작업은 아니었다. 여전히 어딘가에 소속된 나로 소개하는 것이 더 당연하게 여겨지니 말이다. 자기다움을 찾았더라도 그걸 스스로 허용하고 하나의 업으로 만들어가기 쉬운 사회가 되기까지는 좀 더 시간이 걸릴 것이다. 하지만 '뉴노멀'이 될 이들의 스토리를 외면해선 안 된다.

본인 스스로가 N잡러로 살면서 자신을 한마디로 소개하는 일에 지쳐 오히려 자신과 비슷한 부류의 사람들을 주목하고 알리는 것을 업으로 삼은 사람들이 있다. '요즘 것들의 사생활'이라는 유튜브 채널을 운영하고 독립출판을 하는 이혜민 & 정현우 부부, 자신을 '다능인'으로 소개하며 다능인 커뮤니티 'SIDE'를 운영하는 정혜윤 같은 사람들이다. 이들은 자신만의 방법으로 새로운 길을 내는 사람들의 이야기를 찾아서 동시대인들에게 레퍼런스를 제공한다.

최근 이혜민 & 정현우 부부는 '새롭게 일하고 나답게 먹고사는 밀레니얼 10인의 이야기'를 담아 『요즘 것들의 사생활』이라는 인터뷰집을 출판했다. 돈 버는 일과 하고 싶은 일 사이에서 청소일을 하며 그림 그리기를 택한 일러스트레이터, 직업이 다른 10명의 친구를 모아 경제 공동체를 꾸린 회사원이자 와인바 사장, 모두가 쓸모 없다던 덕질로 2억 매출을 올린 덕업일치 출판인 등 10명의 공통점은 공통점이 없다는 것이다. 자기다움을 발현해서 사는 10명의 삶의 방식이 어떻게 같을 수 있을까. 이들은 "요즘 시대야말로 좋아하는 일로 먹고살기 좋은 시대"라고 설명한다. 기존의 프레임에 맞는 하나의 직업 속에서 자신을 하나의 고정된 주체로 바라볼 필요가 없게 된 것이다.

· 지속 가능한 나, 어떤 변화에도 적응하는 나, 어떤 일 앞에서도 맥락을 갖추는 나, 내가 하는 일을 설명할 수 있고, 왜 하고 있는지 알고 있는 나를 만드는 게 더 중요하고, 그게 지금 내 단계에서 해야 할 일이라고 생각했어요.[7]

책은 10명의 밀레니얼을 소개했지만 이는 더 이상 밀레니얼들만의 사는 방식이 아니다. 리얼 월드 러너는 누구든 될 수 있다. 자기다움으로 내 일을 만들기 시작하면 진짜 세상에서의 배움이 한층 재미있고 깊어질 것이다. 변화하는 세상에 쫓기지 않고 나의 세계를 구축할 수 있는 방법이 모두에게 주어졌다. 나로부터 시작하되 변화하는 사회 환경을 이용하는 것. 이것이 바로 세상 속에 존재하는 온전한 나를 만들어나갈 리얼 월드 러너들의 삶이다.

세상에 존재하는 문제 해결하기

리얼 월드 러너들은 세상 속에서 자신의 역할을 찾아 나간다. 자기다움을 보여줄 수 있는 관심사가 세상의 니즈와 맞아 떨어질 때 지치지 않고 계속해나갈 수 있기 때문이다. 혼자만의 취미나 생각이 밖으로 드러났을 때 누군가의 구매로 이어질 수도, 공감하는 사람들이 모이는 시작점이 될 수도 있다.

인테리어 플랫폼으로 국민앱이 된 '오늘의집'을 만든 이승재 대표는 본인의 경험을 모두가 누리게 하고 싶어서 회사를 만들었다. 2013년 우연히 지인의 집을 방문한 그는 자신의 고정관념을 뒤흔드는 경험을 한다. 거주자의 취향이 온전히 반영된 거실 벽면과 조명, 소품들이 독특한 분위기를 내고 있는 것을 보고 '집'이라는 공간이 이렇게까지 바뀔 수 있는 것임을 깨달았다. 그동안 우리는 건설사가 일률적으로 만든, 즉 형태가 이미 정해진 집에 사는 게 당연한 거라고, 그런 집은 마음대로 바꿀 수 없는 공간이라고 생각해왔다.

돈과 힘을 적게 들이고서도 공간을 바꿀 수 있다는 사실을 안 순간부터 그는 공간을 통해 자기 취향을 발견하는 기쁨을 모두가 누릴 수 있는 세상을 상상하게 된다. 그에게는 이 문제를 해결할 유형의 서비스를 만드는 것이 자신이 진정 해보고 싶은 일, 자기다움을 발현하는 일이 된 것이다. 인테리어도, 앱 개발도 모르던 사람이 스스로 미지의 영역을 배워나가며 말이다.

처음에는 사용자들이 셀프 인테리어 노하우를 공유하는 앱으로 시작했다. 초기 2년 동안엔 정보를 나누는 콘텐츠 기반의 커뮤니티를 만드는 데 집중하며 같은 문제로 고민하는 사람들이 많음을 확인했다. 그리고 이들이 원하는 서비스를 하나씩 늘려갔다. 이제는 단순한 셀프 인테리어 정보 공유를 넘어 사용자들이 올린 사진을 클릭하면 사용한 제품까지 확인 가능하고, 바로 구매로도 연결된다. 믿을 만한 시공 전문가까지 찾을 수 있다. 이렇게 한 산업군에서 모든 서비스를 원스톱으로 제공할 수 있게 된 기업의 가치를 인정받아 2020년 말에는 세계적인 투자사 본드캐피털로부터 첫 한국 스타트업 투자 유치(770억 원)를 이끌어냈다.

〈매일경제〉와의 인터뷰[8]에서 그는 "시작부터 지금까지 한결같이 사람들이 집을 꾸미는 과정의 문제를 해결하기 위해 집중해온 것이 성장을 이끌었다"고 말한다. 자신의 생각을 변화시킨 경험에서 시작한 비즈니스가 온전히 인테리어를 하는 소비자의 문제에만 집중했더니 공간이 사람을 반영하지 못하고 있던 문제를 해결할 수 있게 된 것이다. 이제 이승재 대표는 '주거'라는 일상의 중요한 라이프 스타일의 변화를 이끌고 있다.

이렇게 눈에 보이는 명확한 문제를 해결하기 위해 작은 규모로 빠르게 시작해서 고속 성장을 이루어낸 조직을 '스타트업'이라고 부른다. 대기업 같은 거대 조직이 미처 발견하지 못한 문제들을 민첩하게 포착해 우리 삶에 필요한 것들을 만들어내는 회사들이다. 기술의 혁신, 아이디어의 혁신을 통해 문제를 해결하기 때문에 사회의 변화를 견인하는 역할을 톡톡히 해낸다.

국내 스타트업 규모와 생태계는 점점 진화하고 있다. 국내 500대 기업이 직접적으로 4차 산업혁명 관련 스타트업에 투자한 금액은 2014년 171억 원에서 2018년 4,580억 원으로 26배나 증가했다. 혁신이 필요한 대기업들의 성장 동력을 스타트업들이 만들어주고 있는 셈이다. 정부의 스타트업 창업지원사업 규모 역시 2017년 6천 158억에서 2020년 1조 4천억 규모까지 커졌다.[9]

아무리 세상이 빠르게 변화하는 것처럼 보여도 어떤 문제엔 여전히 기존의 방식을 고수하고 있는 경우도 있고, 아직 답 찾기를 시작한 사람이 없어서 해결되지 않은 문제들도 존재한다. 따라서 이제는 '그 문제'를 먼저 포착해서 실천 역량을 발휘하는 사람들에게 문이 열릴 전망이다. 흥미로운 것은 시작의 동기가 뚜렷한 사람들이 성공 궤도에 올라갈 가능성이 높다는 점이다. 풀고 싶은 문제가 뚜렷하지 않으면 중간에 지치기 마련이니까.

세상에 존재하는 문제들 중 특히 사회 문제 해결에 주목하는 사람들도 많다. 문제를 겪고 있는 대상이 처한 환경을 개선하는 것이 자신의 관심사인 것이다. 노숙인들의 경제 자립을 돕기 위해 유동인구가 많은 전철역 등에서 노숙인들이 판매하고 수익금을 가져가는 유통 방식을 취하는 잡지(빅이슈코리아), 올바른 육아 정보를 얻기 어려운 엄마들을 위한 정보 서비스(그로잉맘), 교육 인프라가 없는 곳에서도 누구든 학습할 수 있는 기본 문해/수학 교육 앱을 만드는 회사(에누마) 등 이들은 분야와 형태를 넘나들며 관심사에 집중하고 있다.

과거에는 사회복지사나 비영리단체 등 시민 사회의 역할이라고 취급했던 일들을 이제 섹터를 막론하고 서로 협력해서 해결하는 중이다. '사회 문제'가 정치인들만 다루는 문제라는 인식에서 벗어난 것이다. 사실 우리 일상 생활과 맞닿아 있지 않은 사회 문제란 없다.

나는 20대를 '체인지메이커'라고 불리는 커뮤니티 안에 푹 파묻혀서 지냈다. 일하는 곳은 '체인지메이커'라는 개념을 세계 최초로 만들고 전 세계로 퍼뜨리는 역할을 하는 글로벌비영리단체 아쇼카의 한국 지부였고, 결혼 전까지 살았던 곳은 국내 최초로 생겼던 체인지메이커들의 공동 주택 디웰 하우스였다. 둘 다 '최초'라는 말이 붙을 정도로, 국내에서는 8년 전만 해도 생소했던 개념이다.

체인지메이커는 말 그대로 '변화를 만드는 사람'이다. 사회적 기업가, 소셜 벤처 및 비영리 활동가, 과학자, 디자이너, 개발자, 공익 프로젝트 운영자 등 다양한 분야에서 문제를 해결하고 있는 사람이면 누구나 체인지메이커다. 함께 살았던 16명의 체인지메이커들은 해결하고자 하는 각기 다른 세상의 문제를 이들만의 관점으로 정의하고 해결책을 찾아가고 있었다. 빈곤, 가난 등 부정적인 이미지만 떠올리게 되는 아프리카에 대한 인식을 바꾸고자 아프리카인사이트라는 비영리단체를 만든 사람, 봉사활동의 문화를 확산하고자 볼런컬처라는 소셜 벤처를 만든 사람, 시각 장애인에 대한 관심을 확대하고자 점자로 메시지를 인쇄할 수 있는 도트윈이라는 가죽 제품 브랜드를 만든 사람 등등 모두가 정해진 진로를 벗어나 자신만의 길을 빚어가고 있는 리얼 월드 러너였다.

그때만 해도 지원 규모나 사회의 이해도가 낮았기 때문에 스스로를 체인지메이커로 소개하면 주변 사람들로부터 우려의 목소리를 듣거나 자신과는 상관 없는 '멋있는 일'로 여기는 분위기였다. 하지만 꼭 돈을 버는 것뿐 아니라 사회 문제 해결을 개인과 조직의 목표로 삼을 수 있다는 인식의 변화가 서서히 일어났다. 스타트업 생태계가 확장하는 만큼 임팩트 투자도 확대되고 있다. 2019년 국내 임팩트 투자 관련 총 운용자산 규모는 약 4,300억 원이었고, 이는 2017년에 비해 약 17배 증가한 수치이다. 임팩트 투자는 재무 수익과 함께 예측 가능한 사회 또는 환경문제들을 해결하는 것을 목적으로 하는 기업, 단체, 그리고 펀드들에 대한 투자를 뜻한다.

사회 문제 해결에 대한 위기의식은 코로나19로 인해 가속화되고 있다. 변화의 속도가 빨라지면서 인류는 더 많은 문제를 떠안게 됐다. 사회경제적 불평등으로 인해 생기는 정보 격차나 기술

격차는 물론이고, 기후변화 등 환경문제는 전 인류의 생존을 위협하는 지경에 이르렀다. 이러한 세상에 살고 있는 우리에게 필요한 것은 문제 해결 역량이다. 그러나 해결을 생각하기 전에 지금 우리 삶을 위협하는 가장 중요한 사회 문제가 무엇인지, 국가의 틀을 벗어나 전 지구인이 감당해야 할 사회 문제는 무엇인지 정확하게 인식하는 훈련이 필요하다. 모든 해답은 문제가 무엇인지 정확히 물을 때 도출되기 때문이다.

국내 고등 교육 기관에서는 2018년을 기점으로 학부생 대상의 사회 혁신 수업을 제공하고 있다. 전문지식을 함양하고 실천 역량을 키워 사회 문제를 해결하는 인재로 키우기 위한 수업 혁신을 하겠다는 것이다. 한양대는 사회혁신센터를 개소하여 국내 최초로 사회혁신융합전공을 개설했고, 연세대는 고등교육혁신원을 출범해 기존 153개 교과목에 사회혁신 과제를 접목하는 방식으로 운영하고 있다. 이화여대, 서울여대, 가톨릭대 등 현재 50여 대학(학부, 대학원, 비학위과정 포함)에서 사회적경제 교육을 진행하고 있다. 사회혁신 역량을 키우기 위한 활동 지원, 지역사회와의 협업, 대회 개최 등 다양한 지원이 이루어지고 있는 것이다.

2021년 초, 나는 유쓰망고를 운영하며 아직 고등학생인 수시 합격 친구들을 대상으로 실제 세상을 경험해보는 인턴십 준비 과정을 진행하게 됐다. 연세대학교 고등교육혁신원과 함께했는데, 사회 혁신 분야에 관심 있는 새내기들이 이미 사회 문제 해결을 위한 행동을 하고 있는 선배 소셜 벤처팀(연대 '워크스테이션')과 매칭되는 인턴십 프로그램이었다. 곧바로 일터 경험을 하기 전에 자신의 관심사를 돌아보고 자기다움을 일과 연결시켜보는 시간을 갖도록 구성했다. 그 과정에서 학생들은 관심사를 기반으로 자신의 일을 만들어가는 사람들의 인터뷰 영상을 검색하기도 하고, 사회문제를 해결하는 기존의 다양한 조직들을 찾아보는 활동을 했는데, 수업 후기가 인상적이었다.

▶ 관심사는 계속 변하고, 변화되는 것에 맞출 필요도 있다는 것을 알게 됐다. 그동안 한 가지가 옳다고 생각하면 다른 것들에 대해 생각하지 않았는데, 다양한 조직의 형태를 보며 '변화'에 대해 구체적으로 생각해볼 수 있었다.

▶ 세상에 정말 수많은 기업이 있다는 걸 새삼 느낀 날이었다. 무조건 유명한 대기업에만 들어가야 성공할 거라고 생각했는데, 나에게 맞는, 내가 원하는 가치를 추구하는 곳에서 일하는 게 오히려 더 행복하지 않을까.

▶ 내가 하고 싶은 일을 모두 통합할 수 있는 회사가 있는지 몰랐다.

▶ 다양한 가치를 실현하는 멋진 기업을 알게 됐다. 내가 회사에 취업하고 싶지 않았던 것은 나와 같은 가치를 지향하는 기업이 없을 거라는 생각 때문이지 않았을까. 저런 회사라면 같이 일하고 싶다는 생각이 들었다.

대학에 입학할 때부터 사회 문제를 해결하는 일에 관심을 가진 친구들이 있다는 사실을 알고 처음엔 매우 놀랐지만, 더 놀랐던 점은 다들 막연히 '대학교 이후 취업의 삶'을 생각했을 때 행복하지 않았다는 것이다. 할 수 있고, 해보고 싶다는 마음 대신 어쩔 수 없이 하는 마음이 가득했다. 실제 세상에서 나의 역할을 찾아가며 좋아하는 일을 직업으로 만드는 일이 가능하다는 것을 더 많은 청소년들이 알아야 한다. 리얼 월드에서 고립되어 있는 학교 안에 있을 때는 어떻게 세상의 판도가 바뀌고 있는지 알 길이 없다. 참가 학생이 남긴 솔직한 후기 중에는 이런 내용도 있었다.

▶ 성공하려고 하는 게 아니라 좋아하는 일에 집중하면 성공할 수 있다는 걸 깨달았다. 수시로 입학한 사람들은 알 것이다. 얼마나 생기부에 맞는 활동을 해왔는지. 이제 그러지 않아도 된다.

리얼 월드 러너들은 어떻게 배우며 성장하는지 알아봤으니, 생기부에 맞는 활동이 아닌 실제 세상에 맞는 활동을 학교에서 하려면 무엇을 해야 하는지 살펴볼 차례다. 우리 사회의 청소년들을 변화한 세상이 요구하는 러너로 키워내려면 어떤 배움의 환경을 만들어주어야 할까.

리얼 월드 러너
자가 진단 및 동료 찾기

리얼 월드 러너가 던져야 하는 첫 질문

리얼 월드 러너가 되고 싶은가? 아래 질문에 하나라도 답을 적을 수 있다면 당신은 이미 리얼 월드 러너다!

· 내가 요즘 관심을 두고 있는 것은 무엇인가?

· 내가 진짜 배우고 싶은 건 무엇인가?

· 나에게 필요한 제품/서비스는 무엇인가?

· 세상에 필요한 제품/서비스는 무엇이라고 생각하는가?

· 나를 위한 회사가 있든 없든, 내가 하고 싶은 건 무엇인가?

· 나는 어떤 방식으로 일하고 싶은가? (시간, 횟수, 장소, 팀/개인 등)

· 지금 다니는 회사가 없어진다면, 나는 어떤 일을 할 수 있을까?

· 다른 사람에게 나를 '무엇을 하는 사람'으로 소개할 수 있을까?

리얼 월드 러너 커뮤니티 리스트

변화하는 세상에서 스스로 학습하며 성장하는 사람들을 찾아볼 수 있는 사이트들을 소개한다. 쭉 둘러보면서 내 마음에 가장 와 닿는 스토리를 만나기를!

관심사를 일로 만든 사람들의 스토리

- 헤이그라운드 인터뷰 시리즈 '헤이, 리슨'
  http://heylisten.kr/

- 유튜브 'ㅌㅇ' 좋아하는 일이 업이 된 사람들

- 유튜브 '요즘 것들의 사생활' 요즘 것들의 먹고사니즘

- 유튜브 'MoTV' 재생 목록 '현실 조언 시리즈'

- 다능인 커뮤니티 '사이드 프로젝트'
  https://sideproject.co.kr/newsletter

문제를 해결하는 사람들의 스토리

- 헤이그라운드 (사회 혁신 조직)
  https://heyground.com

- 카우앤독 (스타트업)
  www.cowndog.com/members

- 마루180 (스타트업)
  maru180.com/communitytenant

- 북저널리즘, 젊은 혁신가를 위한 콘텐츠 커뮤니티
  www.bookjournalism.com

회사 밖 동료들과 함께 배우고 성장하는 커뮤니티

- 스타트업 여성들의 일과 삶을 나누는 커뮤니티, '스여일삶'

startupwomen.co.kr

- 매달 여성 CEO 초청 강연회를 여는 여성 기업가 네트워크, 위넷
  https://blog.naver.com/women_network

- 서비스 기획자들이 정보를 공유하는 페이스북 그룹,
  힙한 서비스들의 비밀
  www.facebook.com/groups/932002163931573

- 일의 새로운 형태를 고민하는 마케터들의 협동조합, 포스트웍스
  POST/WORKS @post_works (인스타그램)

- 지금의 나를 마주하고 진짜 나를 만나는 자아성장 큐레이션 플랫폼,
  나이스투밑미
  https://nicetomeetme.kr/about

- 여성들의 커리어 상호 성장 커뮤니티, 뉴그라운드
  www.ournewground.com

리얼 월드 러닝은 변화하는 세상과
끊임없이 호흡하며 스스로 배우고
실천할 수 있는 역량을 키우는 학습법이다.

2부

리얼 월드 러닝

: 진짜 세상을 통해 배우는 방법

3장

탐색 역량:
세상에서 내가 할 수 있는 일 찾기

자기 동기에서 시작하는 프로젝트

변화하는 세상과 끊임없이 호흡하며 자신의 세계를 구축해 가는 리얼 월드 러너들에게는 공통점이 있다. 자신을 알고, 세상을 아는 힘이 그들을 자발적인 배움의 세계로 인도했다는 것이다. 꼭 정답을 알아야 한다는 뜻이 아니다. 무엇을 왜 배워야 하는지를 명확히 인지해야 한다는 의미다. 나름의 목적이 뚜렷하면 그다음은 실제 세상에서 만나는 사람으로부터 얻은 정보가 꼬리에 꼬리를 물고 이어지며 새로운 기회를 제공한다. 이제 우리가 할 일은 세상과 단절된 학교 안의 학생들을 리얼 월드 러너로 키워 내는 것이다.

그동안 대다수의 청소년들에게 자발적인 배움이 일어나지 않고 있었다는 사실은 코로나19로 학교에 가지 못하는 상황이 되자 더욱 극명하게 드러났다. 원격수업을 진행하면서 가장 타격을 입었던 집단이 학업 중간층이다. "학교에서 착실히 수업을 들으며 중위권을 유지하던 아이들"의 성적이 제일 많이 떨어졌다.[1] 입시 경쟁의 선두를 달리는 그룹은 그 자리를 놓지 않기 위해서라도 흔들리지 않고 공부 습관을 유지했다. 오히려 학교에 가지 않아 생긴 여유 시간에 더 효율적으로 자습을 했다. 애초에 바닥을 깔아주는 그룹은 학교에 가든 말든 상관이 없다. 문제는 줌(Zoom) 화면에서 사라진 학업 중간층이었다.

이 현상을 '학습 동기' 관점에서 해석해보면 고개가 끄덕여진다. 교육심리학에서는 인간이 어떤 행위를 할 때 행위자가 그 가치를 이해하고 추구하는 내재적 동기(Intrinsic motivation)와 외부적/환경적 요인에 의한 수단으로써 행동하는 외재적 동기(Extrinsic motivation)가 있다고 설명한다. 학습자가 자신의 흥미나 호기심에서 배움을 시작하는지, 보상이나 칭찬, 벌의 회피와 같이 외재적 강요에 의해 하게 되는지 등등 동기의 형태가 다르다는 것이다.

교사가 지켜보는 감시 상황 안에서 정해진 시간에 정해진 내용을 학습하는 외재적 동기에만 익숙한 학생들에게는 자율성이 주어진다고 해도 본인이 배우고 싶은 것을 찾아내기 어렵다. 아니, 거의 불가능하다. 그들에게는 내재적 동기가 없기 때문이다.

배우는 행위 자체에 대한 의미를 알지 못하는데 배우고 싶은 마음이 생길 리 없다. 사실 컴퓨터는 자기 동기만 있다면 온갖 지식을 탐구할 수 있는 훌륭한 도구다. 그러나 내재적 동기가 없는 아이들에겐 별로 도움이 안 된다. 출석 인증을 위해 끌려와 멍하니 화면 앞에 앉아 있는 꼴이다.

리얼 월드 러닝을 학교에서의 배움에 적용하려면 어떻게 학습자에게 내재적 동기를 갖게 할 것인가, 하는 질문이 선제되어야 한다. 그래야 일단 배움이라는 여정을 시작하고 싶은 마음을 가질 수 있기 때문이다. 이는 사라진 중간층뿐 아니라 모든 학습자를 입시 경쟁이라는 학습된 행위에서 빠져나올 수 있게 해주는 중요한 질문이기도 하다. 자발적으로 공부하고 있는 것처럼 보이는 학업 상위층조차도 타의에 의해 설계된 시험 제도(외재적 동기)에 특화된 배움만 반복하고 있을 뿐임을 우리는 잘 안다.

학습자의 내재적 동기에 주목할 수 있는 가장 효과적인 배움의 방식이 바로 프로젝트 학습이다. 프로젝트 학습은 학습자가 주도하는 학습 활동 경험을 제공한다. 자신이 발견한 주제나 질문을 탐구하고, 다양한 인적·물적 자원들과 상호작용함으로써 산출물을 개발하는 활동을 하게 되기 때문이다.[2] 이 과정이 제대로만 이루어진다면 학습자는 스스로 배우는 기쁨을 누리게 되고, 학교 안에 갇혀 있던 지식은 자연스럽게 세상과 만나게 된다.

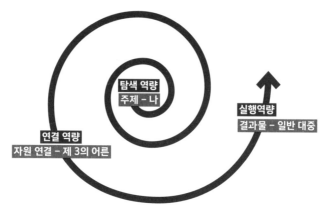

그림2. 리얼 월드 러너의 배움의 사이클

위 그림2에 표시한 세 가지 요소를 보자. 배움의 회오리는 '내가 발견한 주제나 질문'으로 생성된다. 세상 속에서 마주하는 현실의 모든 것이 배움의 재료, 즉, 프로젝트의 대상이 된다. 원격수업 상황에서도 프로젝트 학습을 하는 학교들은 코로나19 자체를 학습 주제로 삼아 바이러스의 역사 및 국가별 대응 방안을 조사하는 프로젝트를 하기도 하고, 코로나 블루 현상에 주목해 청소년들의 정신건강을 위해서 가족들과 집에서 할 수 있는 활동을 기획, 실천하는 프로젝트를 하기도 했다. 둘의 공통점은 학습의 내용을 학습자가 선택한 주제로 구성했다는 점이다. 자신이 직접 처해 있는 환경, 혹은 실생활에서 일어나는 일을 주제로 가져왔기 때문에 '나'와의 연관성은 높아진다. 궁금한 것에서부터 시작했으니 더 알고자 하는 흥미는 자연스레 도출될 수밖에 없다.

몰입하고자 하는 주제를 발견한 후에는 그것을 더 깊이 탐구해가는 과정에서 다양한 정보를 찾게 되는데, 이때 인적 자원을 만날 수 있다. 전혀 모르는 사람과 온라인에서 정보를 교환할 수도 있고, 전문가와 오프라인에서 만나 인터뷰를 할 수도 있다. 문제를 해결하기 위해 관련된 사람들을 만나며 도움을 받기도 하고, 함께 협력할 수 있는 일을 도모하기도 한다. 그렇게 실제 세상에서 더 많은 사람을 만날수록 배움의 동기는 커진다. 내가 하는 프로젝트의 의미를 새롭게 발견하거나 확인할 수 있기 때문이다.

프로젝트는 궁극적으로 구체적인 형태로 마무리된다. 노래를 만드는 것일 수도, 정보를 정리한 홈페이지가 될 수도, 실천의 과정을 기록한 책이 될 수도 있다. 중요한 것은 나의 배움을 정리된 형태로 다시 세상으로 내보내야 한다는 것이다. 그렇게 대중과 공유된 배움은 나에게 새로운 동기로 돌아온다. 사용자의 요청에 의해 지속적으로 정보를 업데이트하는 일을 해야 할 수도, 그다음 목표를 위해 더 많은 사람과 협업해야 할 수도, 만들어놓은 콘텐츠를 바탕으로 새로운 기회가 찾아올 수도 있다. 그렇게 리얼 월드 러너의 배움의 사이클은 회오리처럼 세상 속으로 뻗어나간다. 세상 속에서 생긴 질문이 나의 해석을 거쳐 다시 세상 속으로 나감으로써 자기 동기를 강화한다.

진짜 세상에서 이루어지는 프로젝트 학습에는 리얼 월드 러닝을 구성하는 원리가 담겨 있다. 리얼 월드를 교과서 삼아 해보면서 배우기 때문이다. 이를 통해 문제 해결 능력, 의사 소통 능력, 창의적 사고 능력, 자기 주도성, 협업 능력, 직업 윤리 등 삶에 필요한 다양한 기술(Life skills)을 기를 수 있게 된다.[3]

프로젝트 학습은 최근에 미래 교육의 중요한 교수학습법으로 주목받고 있지만 그 뿌리는 결코 짧지 않다. 인지적 구성주의 이론을 만든 스위스 발달심리학자 장 피아제(Jean Piaget, 1896-1980)와 사회적 구성주의 이론을 만든 러시아 교육심리학자 비고츠키(Lev Semenovich Vygotsky, 1896-1934)에 의해 발달된 구성주의(Constructivism)에 철학적 기반을 둔다. 외부에 독자적으로 존재하는 절대적 지식은 없으며, 인간은 개개인의 특성과 환경과의 상호작용을 통해 끊임없이 지식을 만들어간다는 것이 구성주의 관점이다.

아이들은 성장하면서 지속적으로 교사, 또래, 학습 환경과 교류하고, 그 과정에서 지식을 재창조(구성)한다. 똑같은 영화를 봐도 자신의 경험에 따라, 같이 본 사람과 나눈 대화에 따라 다르게 해석하고 적용하는 것처럼 말이다. 영화 〈미나리〉를 한국에 거주하는 사람들이 볼 때와 해외 거주 이민자들이 볼 때, 혼자 볼 때와 할머니와 같이 볼 때처럼 각기 다른 경우로 상상해보자. 아마도 오가는 감상평이 다를 것이다. 이처럼 외부에서 들어오는 정보는 각각 자신의 개인적 경험에 의해 형성된 정보와 만나 다른 모습을 취한다. 이렇게 지식을 구성하는 것이 학습자 자신이기 때문에 프로젝트 학습에서는 학습자의 의사와 선택권이 중시된다.

이 과정에서 학습자는 자신의 판단에 의해 결정해보는 경험을 하게 된다. 내재적 동기에서 시작된 '배움'이라는 행위의 주체자로서 행동하는 것이다. 주체성은 텍스트로 얻을 수 있는 게 아니다. 결정해본 경험이 쌓여야 비로소 얻어진다. 그리고 결정이 필요한 순간들은 무언가 해볼 때 생긴다. 가만히 앉아 주어진 문제를 푸는 상황에서는 무엇이든 절대 경험할 수 없다.

스스로 배움의 여정을 떠날 수 있도록

그런데, 학교에서 프로젝트를 통해 학생들이 무언가 결정해보는 경험을 설계할 때 주의할 사항이 있다. 주도권을 학생들에게 온전히 주었다고 착각하지 말아야 한다는 점이다. 다음 그림3의 6, 7번을 보자.[4] 어른의 권위적 태도에 익숙한 우리는 '학생 주도 프로젝트'라고 해놓고, 대개의 경우 '어른들이 추진하고 학생들과 결정을 공유하는 것', 혹은 '학생들이 제안/추진하고 어른들이 지도하는 것'으로 만족한다. 예를 들면 학교 축제를 학생들이 기획하는 것으로 어른들이 결정하고 나서 학생자치회에 그 내용을 공유하는 식이다. 결국 학생들이 축제를 직접 기획해나가겠지만 시작점은 학생들에게 있지 않다. 또, 학생자치회가 스스로 축제를 기획하겠다고 제안했지만 어느샌가 어른이 '안전'과 '관리'라는 이름으로 제한하고 지도하는 경우도 이에 해당된다. 이 경우 시작점은 학생들이었지만 그 과정을 스스로 고민하고 계획하는 기회를 박탈당한 것이다.

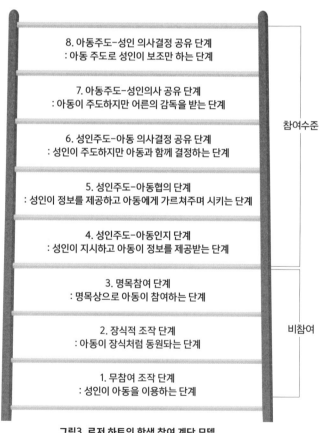

그림3. 로저 하트의 학생 참여 계단 모델

교육학자 로저 하트(Roger Hart, 1950-)는 학생 참여 모델에서 결정권이 철저하게 학생에게 있는 단계에 이르려면 8개의 계단을 끝까지 올라야 한다고 설명한다. '학생들이 제안/추진하고, 어른들과 결정을 공유하는 것'까지 할 수 있어야 한다. 배움을 디자인하고 실행하는 기회가 개별 학생에게 온전히 주어질 때 비로소 자기주도성을 발현할 수 있게 되는 것이다. 참여 수준이 높은 단계에서 스스로 결정하는 경험을 많이 쌓은 학생일수록 학교를 떠나 진짜 세상에서 리얼 월드 러너로 살아가는 데 유리하다. 청소년기에 무언가 결정해본 경험이 없는데 성인이 되었다고 갑자기 자기 삶을 결정해나가는 능력이 생길 리 없지 않은가?

학생을 온전히 참여시키는 프로젝트 학습은 어려운 것이 아니다. 일상생활에서 우리가 하는 자발적인 행위들과 닮아 있기 때문이다. 사실 우리의 삶은 작은 프로젝트의 연속으로 이루어져 있다. 옷을 고르고 사는 행위, 새로운 취미를 시작하고 배우는 행위, 여행을 위한 계획을 세우는 행위 등 모든 것이 '프로젝트'다. '스스로 결정해서 목표를 이룬다. 원하는 목표를 달성하기 위해 수단과 방법을 가리지 않는다. 궁금한 게 있으면 물어보고, 시행착오를 통해 나에게 가장 잘 맞는 방식을 찾아간다.' 이 원리를 학교에서 이루어지는 배움에도 적용하자는 것이다.

일터에서는 어떤가. 실제 세상에서 지식을 익혀나가는 원리

역시 프로젝트 학습과 일치한다. 회사에 나와 자기 책상에 앉아 이론 공부만 하는 사람은 없다. 배운 것을 실제 세상의 맥락에서 바로 적용하고 써먹으면서 배운다. 회사 내 팀원들과의 상호작용, 회사 밖 파트너들과의 상호작용, 사용자들과의 상호작용을 통해 자신만의 지식 체계를 구성해간다. 공부가 업인 연구원이나 교수도 끊임없이 이론을 현실에 적용해보고, 새롭게 발견한 사실을 해석해서 이론에 반영한다. 이것 또한 스스로 가설을 세우고 검증하는 지식의 창조 과정이다.

프로젝트 학습은 유행처럼 왔다 가는 교육 트렌드가 아니다. 배움이 어떻게 일어나는지에 대한 우리의 사고를 반영하는 거울이며, 청소년에 대한 믿음을 보여주는 교수법이다. 학습자에게는 스스로 지식을 구성할 수 있는 능력이 이미 내재되어 있다. 그것을 믿어야 한다. 믿음이 행동에 영향을 주는 관계성을 보여주는 연구가 있다. 여자가 남자보다 수학을 빨리 포기하는 이유에 대해, 여자는 수학을 잘할 수 없다는 이야기를 어릴 때부터 들어왔기 때문이라고 주장한 내용이다(Tobias, 1994).[5] 여기서는 지식적인 것이 문제가 아니라 '두려움으로 마비된 정신'이 문제였다. 청소년은 아직 부족하고 스스로 결정할 수 없는 미숙한 존재라는 인식이 만연한 사회에서는 학생들이 그렇게 자랄 수밖에 없다. 학생 주도 프로젝트를 한다는 것은 청소년은 '(입시 공부 말고는) 아무것도 할 수 없는 존재'라는 주문에 마비된 정신을 타파하는 것이다.

청소년에게 '할 수 있고, 해도 되는 환경'을 만들어주는 프로젝트 학습은 배움을 삶과 연결하는 방법이자 삶을 주체적으로 살아가는 힘을 키우는 방법이다. 이때 주의할 점이 있다. 프로젝트 학습이 프로젝트를 통해 교과 개념을 효과적으로 가르치는 수단으로만 제한돼서는 안 된다는 것이다. 교과 학업 성취 기준을 넘어서 교과서에 나오지 않는 문제를 탐구하거나 교사가 가르쳐주지 않은 해답을 찾아낼 수 있도록 해야 한다.

학교에서 구현해야 하는 리얼 월드 러닝의 첫 단추는 지금 내가 배우는 것이 현실과 떨어져 있지 않다는 감각을 통해 학습자를 배움에 몰입시키는 것이다. 개인의 관심사에서 발견한 주제나 실제 세상에서 일어나고 있는 이슈를 배움의 주제로 가져오는 프로젝트의 시작 단계를 살펴보자.

관심사 '디깅'하기

청소년 주도 프로젝트 주제를 정할 때, "하고 싶은 주제가 있니?"라고 물어보면 바로 있다고 대답하는 경우는 1도 안 된다. 내가 무엇을 좋아하는지, 무엇을 하고 싶은지 생각해본 적이 없기 때문이다. 나를 알아가는 과정은 나의 욕구와 관심사를 파악하는 것에서 시작한다. 배움의 회오리에서 시작점을 찍기 위해서는 행동과 시간이 필요하다.

음악을 선별해 믹싱하는 디제잉에 '디깅(digging)'이라는 용어가 있다. 상황과 분위기에 맞는 음악을 제때 고르기 위해 음악을 '채굴'한다는 의미로 사용한다. 많은 음악을 들어봐야 좋은 것을 채굴할 수 있다. 그래서 디깅을 많이 할수록 취향과 스타일이 확고한 자기만의 플레이리스트가 만들어진다. 관심사도 발굴이 필요하다. 깊게 파봐야 안다. 음악도 많이 들어봐야 자신의 취향을 아는 것처럼 내가 어떤 것에 관심이 있는지 알아내려면 무엇이든 시도해보아야 한다.

다만 청소년이 자신의 관심사를 자신 있게 디깅하기 위해서는 지켜져야 할 약속이 있다. 어른들이 이들의 관심사를 판단하거나 성급히 우열을 가려서는 안 된다는 점이다. 우리 눈에 아무리 사소해 보이는 주제라도, 주제만 듣고 그 깊이를 가늠할 수 없다. 당장의 입시나 취업에 도움이 되지 않는다고 아예 관심을 가질 필요가 없는 주제는 아닌 것이다. 뭐든 하나라도 제대로 디깅해보는 게 중요하다.

사실 청소년들에겐 저마다의 관심사가 다 있다. 교복에 가려, 학교에 가려, 진도에 가려 보이지 않을 뿐이다. 물어봐주지 않았기 때문에 대답할 일이 없었을 따름이다. 대답하면 하찮게 볼까 봐 숨기고 있었을 뿐이다. 청소년이 자신의 마음에 귀 기울인 내용을 우리가 진심으로 듣고자 한다면 어떤 목소리를 확인할 수 있을까?

진저티프로젝트에서 진행한 '고등학자'라는 청소년 주도 연구 프로젝트가 있다.[6] 그동안 연구 대상에만 머물러 있었던 청소년이 연구 주체가 되어 '청소년이 진짜로 원하는 것'에 대해 연구할 수 있도록 그 과정을 디자인했다. 이 프로젝트를 가까이서 지켜본 나는 자신이 원하는 것을 탐구하는 여정에 참여할 사람을 선정하는 과정이 가장 기억에 남는다. 별도의 지원서 양식 없이 무엇이든 파본 경험을 증명하라고 했다. 진짜 좋아서 했던 덕질의 경험을 보여달라는 뜻이다. "연구는 끝까지 파는 것"이라고 정의한 기획팀은 연구자의 '파본 경험' 안에 좋아하는 것을 향한 자기만의 뚝심과 끝까지 해내는 능력이 들어 있기 때문이라고 이유를 설명한다.[7]

실제 고등학자로 지원한 청소년들은 민트색, 바둑, 달리기, 역사 공부, 해외여행, 큐브 퍼즐, 애니메이션, TV 프로그램, 일본 성우, 글쓰기, 작곡, 신재생에너지, 동물 등에 대해 '파본 경험'을 다양한 형태로 제출했다. "같은 학년 친구들의 반 이상이 제 이름은 몰라도 저의 민트 사랑은 알고 있다"고 소개한 한 친구는 갖고 있는 민트색 물건들을 잔뜩 모아 사진을 찍어 보냈고, 애니메이션과 일본 성우 덕질이 취미인 한 친구는 한 페이지가 넘는 자신의 즐겨찾기 목록을 캡처해 보내기도 했다. 학교에서 이 학생들을 항상 봐왔던 담당 선생님들도 몰랐던 모습이었다.

나는 모든 사람에게는 관심사가 있다고 믿는다. 관심사가 있다는 건, 바꿔 말하면 우리 모두에겐 각기 다른 재능이 있다는 말과 같다. 관심사가 무엇인지 물어봐주는 사람의 관심은 곧 상대방 안에 있는 재능을 믿는다는 전제에서 시작한다.

어느 날 친구와 대화를 하다가 어린시절 이야기를 들었다. 친구는 대학에 진학할 때 가족에게 심한 배신감을 느꼈다고 한다. 교사인 어머니는 무조건 교대 진학을 원했다. 교대의 무슨 과를 가는 게 좋겠냐고 물었지만 돌아오는 말은 "그게 뭐가 중요해"였다고 한다. 그 한마디에 그나마 남아 있던 부모에 대한 신뢰가 무너졌다고 했다. 사실 친구에겐 그게 더 중요한 거였다. 나를 가장 가까이에서 지켜봐준 부모님에게 내가 관심 있는 분야는 안중에도 없다는 게 상처로 다가왔으리라. 즉, 자기 자신에 대한 고유성을 인정받지 못했다고 여겨진 셈이다.

이런 경험을 우리는 어른이 될 때까지, 어른이 되어서도 수없이 마주한다. 가까운 사람들로부터, 또는 전혀 관계가 없는 사람들로부터. 이렇게 내 고유의 재능이 존재한다는 것 자체를 존중받지 못하면 스스로에 대한 신뢰도 깨진다. 내가 무엇을 좋아하는지, 무엇을 할 때 즐거운지 알지 못하는 사람들은 불행해진다. 자기 존재에 확신이 없기 때문에 방황한다. 그런데 여기 방황의 길에 있는 사람들에게 사실은 모두가 재능을 갖고 있다고 말해주는 사람이 있다.

▶ 나는 모든 사람이 재능을 타고 난다고, 혹은 특정한 뭔가를 탐구하려는 내밀한 욕망이 있다고 확고하게 믿습니다. 재봉 기술, 정원 가꾸기, 혹은 요리사가 될 수도 있어요. 그게 무엇인지는 중요하지 않습니다. 어떤 재능이든 간에 우리가 가진 재능이 우리 존재의 핵심이라고 확신합니다.[8]

영화 배우 에단 호크가 직접 제작한 다큐멘터리 영화 〈피아니스트 시모어의 뉴욕 소네트〉의 주인공으로 우리에게 알려진 시모어가 인터뷰집에서 한 말이다. 평생을 피아니스트이자 가르치는 사람으로 살아온 시모어는 50세에 무대에서 은퇴했지만 호크의 제안으로 88세에 다시 무대를 준비했다. 38년 만에 독주회를 하는 다큐에 담긴 그의 모습은 꾸준히 음악을 탐구해온, 그래서 경지에 오르게 된 한 인간을 보여준다.

시모어는 어떤 절정에 이르는 배움의 과정이 자발성, 인식, 몰입, 통합의 단계로 이루어진다고 설명한다. 첫 단계로 '자발성'이라는 단어가 나온 게 흥미로운데, 음악 연주를 예로 들자면 연주자가 어떤 음악과 처음 사랑에 빠지는 자발적인 느낌에서 시작된다는 것이다. 관심을 갖는 주제를 발견하게 되는 순간이다. 하지만 순간적 감정만으로는 배움으로까지 연결하기 어렵다. 역설적이게도 자발성은 '훈련을 통해서만' 길들일 수 있다. 그는 자발성을 유지하는 방법으로 관찰과 분석을 통한 '인식'의 단계로 넘어가야 한다고 강조한다. 소리와 감정의 차이를 관찰하고, 악보에 표시된 기호들을 면밀히 공부해야 한다. "음악적 디테일을 분석해야 궁극적으로 (연주에 있어서의) 자발성이 살아나는" 것이라고 하면서. 그렇다. 감정을 넘어 사고하는 단계를 통해 대상에 대한 통합적인 이해가 일어날 때 오히려 자발성이 강화된다.

우리 모두에게는 재능이 있다. 탐구하고자 하는 욕망, 즉 사랑에 빠질 마음이 있기 때문이다. 재능을 발견하는 일은 무언가 사랑하고자 하는 마음을 쏟아도 괜찮은 환경에서 일어난다. 그다음은 내가 알아내고 싶은 질문을 추구하며 관찰과 분석을 할 수 있는 방법을 훈련하면 된다. 관찰과 분석이 자발성을 방해한다면 처음 느낀 사랑의 감정은 흥분에 불과하다.

이런 환경을 만들기 위해 작년에 서울의 한 중학교에서 교사들과 함께 1학년 자유학년제 수업 모델을 만들었다. 관심사에 기반한 탐구 프로젝트였는데, 실제 세상에서 일하고 있는 해당 분야의 전문가와 연결되어 주제에 대한 깊은 관찰과 분석을 해보는 리얼 월드 러닝 수업이었다. 초등학교를 졸업하고 중학교에 올라와서 '프로젝트'라는 걸 처음 해본 학생들이 대부분이었고, 좋아하거나 관심 있는 주제로 배움을 스스로 기획해본 것 역시 처음 있는 일이어서 초반에는 어려움이 있었다.

▶ 궁금한 주제를 정해야 하는데, 평소에는 항상 해야 되는 걸 하다 보니까 궁금하고 알고 싶었던 게 뭐였는지 찾는 게 진짜 힘들었어요.

▶ 제 나이에는 하고 싶은 것도 좋지만 해야 되는 걸 해야 하니까, 시키는 대로 주어진 걸 하다 보니까 주제 선정이 어려웠어요.

위와 같은 반응이 대부분이었다. 13살의 입에서 공통적으로 "해야 되는 걸 해왔다"라는 말을 하고 있었다. 그 순간, 어렵더라도 호기심의 눈으로 자신의 탐구 욕망을 들여다보는 연습을 하는 게 무엇보다 중요할 것이라는 확신이 들었다.

▶ 주제를 선정할 때 평소에 궁금했던 점이나 관심 있던 걸 많이 생각했어야 됐어요. 그 과정에서 내가 어떤 것에 관심이 많았고 탐구하고 싶은지 스스로 알아갈 수 있었던 게 좋았어요. 이렇게 깊이 고민해본 경험이 없어서, 새로운 걸 경험하니 재미있기도 했어요.

프로젝트를 끝까지 완수한 학생들은 이렇게도 배울 수 있다는 걸 깨달았다. 후배들에게 이 수업에 적극적으로 참여하기를 권하면서 주제 찾기가 어려우면 평소에 선생님이 하시는 말이나 수업 중에 귀에 들어오는 단어들을 적어보라고 조언하기도 했다. 그런데 만일 공부 자체가 어려우면 공부를 왜 해야 되는지를 탐구 주제로 잡아보는 것도 좋다. 이렇게 하는 순간 어느새 '공부=해야 되는 것'에서 '프로젝트=하고 싶은 것'으로 관점이 옮겨간다. 즉, 하라는 대로 하는 공부는 하기 싫지만, 왜 공부해야 하는지 알아내는 프로젝트라면 충분히 '하고 싶은' 마음이 들 것이라는 뜻이다.

모든 배움은 호기심에서 시작된다. 시모어가 말한 자발성과 같은 말이다. 배움의 이유를 자기 마음에서 찾을 줄 알아야 배움의 과정이 즐겁다. 궁금하면 배울 것이고, 배우면 내 것이 되니 성취감이 생긴다. 자연스럽게 또 다른 호기심으로 옮겨간다. 호기심을 갖는 것은 사실 세상과 연결되는 첫 지점이기도 하다. 세상과 고립되어 감정과 사고가 닫힌 사람은 호기심을 느낄 대상이 없다. 우리가 갖게 되는 궁금한 질문들은 세상에 존재하는 모든 것과 연관되어 있다. 이 점만 깨달아도 리얼 월드 러너가 될 준비를 반은 갖춘 셈이다.

세상을 향한 관심의 확장

학습자와 연관 있는 현실에 기반한 주제로 배움의 동기를 높이는 리얼 월드 러닝에서는 세상에 존재하는 모든 문제가 수업

재료다. 특히 사회 문제 해결 프로젝트는 세상을 주제로 삼고, 세상 속에서 그 과정이 일어나며, 프로젝트의 결과가 다시 세상에 영향을 주기 때문에 실제 세상과 가장 연관성이 높은 리얼 월드 러닝이다.[9] 자신이 관심을 둔 사회 문제를 발견하는 데서 시작하기에 앞서 언급한 하트의 학생 참여 사다리가 보여주는 최고 단계 참여 모습이기도 하다.

학교-학원-집이 전부인 삶을 살고 있는 청소년들이 세상을 향한 관심을 처음부터 갖고 있을 리 만무하다. 세상의 문제를 해결해보라는 미션을 주면 이를 너무 거대하게 느껴 시작할 엄두조차 내지 못할지도 모른다. 어른들도 마찬가지다. 하지만 작은 것부터 주변을 변화시키는 사람이라는 정체성을 갖기 시작하면 문제를 포착하는 힘을 기를 수 있다. 세상을 향한 관심도 시간을 두고 자꾸 노력할 때 생기는 법이다. 그렇게 나에 대한 관심이 세상으로 확장되기도 하고, 세상을 향한 관심을 통해 나에 대해 더 깊이 알아가게 되기도 한다. 순서는 아무래도 괜찮다.

나는 청소년이 스스로 주변의 문제를 발견하고 해결해보는 프로젝트를 '체인지메이커 교육'이라는 이름으로 국내에 처음 소개하고 전파하는 일을 2015년부터 해왔다.[10] 교육 분야에 발을 들여놓은 게 체인지메이커부터인 셈이니, 처음부터 목표가 높았다. 교과별 시간표와 위계적인 학교 문화는 그대로인데, 학생들의 주체성과 행동력의 최고 수준을 요하는 프로젝트를 하려니 당연히 옷이 맞지 않았다.

하지만 모든 게 정해져 있는 꽉 찬 학교생활의 틈새 시간을 찾아내 학생들에게 뛰어놀 수 있는 판을 만든 선생님들이 계셨다. 전국 교사의 1도 되지 않았지만 첫 삽을 함께 뜨고 학생들의 변화를 두 눈으로 확인하기엔 충분했다. 이들이 변화의 씨앗이 되었다. 덕분에 자율동아리, 진로, 학생자치회 등의 시간을 활용해 내가 살고 있는 곳의 문제를 찾아나서는 청소년 체인지메이커 활동이 전국에서 시작되었다. 이때 학교의 문제, 지역의 문제, 사회의 문제 중에 본인이 가장 공감하고 해결이 시급하다고 생각하는 것들을 주제로 찾았다.

이들이 찾은 학교의 문제는 청소년이 느끼는 교육 현장의 문제점을 고스란히 보여줬다. 입시공부와 기숙사 생활 때문에 체육활동 시간이 타국가 청소년들에 비해 현저히 적다는 점, 친구 간에 경쟁하는 문화, 현실과 맞지 않는 성교육 수업, 학생들의 쉼과 자율적인 활동을 위한 공간 부족과 같은 문제들이 수면 위로 올라왔다. 이들은 문제 제기에서만 끝나지 않고 학교 이해관계자들을 만나면서 해결할 수 있는 것들을 하나씩 풀어나갔다.

학교에서 시행하는 재난대피훈련에 대한 문제점을 찾은 팀도 있었다. 훈련 실시 과정에서 '학교 재난대응 훈련 가이드 – 화재 대피훈련 시나리오 참고'라고 나와 있었는데 이 시나리오를 어디에서도 찾을 수 없다는 것이다. 그리고 가장 큰 문제점은 학생들이 주도적으로 대피하는 것이 아니라 위험 상황에서도 교사가 지시하는 대로만 따라야 한다는 것에 있음을 지적했다.

이 팀은 학생의 관점에서 재난 대응을 어떻게 해야 하는지 이해하기 쉽도록 브이로그(일상을 기록하는 영상 일기) 형태로 가이드를 제작하는 프로젝트를 진행했다. 제작을 맡은 학생은 "지금까지는 단순히 영상을 시청하는 소비자였지만 생산자가 됨으로써 대피훈련을 새로운 관점으로 바라보게 되었다. 그리고 일상에서 무심코 지나쳤던 안전에 대한 대처방안들이 눈에 들어오기 시작했다"고 소감을 전했다. 주어진 문제만 푸느라 무뎌진 감각들이 하나씩 깨어나는 순간이었다.

청소년 체인지메이커들이 발견한 지역의 문제들이 실생활의 불편함과 어떻게 맞닿아 있는지, 청소년 당사자의 시각에서 바라보면 무엇이 문제시되는지 조사하게 했더니, 예상보다 훨씬 구체적인 안건들이 나왔다. 아이들은 등하교 시간에 운행되는 버스가 부족해서 지각을 피하려면 학교에 1시간씩이나 일찍 등교해야 하는 문제, 다른 지역에 비해 찾기 힘든 공공심야약국, 학교 주변에 밀집해 있는 성매매 업소 등을 문제점으로 지적했다.

등하교 시 건너야 하는 학교 앞 다리에 가로등이 없어 위험하다는 문제를 발견한 팀은 실제 같은 학교 학생이 넘어져서 앞니가 깨지는 사건을 겪고 본격적인 해결에 나섰다. 불편을 겪은 사람이 없는지 전교생 설문조사 및 주민 인터뷰도 하고, 설치 가능한 가로등의 종류까지 검색해서 온라인 민원을 넣었다. 단순 고발성 글이 아닌 문제 정의부터 해결을 위한 노력을 논리 정연하게 쓴 덕분에 끝내 가로등이 설치됐다. 이 프로젝트를 주도했던 학생은 과연 우리 사회에 어떤 자질을 갖춘 사람들이 많아져야 하는지, 그리고 그 변화가 왜 중요한지 반문한다.

▶ 어른들의 시선이 달갑진 않잖아요. '공부해야 되는데 왜 사회에 나와서 이런 걸 하고 있어. 나이에 맞게 공부나 해야지. 대학이나 잘 가야지 나중에 성공할 수 있는 거 아니겠냐.' 그런 시선이 저희를 더 억누르는 것 같아요. 근데 잘 모르겠어요. 공부를 잘한다고 해서 가로등 설치를 해낼 수 있는 애들이 있는 건지, 공부를 못한다고 해서 다른 일도 다 못하는 애들인지. 사회변화를 이끌어내는 건 성적이 아니라 창의력이잖아요.[11]

짧게는 두 달, 길게는 일 년 내내 한 문제를 집요하게 물고 늘어져 해결이 될 때까지 몰입하는 팀들을 보며 청소년들이 가진 무한한 가능성과 힘을 느꼈다. 체인지메이커라는 정체성을 스스로 갖게 되면서 '할 수 있는 존재'로서의 자신감이 주변으로 퍼졌기 때문이다. 자발적이고 주체적으로 해보는 프로젝트를 통해 이들의 관심사는 이전보다 넓어졌다. 결국 자신만의 관점을 갖게 되고, 세상과의 접점을 찾아나가는 연습을 하게 됐다.

체인지메이커로서의 정체성은 변화가 빠른 사회를 살아가는 데도 도움이 된다. 여성들의 커리어 문제를 해결하는 플랫폼 스타트업 헤이조이스를 설립한 이나리 대표는 최근 한 매체와의 인터뷰에서 일하는 사람으로서의 정체성을 '체인지메이커'로 가졌더니 특정한 직무에 얽매일 필요가 없게 되었다고 했다. 그녀는 기자, 논설위원, 창업센터 리더 등 10번의 퇴사를 경험했지만 직업 만족도가 직무 자체에 있지 않았다고 고백한다. "늘 변화의 현장에 있는 걸 좋아하고 잘했다. 일 자체에 대한 평가보다 내가 좋은 영향력을 행사했다는 평가를 받을 때 굉장히 행복했다"[12]고 회상했다. 직무를 뛰어넘어 조직과 사회에 기여하는 나의 역할에 대한 정의를 스스로 내린 것이다.

더 많은 사람이 체인지메이커로서의 정체성을 가질 수 있도록 본인이 관심을 가진 '사회 문제 해결 프로젝트'를 중심으로 운영되는 학교 모습을 상상해본다. 교과 수업 이외 시간에 선택적으로 하는 활동이 아니라 말 그대로 '체인지메이커 교육'으로의 변화 말이다. '디지털 원주민(Digital Native)'이라는 신조어를 만든 교육자이자 미래학자인 마크 프렌스키(Marc Prensky, 1946~)는 『미래의 교육을 설계한다』라는 책에서 더 나은 세상을 만들기 위한 역량을 강화해주는 문제 해결 교육을 해야 한다고 주장한다.[13] 디지털 세상을 사는 Z세대는 이미 글로벌 감각을 통해 서로의 문제에 공감하고 참여하고 연대하며 살고 있다는 것이다.

그가 제안하는 '더 나은 세상 만들기 교육과정'은 흔히 필수라고 생각하는 국어, 수학, 사회, 과학 교과를 중심으로 지식을 구성하고 평가하는 게 아니라 이 시대에 필요한 역량을 먼저 중심에 둔다. 효과적인 사고력, 효과적인 대인관계 능력, 효과적인 행동력, 효과적인 사회참여 실현 능력이야말로 "거주지, 직업, 관심사에 상관없이 누구든 유익하고 성공적인 삶을 살기 위해서라면 능숙하게 발휘할 수 있어야 하는 최고 수준의 기량"이라는 것이다. 이는 교과목과 교실을 벗어나 실제 세상으로 나가 문제를 해결하는 사회참여 프로젝트를 통해서 이뤄질 수 있다.

사회 문제를 공동으로 해결해야 한다는 인식은 이미 전 사회로 퍼져나가는 중이다. 특히 '기후위기'에서 '기후재난'으로 넘어간 시기를 사는 우리는 어쩌면 다음 세대가 아니라 지금을 사는 모두가 직면한 문제 해결에 전심을 다해야만 하는 상황에 놓여 있는지 모른다. 최근에는 기업 평가에 ESG(Environment, Social, Governance) 경영 요소를 포함시키는 게 화두로 떠오르고 있다. 기업이 친환경, 사회적 책임, 지배구조 개선을 하지 않으면 지속 가능한 경영을 할 수 없다고 판단하겠다는 것이다.

이런 분위기 속에서 Z세대가 사회 문제에 관심이 많다는 조사 결과들은 놀랍지 않다. 불확실성이 높은 시대에서 환경에 대한 지속가능성에 민감할 수밖에 없기 때문이다. 해결해야 할 문제들을 쌓아놓고 다음 세대에게 전가해서는 안 되겠지만, 그렇다고 문제를 해결할 힘을 기르지 못하는 현 교육 시스템을 그대로 물려줘서도 안 되겠다.

변화 적응력이 높은 리얼 월드 러너로서 살아가기 위해서는 '나'에서 확장된 '우리'에 대한 관심사를 키워야 한다. 현실에 기반한 문제를 스스로 정의하고 해결하며 배움의 주체로 온전히 설 수 있도록.

내 생의
첫 프로젝트 기획서

리얼 월드 러닝을 위한 첫 단추는 나와 세상에 대한 호기심에서 시작한다. 프로젝트 기획서를 써보기 전에 아래 질문에 답을 해보면서 나는 무엇에 관심이 있는지 곰곰이 떠올려보자. (전부 대답할 필요는 없다. 저절로 답이 나오는 질문에 집중해보자.)

- 내 주변에 관심이 가는 대상(사람, 동식물, 물건)이 있는가?
- 혼자 있을 때 어떤 일을 하며 시간을 보내는 것을 좋아할까? 이유는?
- 유튜브에서 딱 하나만 정기구독할 수 있다면 어느 채널을 선택하고 싶은가? 이유는?
- 무언가 깊이 파본 경험이 있는가?
- 평소에 한번 해보고 싶었던 게 있는가?
- 불편하거나, 화가 나거나, 슬프게 하는 학교의/지역의/사회의 문제가 있는가?
- 나에게 힘이 있다면 사는 지역이나 삶에서 어떤 부분을 고치거나 바꾸고 싶은가?

1~2개라도 적은 게 있다면 이제 나만의 프로젝트를 기획해보자. 아래 열 가지 질문에 하나씩 답해가다 보면 어느새 내 생의 첫 프로젝트를 할 준비가 되어 있을 것이다!

프로젝트 유형 (해당 유형에 O표)	더 알아보고 싶은 주제가 있어요!	해결해 보고 싶은 문제가 있어요!
1. 주제/문제		
2. 왜 선택하게 되었나요?		
3. 어떤 질문을 깊이 탐구해볼 건가요? 이 프로젝트와 관련한 어떤 질문들을 던져볼 수 있을까요?	5개 이상 작성해봅시다.	
4. 어떤 기준을 달성하면 프로젝트가 끝났다고 할 수 있을까요?	원하는 기준을 만들어보세요.	
5. 프로젝트를 만드는 데 참고할 만한 모델이 있나요?	비슷한 내용의 프로젝트는 없는지 인터넷 검색을 해봅니다. (유튜브, 크라우드 펀딩 사이트 등)	
6. 이 프로젝트의 멘토가 있나요? 멘토 이외에 또 누가 도움을 줄 수 있을까요?	어떤 사람이 멘토가 되면 좋을까요? 연락해보세요!	
7. 어떤 사람/팀과 함께할 때 더 잘할 수 있을까요?	같이 문제를 해결해 갈 사람/팀을 찾아보세요. 서로의 강점이 합쳐져서 더 멋진 프로젝트가 탄생할 수 있어요.	
8. 과정을 어떻게 기록할 건가요?	간단한 메모, 팀원들과 함께 볼 수 있는 공동 문서, 영상 등 다양한 방법이 있어요.	
9. 이 프로젝트는 어떤 형태로 세상에 나오게 될까요?	구체적인 프로젝트의 모습을 상상해보세요. 영상? 토크쇼? SNS 운영? 책? 상품? 앱?	
10. 이 프로젝트를 통해 누가 혜택을 받게 되나요?	누구에게 도움이 되는 프로젝트 인가요? 프로젝트의 사용자를 정해보세요.	

탐색 역량 (3장)

연결 역량 (4장)

실행 역량 (5장)

자, 이제 지금 당장 행동에 옮겨볼 수 있는 계획을 세워보자.
작은 것부터!

연결 역량: 자원을 연결하고 협업하기

사람을 통해 세상과 만나기

리얼 월드 러닝은 세상에 존재하는 단 한 명과의 연결에서 시작될 수 있다. 책이나 영상 등 다양한 매체를 통해서도 타인의 이야기를 접할 수 있지만 실존하는 사람과의 교류는 맞춤형 경험을 준다는 점에서 특별하다. 즉석에서 나누는 대화에서 생각지도 못한 정보를 얻을 수 있고, 다른 사람을 소개받을 수도 있다. 상대방이 실제 세상에서 구축한 지식과 노하우를 나의 필요에 맞게 전수받을 수도 있고, 몸에 밴 태도를 비언어적으로 배울 수도 있다. 청소년들이 이미 익숙해진 세상 밖의 사람과 만났을 때 그를 매개로 또 다른 세상의 문이 열리는 것이다.

기존의 학교생활에서는 청소년들이 외부 사람과 연결되는 경험을 하기 어렵다. 상상 가능한 체험활동이라고 해봤자 현장에 나가 보거나 진로 특강 등을 빌미로 외부 전문가를 학교로 초빙하는 게 거의 전부다. 하지만 전자는 말 그대로 '체험'이기 때문에 대부분 실제 세상을 재현해놓은 곳으로 가기 일쑤고, 집합 교육 형태로 운영되기에 현장 사람들과 관계를 맺기엔 역부족이다. 후자는 대부분 강의 형식으로 이루어지기 때문에 직업에 대한 정보 이외의 깊은 질문을 주고받기 어렵다. 그렇다면 학생 주도 프로젝트를 하면서 맺어진 관계는 어떨까?

학교 밖으로 나가 사회 문제를 해결하는 체인지메이커 프로젝트를 하면서 학생들이 가장 많이 했던 이야기 중 하나가 '처음 만난 사람이 많다'는 것이었다. 다음은 10개 팀이 문제 해결 과정에서 만난 다양한 사람들을 적은 리스트 중 일부이다.

▶ 도 교육청 안전 보호과 담당자, 민원 접수실 담당자, 군청 비서실장님, 군청 도시행정과 녹지공원 계장님, 소셜 섹터에 종사하시는 분, 설문조사를 도와줬던 많은 사람, 지하철에서 만난 10~30대 사람들, 지하철 상점 안에 있던 분들, 공감 캠페인 참여자, 동물병원 수의사, 동물원 사육사, 교육청 시설계팀, 공익 관련 단체 사람들, 구청 직원, 인사담당 부서 관계자, 학교 주변 카페 사장님, 기자님, 소방관, 경찰, 인쇄소 사장님, 지역교육청

교육장님, 구청직원, 청소년/교육 관련 프로젝트를 하는 대학생 팀, 마트 아주머니, 인테리어공사 아저씨들, 면장님, 마을 사람들, 교수님, 교육청 부교육감님, 공영방송 아나운서 …

직접 만난 사람들의 목록만 보고도 어떤 프로젝트를 했는지 상상할 수 있지 않은가? 사람들이 함부로 먹이를 던지는 동물원의 관람 문화에 문제를 느껴 이를 개선하기 위한 프로젝트를 시작한 팀은 직접 동물원의 사육사를 만나러 갔다. 서울에 자주 가게 되면서 길 찾는 법도 처음 익히게 됐다. 학교와 집만 오가던 뻔한 동선이 확장된 것이다. 현장에서는 단순히 직업에 대한 질문만이 아니라 공통으로 느끼는 문제에 대한 의견을 듣고 함께 토론했다. 대화의 깊이가 깊어졌을 뿐 아니라 개인적인 만남을 통해 연결점이 생겼다. 이 팀에게 그 사육사는 단순히 '◇◇동물원에서 일하는 사람'이 아니라 우리 프로젝트에 관심을 갖고 함께 머리를 맞댄 사이가 된 것이다.

꼭 깊은 관계를 맺지 않아도 실제 세상에서 만난 사람들은 그 존재 자체로 청소년들의 배움에 실생활의 맥락을 부여한다. 우리가 해결하고자 하는 문제가 실제 사회에서 다양한 이해관계자들과 어떻게 연결되는지를 알게 되고, 이 문제가 해결됐을 때 누구에게 도움이 되는지를 눈으로 확인할 수 있는 것이다. 궁극적으로 이들은 청소년 체인지메이커들에게 프로젝트를 지속할 수 있는 힘을 준다.

체인지메이커 프로젝트는 학교 밖뿐만 아니라 학교 안에서도 평소에는 만날 수 없었거나 만날 생각조차 하지 않았던 사람들과 새로운 관계를 만들 수 있는 계기를 제공한다. 학교의 문제를 해결하는 과정에서 교장, 교감 선생님과 처음으로 목적이 있는 만남을 갖기도 하고, 환경부장 선생님, 행정실 직원분, 학교 선후배, 평소 잘 모르고 지내던 다른 반 친구들과도 공동으로 겪고 있는 문제에 대한 의견을 교환할 수 있다.

급식 잔반 문제를 고민하던 팀은 영양사 선생님을 만나 음식과 식재료를 주제로 처음 대화를 나누었다. 진지한 대화를 통해 상대의 생각과 고충을 이해하게 되자 영양사 선생님에게 고마운 마음이 들어 그다음부터는 마주칠 때마다 진심 어린 감사인사를 드리게 되었다고 한다. 학교 구성원과의 진지한 관계가 만들어지기 시작한 것이다. 이렇게 학교 문제 해결 프로젝트를 통해 교실과 교과서 밖의 '학교'라는 리얼 월드를 구성하고 있는 사람들과 비로소 살아 있는 관계를 맺을 수 있게 되었다.

주의할 점은 청소년들의 사회문제해결 프로젝트를 바라볼 때 "그래서 과연 문제를 해결했는지?"의 여부만 가지고 프로젝트를 평가해서는 안 된다는 것이다. 그보다는 그 과정에서 어떤 배움이 있었는지에 중점을 두어야 한다. 결과 하나만 보기 시작하면 리얼 월드로 나가는 과정에서 얻을 수 있는 많은 역량과 스킬을 놓치기 쉽다. 따라서 해결 여부를 추궁하기보다 그 과정에서 얼마나 다양한 사람을 만났는지, 어떻게 연결됐는지, 만나서 어떤 대화를 나눴는지, 상상과 실제 사이에 어떤 차이점을 발견했는지 등에 관심을 가져야 한다. 리얼 월드와 얼마나 접점을 만들 수 있었는지가 평가의 요소가 되어야 하는 것이다.

만나는 사람의 유형과 관계의 깊이를 다양화하는 방법은 여러 가지다. 꼭 체인지메이커 프로젝트를 통해서가 아니더라도 리얼 월드에 있는 사람과 관계를 맺을 방법은 많다. 이때 염두에 둘 점은 다양한 관계 맺기가 왜 중요한지, 관계 맺기를 리얼 월드 사람들과 하는 진짜 이유를 이해하는 것이다. 그래야만 '어떻게 하면 청소년들이 리얼 월드에 있는 다양한 분야의 사람을 만날 수 있을까' 하는 관점에서 배움을 디자인할 수 있다.

'제3의 어른'이라는 사회적 자본

청소년에게도 '인맥'이 있을까? '청소년의 인맥'이라고 하면 우리는 부모의 힘과 자본에 의해 주어지는 관계를 먼저 떠올린다. 그 인맥의 품질은 보통 사회경제적 지위가 높은 부모일수록 좋기에 불공평하다고 여겨진다. 청소년에게도 인맥이 있다는 것은 또다른 기회를 연결해준다는 측면에서 좋다고 볼 수 있지만, 공정하지 못할 바에야 아예 차단하는 게 낫지 않을까, 하는 것이 현재 분위기다. 하지만 모두가 인맥을 가질 수 있고, 모두가 가져야만 하는 것이라면?

청소년이 부모, 교사 외의 어른과 맺는 관계의 힘에 대해 연구한 책 『Who You Know』[1]에서 피셔 부부(Julian F. Fischer & Daniel Fischer)는 '무엇을 아는지(지식)'보다 '누구를 아는지(관계)'가 학생의 학업과 진로 역량 개발, 나아가 계층 이동에까지 영향을 미칠 수 있음을 분석했다. 청소년이 스스로 인맥을 만들 수 있는 기회를 갖는 것, 즉 사회적 관계를 통해 얻어지는 자원인 '사회적 자본'을 획득하는 것이 앞으로의 삶에 실질적인 도움이 된다는 뜻이다. 정기 공채 제도가 없는 미국에서는 인재를 선발하는 데 인맥이 중요한 요소로 작용한다. 이력서에도 자신을 잘 알고 있는 추천인을 최소 3명은 적어 내야 하는 게 관례다(실제로 전화를 다 해본다!). 미국만 그런 것이 아니다. 국내 기업들도 수시 채용이나 내부 추천 제도를 급격하게 확산하는 추세이기 때문에 채용 시장의 변화에 따라 강화될 사회적 자본의 역할에 지금부터 관심을 기울여야 한다.

피셔는 사회적 자본을 "청(소)년들이 잠재력을 펼치고 목표에 닿는 데 도움이 되는 인맥에 접근할 수 있거나, 인맥을 동원할 수

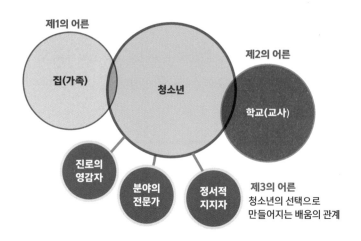

그림4. 청소년과 제3의 어른 관계도
(출처: 씨프로그램, 2020 '우리는 러닝메이트' 컨퍼런스 발표 자료. 유쓰망고 재구성)

있는 능력"으로 정의하고, 공공의 차원에서 학교가 청소년의 사회
적 자본을 키워줄 수 있도록 적극적으로 개입해야 한다고 주장한
다. 꼭 직접적으로 직업을 구하는 일뿐 아니라 사회적 관계를 통
해 1. 정보의 접근성이 높아지고, 2. 영향력을 행사할 수 있는 기회
가 높아지며, 3. 사회적 자격을 인정받을 수 있게 되고, 4. 정체성이
강화되기 때문이다.

그동안 청소년과 사회적 자본에 대한 연구는 약한 유대관계
를 사회적 자본 형성의 중요한 요소로 보는 성인들의 네트워크와
는 다르게 가족관계나 또래 집단에서 형성되는 결속적인
(bonding) 자본에 주목했던 것이 사실이다.[2] 하지만 청소년도 성인

과 마찬가지로 약한 유대관계인 연계(bridging) 자본을 통해 다양한 층위의 사회적 자본을 형성해갈 수 있다는 것이 밝혀졌다. 오히려 온라인 환경에 익숙한 청소년이 성인보다 자유롭고 유동적으로 네트워크를 만들어갈 수 있는 잠재력이 크다는 새로운 연구 결과도 나오는 상황이다.[3] 우리가 고민해야 할 것은 바로 이 연계 자본의 폭발성을 청소년의 배움의 과정에서 어떻게 구현할까 하는 점이다.

청소년에게는 본인의 선택으로 획득하는 '제3의 어른' 자원이 필요하다. 가정에서 관계 맺는 부모를 제1의 어른(태어날 때부터 주어진 관계), 학교에서 관계 맺는 교사를 제2의 어른(배정 받은 반이나 정해진 과목에서 만나는 관계)으로 부른다면, 그 이외의 시공간에서 관계 맺는 어른이 바로 제3의 어른들이다. 이들은 진로를 상상하는 데 참고할 수 있는 다양한 사례가 되기도 하고, 전문 분야의 지식과 노하우를 나눠주는 역할을 하기도 하고, 어려운 상황에 닥쳤을 때 도움을 요청할 수 있는 정서적 지지자가 되어주기도 한다. 청소년 관련 센터에서 만나는 청소년지도사, 도서관이나 박물관에서 도움이 필요할 때 요청할 수 있는 어른 등이 해당된다. 청소년 이용자가 주 대상인 이런 공공기관 외에도 관심사를 기반으로 하는 프로젝트를 통해서 제3의 어른과의 관계가 자연스럽게 형성될 수 있다.

아예 제3의 어른을 연결해줄 목적으로 생긴 청소년 전용 공간도 있다. 스토리스튜디오 혜화랩[4]은 12~19세면 누구나 와서 공간과 공간의 재료, 도구들을 활용하여 자기 작업을 자유롭게 펼치며 자신을 더 잘 알아갈 수 있는 작업실이다. 주로 '이야기'를 읽고, 보고, 듣고, 만드는 일이 궁금한 청소년들이 모인다. 이곳에서는 스스로를 창작자로 정의하는 청소년들이 창작자 어른을 자연스럽게 만나고 함께 작업할 수 있는 기회를 주고받는다. 평소에 만나기 어려운 제3의 어른과의 만남을 주선하는 것이다.

지금까지 게임 개발자와의 대화, 테너와 오페라 같이 보기, 기획 PD와의 대화, 책 만드는 어른 아미(BTS 팬)와 BTS 영상 보면서 노래 같이 부르기, 브랜드 디자이너와 부캐 만들기, 일러스트레이터, 독립서점 대표와 책 만들기 등의 프로그램을 진행했다. 형태는 크게 두 가지로 나뉜다. 미리 작업에 대한 궁금한 질문을 받아서 유튜브 라이브로 진행되는 토크쇼, 그리고 함께 작업하는 워크숍이다. 작업자 대 작업자로서 '이야기'라는 공통의 키워드로 연결되다 보니 서로 할 말이 많다. 이곳에서는 조용히 무기력하게 앉아 있는 청소년의 모습을 찾아볼 수 없다.

이렇게 해당 분야 전문가와 함께하는 리얼 월드 러닝 프로젝트에서는 관심사를 공유하는 만남을 세밀하게 기획하는 것이 중요하다. 이때 관심사를 매개로 청소년과 전문가는 자연스럽게 멘티-멘토로 맺어지는데, 이 관계는 깊지 않아도 연계 자본으로써 충분히 의미가 있다. 청소년들에게는 아직 경험해보지 못한 세계에 대한 질문이 생겼을 때 연락할 수 있는 사람이 생겼다는 것만으로도 큰 힘이 되는 탓이다. 멘토가 멘티의 모든 문제에 직접적인 도움을 주지는 못하지만 도움을 요청할 만한 누군가를 알고 있다는 것은 엄청난 자원이다. 관계의 체인 효과가 발휘되어 단순히 한 명의 어른을 알게 되었을 뿐인데 그 이상의 도움을 받을 수도 있다.

실례로, IT분야에 관심이 많은 한 학생이 인턴십 프로그램을 통해 스트리밍 서비스를 제공하는 회사의 프로젝트 매니저를 멘토로 만나게 됐다. 아직 진로가 확실하지 않았던 학생의 니즈를 파악한 멘토는 주변 다른 회사의 엔지니어, 개발자, 프로덕트 매니저를 섭외해서 다양한 직무를 이해할 수 있도록 인터뷰를 주선해주었다. 또 다른 학생의 경우는 청소년 의회활동을 하다가 알게 된 청소년 센터 담당자의 도움으로 교육 행사 스태프로 자원봉사를 하게 되었다. 교육 봉사에 관심이 있다는 것을 알고 한 비영리단체의 교육 프로그램 기획자를 소개시켜준 것이다. 이처럼 청소년은 제3의 어른을 통해 새로운 정보와 기회에 노출될 수도 있고, 자신의 가까운 미래 모습을 상상해보기도 하며, 변화하고 있는 업계의 트렌드 정보를 얻을 수도 있다. 그리고 이 모든 경험은 한 개인의 삶의 방향을 결정하는 변곡점이 되기도 한다.

물론 제3의 어른과 연결될 수 있는 환경이 가능하려면 어른들이 청소년을 맞이할 준비가 되어 있어야 한다. 분야에 상관없이 온/오프라인에서 자신이 가진 일에 대한 태도, 전문성, 노하우, 생각 등을 청소년들과 기꺼이 나누어 주려는 어른들의 환대가 필요하다. 서로의 인맥을 오픈소스화할 때, 사회 구성원 모두가 참여하는 교육 생태계가 만들어진다. 하지만 생태계가 만들어질 때까지 마냥 기다릴 수는 없다. 그 사이 청소년들은 사회적 자본 없이 자라야 하고, 맨몸으로 리얼 월드로 나가야 한다. 따라서 어른들은 그 전에 이들이 스스로 필요한 인적 자원을 찾고 도움을 요청할 수 있도록 '자원 연결 능력'을 키워줘야 한다.

자원 연결 능력은 길러지는 것이다

디지털 기기와 함께 자란 현재의 청소년들은 모르는 게 있으면 친구와 이야기하는 중에도 그 자리에서 '팩트 체크'를 한다. 뭐가 사실이고 진짜인지 확인하는 것이다. 혹은 흥미로운 사람을 발견하면 인스타그램이나 틱톡 같은 SNS에서 개인 계정을 찾아 팔로우를 한다. 이들은 그 어느 때보다 새로운 정보에 접근하고 사람과 연결되기 쉬운 시대를 살고 있다. 하지만 이렇게 일상 생활에서 사용하는 온라인 플랫폼을 배움의 도구로 인식하려면 연습이 필요하다. 네트워크 지식 사회의 강점을 효과적으로 이용할 줄 아는 리얼 월드 러너가 되려면 자신이 가진 도구들을 이해하고 적재적소에 사용할 줄 알아야 한다.

디지털 기술을 학습에 활용할 때 자기 주도적인 학습 환경을 만들 수 있다는 연구가 있다. 에듀 테크 전문가로서 학습자의 온라인 학습 환경을 연구한 웬디 드렉슬러(Wendy Drexler) 박사는 '네트워크 학생 모델(Networked Student Model)'을 제시한다.[5] 이 모델에 따르면 네트워크 사회를 사는 청소년들은 인터넷상에서 자신의 학습 목표를 이룰 수 있는 정보를 어디서 어떻게 찾을 수 있을지 결정을 내리고, 수집한 정보를 바탕으로 새로운 지식을 생산하여 다시 네트워크에 환원하는 과정을 통해 스스로 학습하는 법을 배운다. 결과적으로 리얼 월드에 존재하는 자료(문자 및 영상 정보, 실시간 채팅이나 화상 대화)들이 전통적인 교과서를 대체할 수 있다는 것이다. 이는 학습 자료를 선별하는 과정 자체에서부터 학습자의 참여와 자기주도성을 높인다.

웬디 박사는 관심사에 기반을 둔 개별 탐구 프로젝트를 하는 고등학생 15명을 대상으로 케이스 스터디를 진행했다. 이때 온라인상에서 끊임없이 생산되는 정보 중 나에게 필요한 것들을 어떻게 선별할 수 있는지 그 방법부터 가르쳤다. 뉴스레터 구독, 뉴스 키워드 알람 설정, 신뢰할 만한 블로그를 판별하는 법 등에 대한 노하우를 주고받으며 세상에서 유통되는 정보 중 쓸모 있는 것들을 가려내는 법을 훈련한 것이다. 그러다가 관련 분야의 전문가를 발견하면 화상 회의를 요청하게끔 했다. 자료 조사로 찾을 수 없는 정보를 직접 생성하기 위해서다.

반 이상의 학생들이 전문가 연결에 성공했다. 인터넷이 음악 산업에 미치는 영향을 조사한 학생은 두 명의 독립 음악 프로듀서를, 동물권에 대해 조사한 학생은 동물권 활동가를, 생화학 전쟁의 위험성에 대해 조사한 학생은 미국연방정부 생화학 무기 컨설턴트를 온라인으로 만났다. 수업에 참여한 학생들은 각 분야의 전문가가 누군지 판별하고 연결해본 경험을 개별 학습 환경을 만드는 데 중요한 요소로 삼음으로써 연구의 가설을 증명했다. 스스로 어떤 배움이 필요한지 정의하고 배움의 소스를 찾아나서는 경험을 했기에 가능한 결과였다.

코로나19로 인한 원격 수업은 여러 가지 불편한 상황들을 야기했지만, 아이러니하게도 효과적으로 디지털 환경을 활용해 자원을 스스로 찾고 연결해보는 연습을 가능하게 해주었다. 작년에 나는 인적 자원 연결의 측면에서 리얼 월드 러닝을 학교에 적용해보는 몇 가지 실험을 했는데, 그중 하나가 바로 웬디 박사의 네트워크 학생 모델이었다. 서울 소재의 창덕여중 선생님들과 함께 '전문가 연계 학습자 주도 프로젝트 학습 설계전략'[6]을 개발하고, 한 학기 수업을 진행했다. 학생들은 탐구해보고 싶은 주제를 정해서 관련 정보를 찾았는데, 만일 온라인상에서 찾을 수 없는 정보가 있을 경우 관련 분야 전문가와 화상 혹은 서면 인터뷰를 통해 얻을 수 있도록 안내했다. 전문가와 연결될 수 있는 방법은 프로젝트의 형태와 시기에 따라 다양한데, 그 경우는 다음과 같다.

배우기	협업하기	의뢰하기
· 일회용품 사용이 환경에 미치는 영향을 알아보고자 환경 보호 단체, 교수, 관련 기업에 연락해 최신 정보를 묻는다. · 유튜브 영상 제작을 위해 고려해야 할 점과 채널 운영 노하우를 배운다. · 프로젝트 매니저에게 프로젝트 기획, 운영, 관리하는 법과 일하는 태도에 대해 듣는다.	· 웹툰 작가와 청소년의 생활에 대한 웹툰을 함께 기획한다. · 동물보호센터 담당자와 함께 유기견/유기묘를 보호할 수 있는 방법을 모색한다. · 10대를 대상으로 하는 제품/서비스에 대한 피드백을 주고, 개발 과정에 참여한다.	· 포스터나 지도 등 인쇄물을 맡길 업체를 알아보고 직접 주문한다. · 웹디자이너에게 최종 산출물(홈페이지)에 대한 피드백을 요청한다. · 지역 안내 지도의 잘못된 표기를 찾아 시청 담당 부서에 수정사항을 반영하도록 요청한다.

<표3. 형태에 따른 전문가 연계 방법>

시작	중간	마무리
주제 선정에 필요한 정보나 지식을 얻을 수 있다. (업계 트렌드 및 해당 산업이 당면한 문제 파악, 선정한 주제에 대한 피드백 등)	주제에 대한 깊은 탐구를 수행하거나, 문제 해결을 위한 해결책을 찾고 실행하는 과정에서 다양한 방법의 연계가 일어날 수 있다.	우리 팀이 만들어낸 결과물에 대한 피드백을 받거나, 실제 사용할 사람들의 참여를 위한 홍보를 요청할 수 있다.

<표4. 시기에 따른 전문가 연계 방법>

'사춘기 청소년에게 음악 가사가 영향을 줄 수 있을까?'를 주제로 잡은 팀은 자료조사 과정에서 어떤 사이트에 들어가서 조사를 해야 할지 막막해했다. 그러다가 음악 치료를 전공한 작곡가와 연결되어 이미 학계에서는 검증된 연구 논문을 소개 받았고, 참고할 만한 사이트를 추천 받아 정확한 정보를 얻을 수 있었다.

중학교에 올라오고 나서 혼자 공부하는 게 중요하다는 말을 많이 들었는데 그게 정확히 뭘 의미하는지 궁금해한 팀은 '자기주도학습' 자체를 프로젝트 주제로 정했다. 각 분야의 전문가들이 자기주도학습을 어떻게 했는지를 듣고, 그 내용을 바탕으로 자신의 생각을 정리하는 방식으로 진행했다. 모둠 내에서 각자 관심 있는 분야를 맡았다. 예술을 맡은 친구들은 웹툰 전문가와 공연 칼럼니스트에게 이메일로 서면 인터뷰를 요청했고, 동물을 좋아한 친구는 과학 잡지에서 일하는 분과 화상 인터뷰를 했다. 다양한 전문가와의 연결에 성공한 이 팀에겐 어떤 역량이 생겼을까?

▶ 이런 경험이 전혀 없었기 때문에 처음에는 외부 자원에 어떻게 다가가야 하는지, 어떻게 도움을 요청해야 하는지도 몰랐어요. 연결에 실패한 사람도 있지만, 포기하지 않고 또 다른 사람을 찾아서 연락하는 데 성공했거든요. 전문가에게 도움 받기를 요청하고, 또 도움을 받는 과정 그 자체에서 배운 게 많다고 생각해요.

▶ 외부 전문가한테 이메일을 보내는 방법에 대해 배웠는데, 중요한 상황에서는 어떻게 이메일을 써야 예의를 갖출 수 있는지를 알게 됐어요. 다른 수업을 할 때 외부 자원 연결이 필요할 때나 나중에 커서 연구를 할 때 이 방법을 사용하면 되는 거니까. 지금뿐 아니라 앞으로 계속 사용할 수 있는 스킬을 하나 얻은 것 같아서 좋아요.

학생들은 관심사에 기반을 둔 전문가 연계 프로젝트를 통해 리얼 월드에 있는 인적 자원을 새롭게 인식하게 되었다. 언제든 필요할 때 도움을 요청할 수 있다는 믿음과 필요한 자원을 적시에 연결할 수 있는 스킬을 갖추게 된 것이다. 교사가 대신 연결해줄 수도 있지만, 연습할 기회를 주기 위해 학생들이 직접 이메일로 연락을 취하도록 안내했다. 실제 세상에서 모든 회사들의 주된 커뮤니케이션 수단은 이메일이기 때문에 실전 연습을 한다고 생각하고 미션을 준 것이다. 하지만 이메일을 통해 자신의 생각을 일목요연하게 정리하고 답변을 받는 과정은 쉬운 일이 아니었다. 대부분의 청소년들은 이메일 주소를 갖고 있어도 실제 의사 소통 도구로 활용해본 적이 없기 때문이다. 게다가 중학교 국어 교과에 '편지쓰기' 단원이 빠지면서 예의를 갖춰 타자에게 글을 쓰는 방법조차 배우지 못했다.

내용도 내용이지만 '이메일'이란 새로운 도구를 다루며 실수도 했다. 어떤 팀은 너무 빨리 '전송' 버튼을 누르고는 한 번 보낸 이메일은 '취소'가 안 된다는 사실에 당황하기도 했다. 어떤 팀은 이메일 주소를 다른 사람 것과 착각해서 보낸 탓에 사과하는 이메일을 다시 보내기도 했다. 그래도 괜찮다. 이 모든 게 배움의 과정이고 연습이다. 자원 연결 능력은 시도하면서 길러지는 것이다.

물어보는 것의 힘

제3의 어른과 연결되는 단계에서 섭외 성공확률을 높이는 요인으로 '요청하는 글쓰기'의 품질을 들 수 있다. 응답을 받아내는 데에는 요령이 필요하다. 우리가 요청 메일을 보내는 사람들은 대개 전문가이거나 유명인일 경우가 많다. 하루에 주고받는 메일이나 메시지의 수가 엄청날 게 분명하다.

수많은 연락 중에 내가 보내는 메일이 상대방의 시선을 끌려면 질문하는 내용이 좋거나, 왜 당신의 이야기가 나에게 중요한지를 맥락에 맞춰 잘, 정확하게 설명해야 한다. 여기서 '맥락'이란 상대의 강점(상대가 줄 수 있는 것)과 나의 필요(내가 받고 싶은 것)의 공통분모를 의미한다.

먼저, 상대의 강점을 파악하려면 리서치가 필요하다. 인터뷰 기사, 개인 소셜 미디어, 구글 검색(국내 포털보다 구글에서 사람 이름으로 검색하는 게 더 정보를 많이 찾을 수 있다) 등 수단과 방법을 가리지 않고 뒷조사를 하는 것이다. 나에게 어떤 이야기를 해줄 수 있을지 머릿속으로 그려지면 그 내용을 글에 담는다. 어디서 이런 내용을 봤는데 어떤 점이 특히 와 닿았다든지, 이런 부분에 대해 더 듣고 싶다든지 하는 식으로 구체적으로 적을수록 좋다. 그리고 내가 당신으로부터 어떤 도움을 받고 싶은지 명확히 표현한다. 그래야만 상대방이 내 의도를 한눈에 파악할 수 있다.

한 번은 이런 일이 있었다. 미국 교육계의 혁신 흐름을 소개하는 내 강연회에 어떤 고등학생이 찾아왔다. 그는 강의가 끝나자 앞으로 오더니 쑥스러운 표정으로 편지를 건넸다. 만난 적도 없는 학생에게 편지를 받고 너무 놀라서 쳐다봤더니 정중하게 "우리 학교에 오셔서 강연해줄 수 없겠느냐"고 요청했다. 미리 준비해온 편지니 당연히 강연 내용에 대한 소감은 없었지만 내가 하는 일에 대해 검색하고 작성한 내용이었다. 자신이 왜 교육에 관심을 갖게 되었는지, 그래서 어떤 활동을 하고 있는지, 유쓰망고가 하고 있는 일에 공감하는 이유가 무엇인지, 학교에 와서 더 나은 교육을 고민하는 교사와 학생들을 대상으로 강의해줄 수 있겠냐는 요청이었다.

알고 보니 그 학생은 교육에 관심 있는 아이들이 모여서 만든 교육 동아리를 운영하고 있었다. 그리고 그 뒤에는 리얼 월드 러닝의 중요성을 알고 있는 한 교사의 가이드가 있었다. 진로 교육의 일환으로 관심 있는 분야의 전문가를 찾아 강연을 듣고 섭외까지 하도록 설계한 수업에서 내준 과제였다. 지도 교사는 최대한 전문가와 개인적인 연결점을 만들 수 있도록 편지를 써보라는 팁을 주었고, 학생은 그것을 실행에 옮긴 것이다. 그렇게 우리는 연결되었고, 나는 그 학교에 찾아가 교육 동아리 학생들을 만났으며, 그 뒤에도 진로에 대한 고민이 있을 때 이 친구는 나에게 이메일을 보내서 고민을 상담했다. 나는 이 학생에게 교육과 관련하여 궁금한 점이 생길 때 언제든 물어볼 수 있는 사람이 되었다.

강연 요청을 넘어서 보다 적극적으로 관계 형성의 기회를 만드는 경우도 있다. 미국 시애틀의 깁슨 이크 공립 고등학교(Gibson Ek High School)를 졸업한 이본 마헤쉬(Evon Mahesh)의 이야기는 찾는 자에게 기회가 주어진다는 공식을 선명하게 보여준다. 이 학교는 일주일에 두 번 인턴십 현장에 가서 멘토에게 배우는 방식으로 리얼 월드 러닝을 아예 교과과정으로 구현한 곳이다. 한 학기당 인턴십 현장을 한 군데씩 고를 수 있으니 고등학교 4년 내내 많게는 8곳에서 경험을 쌓을 수 있다.

인턴십을 시작하는 방법은 크게 두 가지다. 학교가 인턴십 자리가 있는 지역의 자원을 탐색해서 보여주면 그중에서 학생들이 선택하거나, 학생들이 먼저 자신이 관심 있는 곳을 찾고 직접 연락을 취해서 인턴십 자리를 구할 수 있다. 주로 저학년일 때는 전자의 방법을 택한다. 그러다가 차츰 외부와 연결하는 데 익숙해지면 학년이 올라가면서 직접 자원을 구하도록 연습을 시킨다. 이본의 경우는 관심사가 명확해서 1학년 때부터 스스로 기회를 만들어갔다.

그의 첫 번째 인턴십은 LGBTQ(성 소수자) 축제에서 연이 닿아 이루어졌다. 커밍아웃을 한 친구가 학교에서 친구들과 잘 어울리지 못하는 모습을 보고 차별없이 모두를 포용하는 학교 문화를 만드는 데 관심이 생긴 이본은 여러 LGBTQ 행사에 참가해보았다. 그때마다 프라이드 재단(Pride Foundation)이 한 부스를 넓게 차지하고 있던 것을 보고 이들의 활동에 관심을 갖게 되었고, 한번 일을 해보고 싶다는 마음이 들어서 받아온 명함으로 연락했다. 프라이드 재단은 트랜스젠더와 생물학적 성 구분을 따르지 않는 청소년들을 보다 잘 이해할 수 있도록 교육자들을 위한 교육과정을 디자인하고 있었는데, 이본은 커리큘럼 개발팀에서 인턴으로 일하며 교육과정을 만드는 데 고려해야 할 점들이 무엇인지 등을 배울 수 있었다.

이본이 4학년 때 마지막으로 인턴십을 했던 이사콰(Issaquah) 교육지원청 역시 그의 대담한 도전으로 시작되었다. 부교육장은 이본을 위해 없었던 포지션을 만들면서까지 그를 인턴으로 받아들였다. 이본은 그 비결로 '물어보는 것의 힘'을 꼽는다. 부교육장이자 교육 형평성 디렉터를 맡은 에밀리에 하드(Emilie Hard)에게 직접 이메일을 보내서 인턴십 자리를 얻은 것이다. 이본은 포용적인 학교 문화를 만들기 위해 어떤 일을 해왔는지, 과거 경험을 통해 어떤 역량을 길렀고, 이 주제에 얼마나 큰 열정을 가지고 있는지를 담아 이력서를 만들어 보냈다. 그리고 흔쾌히 '예스!'라는 대답을 받아냈다.

▶ 제가 항상 다른 친구들에게 강조하는 것이 바로 '일단 물어봐!'입니다. 일해보고 싶은 곳이 있어도 너무 거대해 보이고 큰 조직이라서 '날 받아줄까?' 하는 두려운 마음이 들기 마련이거든요. 그런데 물어봐도 어차피 최악은 '안 된다'는 대답을 들을 뿐이에요. 밑져야 본전인 겁니다. 그리고 대부분 일단 물어보는 열정적인 고등학생을 좋아하는 경우가 많습니다. 실제로 제 친구 중에는 ACLU(American Civil Liberties Union)라는 영향력 있고 100년이나 된 전통 있는 단체의 시애틀 지역 디렉터에게 이메일을 보내서 인턴십을 시작한 경우도 있어요. 경찰들이 인종, 성별에 대해 갖고 있는 암묵적 편견을 줄이는 일을 하고 싶다고 제안을 했죠. 물어보면 됩니다. 그리고 나의 경험, 역량, 열정을 보여주면 돼요. 우리가 교육지원청, ACLU에서 인턴을 할 수 있을 거라고 누가 생각했겠어요?

이본은 교육 형평성과 관련된 리서치 업무 및 새로 부임할 디렉터를 위해 LGBTQ 청소년이 교육에서 소외 받지 않도록 커리큘럼의 기초를 수립하는 데 역할을 톡톡히 했다. 프라이드 재단에서 했던 경험이 큰 도움이 된 것이다. 교육청은 청소년의 목소리를 반영하는 것이 실제로 중요하다는 것을 깨닫고 고등학생 인턴십 포지션을 영구적으로 만들었다. 모두 이본 덕분이었다. 그가 졸업한 뒤에는 다른 학생이 뒤를 이어갔다. 이 모든 일은 상대를 정확히 파악한 이메일 보내기에서 시작되었다.

이렇게 적극적으로 자원을 연결하여 가능한 한 최대의 기회를 얻어내는 역량은 점점 중요해지고 있다. 코로나 이후 온라인 시대가 도래하면서 기존에 오프라인에서 우연히 이루어졌던 사람들과의 연결이 훨씬 더 희소한 자원이 되었기 때문이다. 이제는 이벤트나 행사에 참여해서 옆에 앉은 사람과 대화를 나눌 수도 없고, 발표자의 명함을 받기 위해 기다릴 수도 없다. 재택근무를 하는 환경에서는 인턴십도 어렵다. 우연에 맡기거나 기회가 오기를 기다리기보다 먼저 나서서 적극적으로 사회적 자본을 만들어가는 태도가 필요하다고 주장하는 이유다.

'온라인 인맥'을 만드는 가장 쉬운 방법은 SNS를 통해 상대방에게 직접 메시지(DM, direct message)를 보내는 것이다. 온라인에서 접하는 콘텐츠(강연 영상, 블로그 등)나 SNS를 통해 상대방의 생각을 엿본 후 꼭 만나보고 싶은 사람이 생겼다면, DM으로 연락을 취해보자. 먼저 물어보는 것을 두려워할 필요가 없다. 이본의 말처럼 최악의 상황은 답장이 오지 않는 경우일 뿐이다. 원하는 바가 명확한 설득하는 글쓰기에 성공한다면 한 번도 만난 적이 없는 사이에도 첫 번째 관계가 만들어질 것이다.

그렇게 연결된 사람은 곧 내 자원이자 배움의 원천이 된다. 빠르게 변화하는 리얼 월드에서는 잘 정리된 지식을 전수받는 것으로는 부족하다. 하나의 이론이나 상식이 되기를 기다리기 전에 먼저 시도하며 배우고 익힌 사람들의 산 지식을 통해 내게 지금 당장 필요한 방향의 키를 찾을 수 있다.

리얼 월드 러너는 리얼 월드 러너와 만나야 한다. 교육 형평성 디렉터를 맡은 부교육장은 변화하는 세상을 읽고 LGBTQ 청소년의 인권이 보장받을 수 있는 교육 커리큘럼을 만들었다. 기존에 없던 것을 만들어가려는 찰나에 함께 배움의 여정에 떠날 동료를 만났다. LGBTQ 청소년에게 포용적인 학교 문화 조성을 고민하고 시도해보았다는 스토리가 담긴 이본의 이메일은 그러므로 조금도 거절할 이유가 없었다. 리얼 월드 러너들의 만남이 그 자체로 시너지가 난 것처럼, 배움의 세계에서 청소년과 어른이라는 구분은 불필요하다. '배우는 사람'이라는 정체성만 존재할 뿐이다.

제3의 어른과 협업하기

~~~~~~~~~~

　OECD에서 발표한 '교육 2030' 리포트에서는 미래지향적 교육의 핵심적인 요소로 학습자의 행위주체성(Student Agency)를 제시했다.[7] 행위주체성을 신장하기 위해 노력할 때 개별 학습자가 자율적으로 학습활동을 주도하는 데만 초점을 맞추면 안 된다. 진정한 학습자 주도가 이뤄지려면 학습자를 둘러싼 지역사회, 교사, 동료 학습자와의 관계성이 올바르게 형성되어야 한다.[8] 왜냐하면 학습자의 환경이 각 개인의 행위주체성 발현에 적지 않은 영향을 미치기 때문이다. 따라서 이를 학습자가 적극적으로 활용할 수 있도록 '협력적 행위주체성'을 길러야 한다는 것이다.

　협력적 행위주체성의 가장 높은 단계는 학습자가 성인과 의사결정을 공유하는 것이다. 즉 청소년이 프로젝트를 주도하는 과정에서 성인(교사, 학부모, 지역사회 전문가 등)과 동등한 파트너십을 형성하는 것이다. 학습자의 행위주체성을 신장하는 학습자 주도의 프로젝트 학습이 진행되려면 학습자가 학습의 주도권을 갖고 자신의 프로젝트를 진행할 수 있는 기회와 더불어 학교 안팎의 전문가들과 협력할 수 있어야 한다.

　'동등한 파트너십'은 양측 모두에게 도움이 되는 관계에서 형성된다. 관계에 기여하는 사람이 한쪽에 일방적으로 쏠려 있으면 오래가지 못한다. 사실 지역사회와 학교가 협업하는 경우를 보면,

많은 경우 '교육적'이라는 이유로 학교가 원하는 바를 지역에 요청하는 경우가 훨씬 많다. 하지만 진정한 파트너십을 구축하려면 상대에게도 도움이 되도록 관계를 설계해야 한다. 청소년과의 만남이 제3의 어른에게는 어떤 도움이 될까?

- 멘토/회사의 직무에 도움이 되는 10대의 참신한 아이디어를 얻을 수 있다.
- 내가 속한 분야에 잠재적 고객 또는 후배를 양성할 수 있는 기회를 얻을 수 있다.
- 관계 맺기를 통해 다음 세대와의 연결감을 느낄 수 있다.
- 전문가로서 내 업에 대한 자부심과 자존감이 올라간다.
- 일정 시간을 내어 사회에 기여하고 있음을 주변인에게 보여줄 수 있다.

이 다섯 가지 내용은 고등인턴 1, 2기에 참여했던 50여 명의 제3의 어른 멘토단의 후기를 정리한 것이다. 실제 유쓰망고는 청소년과 제3의 어른의 관계가 어떻게 상호 호혜적으로 작동할 수 있는지 알아보기 위해 '고등인턴'이라는 프로그램을 시범적으로 운영하고 있다. 말 그대로 고등학생들이 자신이 원하는 분야의 멘토와 인턴십을 하는 것이다.

유쓰망고의 고등인턴 프로그램은 기존의 청소년 대상 인턴십에서 이루어지는 직업훈련과 차이점이 있다. 우리가 기획한 프로그램은 개개인의 관심사에 바탕을 둔 '인턴십 프로젝트'를 통해 학습자가 자신의 학습목표를 스스로 수립하고 어른과 협업해보는 경험 자체에 방점을 찍는다. 그래서 멘토가 청소년과 함께 해보고 싶은 일을 먼저 제안하고, 해당 업무에 관심 있는 청소년이 매칭되는 방식으로 이루어진다. 청소년이 멘토와 만나 일정 기간 내에 함께할 수 있는 프로젝트를 기획하고 수행하며 업무에 대한 내용은 프로젝트를 하는 과정에서 자연스럽게 배우는 식이다.

치유활동가 집단 (사)공감인은 성인뿐 아니라 청소년들의 심리 치유 프로그램을 만들 계획을 갖고 있었는데, 두 명의 고등인턴과 함께 청소년 치유프로그램 파일럿 버전을 함께 기획하고 운영했다. 실제 10대의 관점이 더해져 청소년들에게 쉽게 다가갈 수 있는 활동 아이디어를 얻을 수 있었다. 인공지능을 활용한 수학 문제 풀이 '콴다' 앱을 제공하는 매스프레소라는 스타트업에서 고등인턴을 한 경우도 있었다. 더 많은 사람들이 앱을 편리하게 사용할 수 있도록 관리하고 업데이트하는 담당자가 멘토로 신청을 했다. 사용자가 10대인 만큼 그들의 목소리를 구체적으로 들어보고 싶다는 동기가 작용한 것이다. 고등인턴은 사용자 조사 질문 만들기부터 분석까지 맡아서 진행했다(이외 다양한 사례는 이번 장 마지막 부록 참고).

이런 식으로 10대를 잠재적 고객이나 사용자로 타깃하고 있는 회사나 단체들은 청소년과의 협업이 얼마든지 가능하다. 서로의 관점을 통해 배울 점이 있어서 자연스럽게 수평적인 관계가 형성되기 때문이다. 이처럼 제3의 어른과의 협업을 통해 청소년은 자신의 의견이 존중 받는 경험, 실제 세상에서 쓰이는 제품/서비스에 반영되는 경험을 한다. 이 경험은 다시 청소년에게로 돌아와 스스로 할 수 있는 힘, 하고 싶은 마음을 강화시킨다. 바로 '협력적 행위주체성'이 길러지는 것이다.

참여하는 제3의 어른 역시 직접적으로 도움을 받은 업무 외의 부분에서 성장을 경험한다. "하나라도 더 피드백을 주다 보니 피드백을 주고받는 것에 자신감이 생겼다" "다른 사람을 이끌어가야 했기 때문에 나만의 일하는 스타일을 찾아갈 수 있는 기회였다"와 같은 소감을 들려주었다. 결국 멘토들도 청소년을 통해 협력하는 법을 배운 것이다.

꼭 인턴십이 아니더라도 학생 주도 프로젝트를 하는 과정에서 제3의 어른과 다양한 방법으로 접점을 마련할 수 있다. 수업에서 외부 전문가와 협업하는 프로젝트나 실제 세상의 문제를 해결하는 프로젝트를 통해서도 협력적 학생 주체성을 기를 수 있다. 중요한 것은 청소년들이 가진 '관심사'와 연결 고리가 있는 제3의 어른을 찾는 것이다. 자신이 하는 일의 내용이 10대와 아무런 접점이 없더라도 공통의 관심사가 하나라도 있다면 협업할 수 있는 것들은 분명히 존재한다. 많이 알고 있는 사람이 일방적으로 가르치는 관계가 아니라 함께 의견을 주고받는 사이가 되는 것이 곧 협업이다. 청소년들이 리얼 월드 러닝을 제대로 경험하려면 세상이 이들을 동등한 존재로 인정하고 함께 배워갈 동료로 인식해야 한다. 청소년들이 학교 밖으로 나가려고 해도, 세상이 이들을 맞이할 준비가 되어 있지 않으면 리얼 월드 러닝은 일어날 수 없다.

이 글을 읽고 있는 여러분 모두를 '제3의 어른'으로 초대한다. 자신의 자녀 이외에 연결되어 있는 청소년이 있는가? 딱 3명의 '내가 아는 청소년'을 만들어보자. 그들이 손을 내밀었을 때 기꺼이 잡아줄 수 있는 제3의 어른이 되어주면 어떨까? 변화는 나에서 시작한다.

청소년이 제3의 어른과
협업하는 네 가지 유형

유형 1. 멘토의 작업에 함께 협력 (공동 작업)

Q 멘토의 참여 동기는 무엇인가요?

A 서지형, 출간 작가(멘토): 어린이 및 학부모를 위한 드로잉 안내서 『의자와 낙서』를 출판했고, 다음 책으로 청소년을 위한 책을 기획하는 중이었어요. 북 마케팅 리서치 작업을 돕고, 이 작업의 초석을 다질 수 있도록 초기 아이디어를 공동 기획할 수 있는 고등학생을 찾고 싶었어요. 대화를 통해 서로의 관심사를 맞춰가며 책을 매개로 하는 교육 프로그램까지 만들면 좋겠다는 생각을 했죠.

Q 왜 이 멘토와 연결되고 싶었나요?

A 신민지(고등인턴): 고등인턴 준비 과정을 하며 관심사에 대해 돌아보는 시간을 가졌는데요. 중학교 때는 연극 동아리, 고등학교 때는 신문 동아리를 하면서 글쓰기에는 익숙해졌는데, 창의력을 발휘해서 주도적으로 글을 써본 경험이 없다는 걸 발견했어요. 또, 출판 과정에서 책을 어떻게 기획해야 하는지, 사람들의 관심과 흥미를 어떻게 끌수 있을지도 궁금했고요. 저희 동아리에서 내는 책자 표지가 항상 똑

같아서 애들이 많이 안 읽거든요. 작가님을 멘토로 만나면 이 모든 걸 한 번에 경험할 수 있는 거잖아요!

Q 어떤 마음으로 청소년과 협업하셨나요?

A 서지형(멘토): '작가'라고 하면 멋있어 보이는데, 자기 거를 하면 된다는 게 제 모토예요. 고등인턴을 만나면 학교에서 배우고 평가받는 딱딱한 글쓰기가 아닌, 창의적인 글쓰기, 창의적인 드로잉을 통해 자기 이야기를 할 수 있게 해주고 싶다는 마음이 들었어요. 그리고 함께 만들 책은 '미디어 리터러시'라는 거창한 말 말고 '보는 것, 읽는 것, 쓰는 것' 그 자체에 대해 생각해볼 수 있는 책이면 좋겠다는 생각을 했어요. 다행히 고등인턴도 저와 같은 관심사가 있어서 신기했죠!

책도 책이지만, 실제 업무를 보조해줄 인턴이 필요했는데, 너무 도움이 됐어요. 저도 도움을 받았으니 고등인턴의 진로에 더 도움이 되는 책을 만들어주고 싶다는 생각이 들더라고요. 실제 세상에서 맺는 관계에서 서로가 윈윈하는 기브 앤 테이크의 마음도 좋은 거 같아요.

Q 고등인턴 프로젝트를 통해 어떤 배움이 있었나요?

A 신민지(고등인턴): 책을 만드는 작업이 낯설어서 처음엔 어려웠어요. 멘토님이 주제도 완전히 열어두셨거든요. 마침 작년에 학교에서 미디어 리터러시에 대해 배운 적이 있는데, 그걸 책 주제로 잡고 싶다

는 생각이 들었어요. 청소년이 즐겁게 읽으며 배울 수 있는. 멘토님과 텔레파시가 통한 거죠! 이름은 '망고북'이라고 지었어요. 뻔한 책이 되지 않도록 전혀 상관없는 소재로 글쓰기를 시작하는 방법 등을 배우며 이제 좀 더 창의적인 접근이 가능해진 것 같아요. 추상적 글쓰기에 대해서도 배울 수 있었고요. 책을 만들면서 저희가 참고했던 『유튜브는 책을 집어삼킬 것인가』라는 책이 있는데, 그 저자를 멘토님이 연결해주셔서 망고북에 대한 피드백도 받을 수 있었어요.

멘토님이 편집자와의 미팅에도 동석하게 해주셔서 이제 책 출간 과정 속 작가와 편집자의 역할 및 업무를 완전히 이해했답니다! 책 마케팅 단계에 필요한 일을 제가 직접 돕기도 했는데요. 예상 독자들이 볼 만한 매체들을 찾고, 해당 기자의 연락처를 정리하는 '미디어 리스트업'을 했어요. 기사에 기자 이메일 주소가 나와 있다는 것도 이번에 처음 알게 된 사실이에요. 실무에 필요한 일을 제가 할 수 있게 돼서 뿌듯해요.

유형 2. 멘토의 업무에 고객의 관점으로 참여 (10대 사용자)

Q 멘토의 참여·동기는 무엇인가요?

A 김채원, 콴다 앱 프로덕트 오너(멘토): 저희 회사가 만든 인공 지능을 활용한 수학 앱('콴다')은 주 사용자가 10대들인데, 사용자 조사 과정을 함께할 10대 인턴을 만나면 좋겠다고 생각했어요. 콴다 앱 사용자를 선정해서 전화 설문조사나 대면/비대면 인터뷰를 하면 10대

의 관점에서 더 많은 정보를 알아낼 수 있지 않을까, 했던 거죠.

저는 주로 사용자 조사를 통해 제품을 개선해가는 일을 하고 있어서 흔히 'IT 회사' 하면 떠올리는 개발이나 디자인 업무는 아니에요. 그래서 일반적인 스타트업/IT에 관심 있는 청소년 외에도, 사회학/인류학 등 인문학에 관심 있는 분, 사회조사(설문, 인터뷰)를 진로로 생각하는 분, 그리고 교육 분야나 사회적 임팩트에 관심 있는 분들도 얼마든지 환영해요!

Q 왜 이 멘토와 연결되고 싶었나요?

A 정초빈(고등인턴): 저는 세상의 곳곳에서 발생하는 사회 문제를 비즈니스적으로 해결하며 사회적 가치를 내는 일을 하고 싶어요. 관심 있는 분야의 전문가를 만날 수 있다니, 망설이지 말고 Go 해봐야겠다는 생각이 들었죠. 게다가 콴다는 제가 수학 문제 풀 때 자주 사용하고 있는 앱인데, 좋아하는 기업에서 일을 해볼 수 있는 좋은 기회였죠. 누구든 어디에서나 소외받지 않고 교육받을 수 있는 세상을 만드는 것을 미션으로 한다는 게 너무 멋진 것 같아요!

Q 어떤 마음으로 청소년과 협업하셨나요?

A 김채원(멘토): 처음엔 어색해하더니 콴다에 대한 프로젝트 이야기를 하니까 엄청 적극적이더라고요. 정말 관심이 많다는 걸 느낄 수

있었어요. 사용자 리서치 결과에 뿌듯해하는 걸 보니 저도 뿌듯했고요! 구체적인 스킬보다는 시야를 넓혀주고 싶었어요. 스타트업에 기술적으로 뛰어난 사람만 필요한 게 아니라 다른 사람을 이해하고 공감하는 사람이 필요한 업무도 있다는 걸 알았으면 했거든요. 저도 고등학생 때 공부 외의 길을 보여줄 수 있는 IT나 창업 분야 멘토를 만났으면 진로가 달라졌을 것 같아요.

Q 고등인턴 프로젝트를 통해 어떤 배움이 있었나요?

A 정초빈(고등인턴): 제가 직접 사용자 인터뷰도 하고, 리서치 보고서도 작성하고, 발견한 부분을 멘토와 공유하며 어떤 서비스를 구축하면 좋을지 이야기를 나눴어요. 한 번도 해본 적 없는 일이지만 한번 부딪히고 경험해보니 새로운 것에 두려움이 없어지더라고요. 리서치가 이렇게 보람 있고 흥미로운 것이라는 걸 처음 알았어요! 역시 '해봐야 아는구나~' 했죠. 수학을 문제 풀이로 접하는 게 아니라 재밌게 받아들일 수 있도록 앱에 새로운 기능을 넣고 싶어요. 퀘스트처럼 비슷한 유형의 문제를 풀면 다음으로 넘어간다든지, 친구랑 게임하듯이 앱 안에서 만날 수도 있고요!

유형 3. 멘토와 협업하는 다양한 직무 소개 및 연결

Q 멘토의 참여 동기는 무엇인가요?

A 이동화, 미국 버라이존 미디어 PM(멘토): LA에서 한국 고등학생을 멘토로서 만날 수 있는 기회라서 신청했어요. 저도 제가 미국에 와서 살게 될 줄은 정말 꿈도 꾸지 않았고, 영어로 이렇게 일을 할 거라고 상상하지도 못했거든요. 한국 학생들 혹은 사회 초년생들에게 멘토십을 해줄 기회가 있다면 꼭 해주고 싶은 말이 있어요. 자기 자신의 한계를 스스로 만들거나 '나의 길은 이미 정해졌다'라는 생각은 하지 말라고요. 저도 대단히 뛰어나서 지금 미국 버라이존 미디어에서 테크니컬 프로젝트 매니저로 일하고 있는 건 아니거든요. 기회들이 생길 때 두려워하지 않는 게 가장 중요한 것 같아요. 너무 현재 상황에 대해 걱정하지 말라!

Q 왜 이 멘토와 연결되고 싶었나요?

A 전윤아(고등인턴): 꿈도, 자신감도 없고, 그렇다고 특별히 좋아하거나 잘하는 것도 없어서 제 진로에 대한 불안감이 컸어요. 그래도 어떤 일이든 경험해봐야 안다는 정신은 갖고 있었죠. 학교 밴드에 올라온 고등인턴 모집 공지를 보고 단번에 신청했어요. 아빠의 영향으로 전기 전자 쪽으로 진로를 생각하고 있긴 한데, 무슨 과가 좋을지 실제 일하는 사람들의 이야기를 들어보고 싶었거든요. '프로젝트 매니저'라는 건 어떤 일을 하는 건지, 처음 들어봤어요.

Q 어떤 마음으로 청소년과 협업하셨나요?

A 이동화(멘토): 무엇보다 가능성이 무궁무진한 나이니까, 무언가 뚜렷한 하나의 길을 제시하기보다는 제가 협업하는 다양한 직무를 보여주는 게 좋을 것 같다고 판단했어요. 주변에 혹시 멘토링이나 커리어 인터뷰에 응해줄 수 있는 사람이 없는지 LA 한인 그룹 페이스북에 올렸는데, 의외로 반응이 좋더라고요! 그래서 최대한 다양한 직군의 사람들을 온라인으로 만날 수 있도록 했습니다.

더군다나 프로젝트 매니저는 각 팀이 하고 있는 일을 확인하는 것뿐만 아니라 서로 연결해서 하나의 프로덕트로 결과물이 잘 나올 수 있게 하는 역할이거든요. 그 과정에서 적절한 질문 및 코칭 등을 통해 빠진 부분이 없는지 단단한 거미줄이 될 수 있도록 하는 일이죠. 실제 회사에서 쓰는 툴도 보여주고, 팀 사이 커뮤니케이션은 어떻게 진행되나 온라인 미팅 녹화본도 보여주면서 실제성을 높여주도록 노력했어요. '모르면 물어보고 찾아보면 된다'는 태도를 배우면 좋겠다는 생각에 같이 구글 검색도 하고, 자료도 읽어보고, 유튜브도 찾아보았고요.

Q 고등인턴 프로젝트를 통해 어떤 배움이 있었나요?

A 전윤아(고등인턴): 멘토님 덕분에 엔지니어, 개발자, 프로덕트 매니저를 인터뷰하고, 이메일로 감사를 표현하는 법도 배웠어요. 언제 미국에서 일하고 있는 사람을 만나보겠어요! 이제 화상 미팅 전문가가

된 느낌이에요. 누군가 직접 알려주지 않으면 알 수 없는 것들, 쉽게 할 수 없는 것들을 하나씩 배움으로써 시야가 정말 확장된 것 같아요. 특히 꿈에 대해 항상 불안해하는 마음을 가지고 있었는데 동화 멘토님과 인터뷰해주신 세 분의 이야기를 들으면서 위로와 힘을 받았어요. 더 이상 흔들리지 않는 '평정력'을 얻은 것 같아요. 지금 내가 뭘 잘 모르고, 결정짓지 못했다고 해서 너무 조급해하지 않아도 된다는 거죠.

유형 4. 멘토의 사이드 프로젝트와 연계

Q 멘토의 참여 동기는 무엇인가요?

A 이연화, 역사 큐레이터(멘토): 역사 큐레이터에 관심 있는 학생의 인턴십 멘토가 필요하다는 연락을 받고, 사실 처음에는 '인턴'이면 회사나 조직 경험을 원하지 않을까, 라는 생각을 했어요. 업의 특성상 프리랜서로 박물관과 협업하는 프로젝트가 많거든요. 저도 현재진행형으로 지금 커리어를 만들어가고 있는 중인데, 과연 제 사례가 도움이 될지 고민이 되더라고요.

하지만 그냥 제 커리어 여정을 있는 그대로 보여주기로 했어요. 제가 역사를 소재로 하고 있는 사이드 프로젝트들까지요! 어떤 선택들을 통해 지금 이 모습이 되었는지, 현재의 관심사는 뭔지 쭉 말해주고 제 경험 중에 가장 흥미로운 부분을 역으로 물어봤죠. 박물관에서 누군가에게 일을 알려주는 게 없는 경험이기도 하니까 저한테도 좋은 경험이 될 것 같았고요. 고등인턴 멘토로 참여하는 거 자체를 저의 사이드 프로젝트로 만들기로 했어요.

Q 왜 이 멘토와 연결되고 싶었나요?

A 이채은(고등인턴): 사실 역사 큐레이터라는 직업을 꿈꾸게 된 지는 얼마 되지 않았어요. 역사가 재밌어서 열심히 공부하다 보니 성적도 잘 나오더라고요. 성적을 위한 공부가 아니라 진심으로 우리나라 역사에 대해 더 알아보고 싶다는 생각이 들었어요. 그래서 진로까지 고민 중인데, 역사 큐레이터가 직업인 사람을 만나볼 수 있다니 너무 잘 됐죠! 역사를 좋아해서 된 걸까, 큐레이터의 자질은 뭘까 물어보고 싶어요.

Q 어떤 마음으로 청소년과 협업하셨나요?

A 이연화(멘토): 전시라는 매체와 역사라는 주제는 앞으로도 제가 일을 선택하고 꾸리는 데 가져갈 주요 키워드지만, 저의 '일하는 방식'은 반드시 기관 안에서 한정 짓고 있지는 않아요. 서로 감상을 나누는 일을 너무 좋아해서 전시 관람을 같이하고 감상을 인스타로 발행하는 계정도 운영 중이고, 문화재 잡지를 읽는 모임도 하고 있고요. '사이드 프로젝트'라는 형태가 일회성이 아니라 장기적으로 가져갔을 때 나의 '일'과 자연스럽게 연결되는 걸 경험했어요. 가볍게 시작해야 지금 있

는 나의 에너지를 나중으로 유예하지 않고 바로 실천할 수 있더라고요. 그런 일의 태도에 대해서 알려주고 싶었어요.

Q 고등인턴 프로젝트를 통해 어떤 배움이 있었나요?

A 이채은(고등인턴): 처음에는 역사라는 분야를 좋아하면 무조건 진로로 삼아야 하고 잘해야 한다는 생각에 너무 스트레스를 받고 있었어요. 근데 멘토님을 만난 뒤로 내가 좋아한다고 해서 무조건 잘해야 하는 것은 아니라는 것과, 역사를 진로로 삼아도 진로는 항상 바뀔 수 있다는 점, 바뀐다고 해서 실패하거나 틀린 것이 아니라는 걸 알게 됐어요.

특히 멘토님이 일 외적으로 사이드 프로젝트를 하는 모습을 보면서 좋아하는 것에 도전하고 즐기면 된다는 것을 배웠어요. 누군가에게 보여주기 위한 게 아닌 거죠. '문화재 사랑' 잡지 읽기 모임에 저도 참여했는데, 두 시간이 2분 같이 흘러갈 정도로 너무 재밌더라고요! 똑같은 주제를 가지고 다른 사람의 관점을 들어보니까 다양한 의견이 나오고 시각이 넓어졌어요. 꼭 박물관에 가지 않아도 이런 식으로도 문화재에 접근할 수 있다는 걸 알려주고 싶어서 학교에서 따로 프로젝트를 진행해보려고요. 미래를 너무 걱정하기보다는 현재에 집중하면서 살기로 했으니까요!

· 5장 ·

실행 역량: 사용자가 있는 산출물 만들기

청중에도 위계가 있다

청소년 주도 프로젝트가 학교 밖 세상과 만나는 방법은 다양하다. 실제 세상에 존재하는 문제를 가지고 프로젝트를 시작할 수 있고(탐색 역량), 프로젝트 진행 과정에 필요한 인적 자원 연결을 위해 제3의 어른과 협업할 수 있고(연결 역량), 마지막으로 프로젝트 결과물 자체를 세상의 다양한 청중들에게 보여줄 수 있다(실행 역량).

리얼 월드 러너들은 배움의 결과를 리얼 월드의 청중과 공유하며 배움의 사이클을 열어둔다(3장, 그림1). 전혀 모르는 사람들에게 피드백을 받는 기회, 같은 관심사를 가진 사람들과 이어질 수 있는 새로운 연결의 기회를 활짝 열어놓는 것이다. 프로젝트는 대중에게 공개될 때 그 자체로 생명력을 갖게 되는데, 이때 공개된 프로젝트는 리얼 월드 러너들을 또 다른 배움의 세계로 이끌기도 하지만 프로젝트를 완성하기까지 얼마나 몰입할 수 있는가 하는 점에도 영향을 미친다. 자신의 작업물을 누구에게 보여줄 것인지에 따라, 즉 '청중'을 설정하는 데 따라 프로젝트를 지속해나갈 내적 동기와 참여도에 차이가 난다는 것이다.

교육학자 론 버거(Ron Berger)가 정리한 청중의 위계(Hierarchy of Audience)에 따르면 교실에서 수행하는 과제가 실제적인 청중과 가까워질수록 학습자의 내적 동기는 높아진다.[1] 이는 작업물의 공개 정도에 따라 달라지는 학생들의 수업 태도를 조금만 생각해봐도 쉽게 이해할 수 있는 부분이다. 선생님한테만 검사 맡고 끝나는 과제를 할 때와, 부모님한테 가져가서 보여줄 때, 전체 학교 구성원들 앞에서 발표할 때, 학교를 넘어선 다양한 이해관계자들에게 전시할 때를 떠올려보라. 긴장도와 몰입도가 점점 올라가는 것을 짐작할 수 있을 것이다.

사실 이렇게 청중에게 작업물을 보여주는 것은 실제 세상에서는 늘 있는 일이다. 우리가 세상에서 접하는 모든 것은 사람들과 공유됨으로써 가치를 갖는다. 즉, 누군가 사용하는 사람이 있다는 뜻이다. 학교를 졸업하고 사회로 나가면 우리는 사용자가 있는 의미 있는 창작물을 만들도록 요구 받는다. 사업계획서, 투자

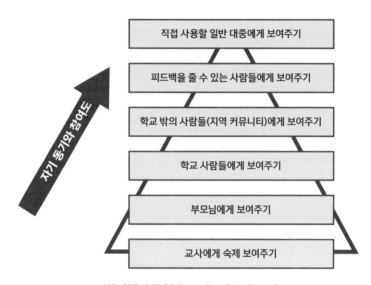

그림5. 청중의 위계(Hierarchy of Audience),
론 버거(Ron Berger) 'Leaders of their own learning'

제안서, 지원서, 연구 논문, 책, 건축 설계 도면, 웹사이트, 그래픽 디자인, 앱, 의료 기기, 전자 기기, 소프트웨어 등 산업과 분야를 불문한 공통점이 있다면 바로 사용자가 있다는 점이다. 리얼월드에서 통용되는 이 원리를 학교에 적용하면 어떨까?

학교 밖 대중에게 공개하지 않더라도 같은 학년, 혹은 전교생을 청중으로 설정하고 '우리 학교 학생들에게 알려주기'라는 목표만 설정하더라도 배움의 깊이는 한층 깊어진다. 어느 중학교 2학년 교실에서는 국어와 도덕 융합 수업으로 북한/통일 관련 책을 읽고 토의한 후, 자신의 관심사와 관련 지어 글을 쓰고 카드뉴스까지 만들어보는 '북한탐구생활' 프로젝트를 진행했다. 학생들은 '북한 축구에 대한 사람들의 관심과 교육은?' '북한에도 가수가 있을까?' '먹으면서 가까워지는 통일' '북한으로 떠나는 랜선여행' 등 자신이 궁금한 점을 주제로 잡았다. 담당 선생님은 구글 사이트로 간단하게 홈페이지를 만들어 학생들이 자신의 작업물을 올리고 다른 학년 학생들이 마음껏 자료를 읽은 후 방명록을 남기도록 했다.[2] 다음은 방명록 중 일부이다.

▶ 북한의 미용 문화가 궁금hair – 제목 참 잘 지은 것 같다. 이걸 보고 안 들어오는 독자가 있을까? 뿐만 아니라 자세한 설명과 자신의 생각을 구체적으로 적어놓았기 때문에 들어온 사람도 후회 없이 잘 보고 갈 것 같다. 간결한 문체와 자세한 설명이 이 글의 장점인 것 같다. 북한의 유행스타일이 가장 기억에 남는다.

▶ 북한의 사회, 경제에 대한 우리학교 선배님들의 글을 봤다. 내 생각 속에 있던 북한은 치안이 안 좋고 국민들이 살기 썩 좋은 곳은 아니어서 물가도 비싸겠지 했는데 의외로 외국인들에게는 오히려 저렴한 편이기도 했다. 어쨌든 정말 큰 충격을 주었다.

▶ 내가 읽었던 글은 '북한의 패션이 궁금해?'였다. 북한의 패션을 알게 되어서 좋았다. 또 작성자 선배님의 말처럼 북한에서 청바지와 미니스커트를 언제쯤 볼 수 있을지 궁금하다.

일반적으로 학교에서는 무학년 동아리에 가입하지 않는 이상 학년 간 교류가 어렵다. 하지만 이렇게 청중을 우리 학교 학생들로 설정하니 수업시간에 탐구한 주제로 또래 간 배움이 일어났다. 1학년들은 선배의 글을 읽고 새롭게 배운 점이나 느낀 점을 구체적으로 남기며 자신의 생각을 넓혀가기도 했다. 자기 글에 대한 코멘트를 읽은 학생들은 프로젝트가 끝난 뒤에 성취감과 보람, 작업물에 대한 주인의식이 생겼다.

4장에서 소개한 전문가 연계 프로젝트 수업 역시 자신이 탐구한 주제를 다른 팀 친구들에게 알려줄 수 있는 최종 산출물을 만들도록 설계했다. '친구들'이라는 청중이 설정되니 함께 실천할 수 있는 방법을 제안하거나, 해당 주제에 대해 다른 친구들의 관심을 불러일으킬 수 있도록 발표를 준비하는 모습이 눈에 띄었다. 환경 오염의 주범인 패스트 패션의 문제점과 현황을 조사한 팀은 청중들의 의류 소비 습관을 돌아보도록 하고 일상에서 실천할 수 있는 방안을 공유했다. 마지막으로 같은 수업에 참여했던 학년 전체를 대상으로 보고서를 발표한 뒤 학생들의 소감을 받아보았다. 이로써 '청중 설정'이 얼마나 중요한 부분인지 확인할 수 있었다.

▶ 다른 과목은 배우고 시험 보고 다시 배우고의 반복인데 이 수업은 몰랐던 걸 깨닫고 행동해볼 수 있다는 게 다른 거 같아요. 무언가 항상 배우기만 했던 학생이 반대로 여러 명에게 자신의 지

식을 공유하는 경험을 하기 어려운데 1학년 전체 학생에게 할 수 있어서 좋았거든요.

청중의 위계 피라미드 최상단은 실 사용자를 만날 때이다. 한 선생님은 "유치원생에게 보여줄 그림책을 중학생들과 만든 적이 있었는데, 학생들 참여도가 아주 높았던 기억이 난다"고 회상한다. 이렇게 실제 세상에 있는 대상을 정하고 그들을 위한 무언가를 만드는 프로젝트를 하게 되면 자기 동기와 참여도가 가장 높이 올라간다.

세상에 존재하는 문제를 해결하는 체인지메이커 프로젝트는 어떨까. 진짜 문제를 정의하려면 학교 밖으로 나가 문제를 겪고 있는 대상을 관찰하거나 이해관계자를 인터뷰해야 한다. 또한, 문제를 풀어나가려면 고안한 해결책을 실행해야 하기 때문에 이 모든 과정에서 자연스럽게 청중의 위계 피라미드 상위 3개 그룹을 다 만나게 된다. 지역 커뮤니티, 피드백을 줄 수 있는 사람들, 직접 사용할 일반 대중들을 만날 수밖에 없는 것이다.

'행book'이라는 이름으로 활동한 고등학생 체인지메이커 팀은 책 자원이 경제적 소득에 따라 편중되어 있는 문제를 포착했다. 지역의 보육원 아이들에게 책을 기부하기 위해 동네 주민들에게 프로젝트를 알리고 850권의 책을 모을 수 있었다. 지도 교사와 보육원 담당자에게 활동 과정을 공유하며 피드백을 받던 중에,

책을 기부하는 사람들은 아이들이 어떤 책을 필요로 하는지 모를 수도 있다는 점에 주목했다. 일단 기부는 받되, 책을 장르별, 수준별로 분류해서 아이들의 특성에 맞게 구성된 개별 책꾸러미를 만들자는 아이디어를 냈다. 보육원 교사와의 만남 덕분에 직접 사용할 보육원 아이들의 입장이 고려된 해결책을 실행할 수 있었다.

이 사례를 보면 프로젝트를 수행하는 과정에서 학습자는 청중과의 관계가 실 사용자에게 가까워질수록 자신의 배움에 대한 목적을 확인하기 수월해짐을 알 수 있다. 지금 하는 배움의 행위가 무엇을/누구를 위한 것인지 알아차릴 때 잘 해내고 싶은 욕구도 증가한다. 그리고 프로젝트의 내용과 연관성이 높은 청중일수록 작업물을 공유한 후의 상호작용이 훨씬 활발히 이루어진다. 이 역시 학습자의 몰입도와 참여도에 긍정적으로 작용한다. 이렇게 자기 동기가 높아진 학습자들은 세상을 통해 스스로 배우는 법을 터득하는 리얼 월드 러너로서의 여정을 시작하게 된다.

온라인으로 넓어진 '세상'이라는 무대

실제 세상을 통해 배운다는 말은 곧 배우는 장소에 대한 실제성을 확보한다는 말과도 같다. 장소성을 갖추면 그에 맞는 청중이 자연스럽게 생긴다. 학교 음악 시간에 악기를 연주하면 청중은 우리 반 친구들이다. 지역 문화 센터 강당을 빌려 공개 연주를 하면 지역 주민들이 청중이 된다. 사람들이 많이 모이는 길목에서 악기를 연주하면 음악을 듣고 싶은 사람이 자연스럽게 몰려든다. 내가 모르는 일반 대중 중에 나의 청중이 생기는 것이다. 이렇게 청중의 대상을 확장하는 법은 알지만 학교 건물을 벗어날 수 없는 상황이라면 장소에 대한 실제성을 높이는 일 역시 요원하게 느껴질 것이다.

하지만 우리에게는 물리적 장소 너머의 무한한 공간이 있다. 이 사실을 잊어서는 안 된다. 온라인 세상으로 눈을 돌려보자. 온라인에서의 일상은 이제 더는 삶과 분리된 곳이 아니다. 필요한 정보를 찾거나, 콘텐츠를 소비하며 여가 시간을 보내거나, 사람을 만나는 또 다른 장소다.

1인 1 모바일 시대로 진입하면서 우리는 깨어 있는 시간 중 반 이상을 온라인에 접속한 채로 살아간다. 인터넷 트래픽은 2017년에 이미 모바일이 PC를 처음으로 역전했다.[3] 인터넷에서 보내는 시간 중에 SNS 이용시간은 꾸준히 늘어 2019년 기준 세계 평균은 2시간16[4]이다. 하루에 최소 2시간은 온라인상에서 사람들과 직간접적으로 연결되어 있다는 소리다. 학습자의 배움을 전 세계 사람들이 볼 수 있는 온라인에 공개하면 어떤 청중과 만날 수 있을까.

SNS뿐만 아니라 다양한 콘텐츠 기반의 플랫폼이 생기면서 누구든지 내가 올리는 작업물을 볼 수 있는 공간이 생겼다. '진짜 세상'이라는 무대와 관중이 생긴 것이다. 마음만 있다면 개인 계정을 만드는 데 5분도 걸리지 않는다. 영상은 유튜브에, 음악은 사운드 클라우드에, 이미지는 인스타그램이나 핀터레스트에, 아트는 디비안트아트[5]에(전통적인 아트부터 미디어 아트, 코스플레이 사진과 팬 아트까지 스팩트럼이 넓다), 글은 브런치나 각종 블로그에 올리기만 하면 된다. 실시간으로 청중과 소통까지 할 수 있는 스트리밍 서비스들과 지금 이 순간에도 새롭게 출시되는 다양한 형태의 플랫폼까지 포함하면 그 숫자를 다 파악하기도 어렵다.

리얼 월드로 나갈 수 있는 도구가 이렇게 손쉽고 많아졌는데 사용법을 모르는 건 디지털 세상에서 문맹으로 사는 것과 마찬가지다. 온라인에서 놀 거리가 많아지면 학부모나 교사들은 청소년의 디지털 기기 사용 시간을 걱정한다. 많이 써서 걱정이라면 사용 방법을 바꿔보자. 콘텐츠 소비자에서 생산자로 말이다. 온라인은 내 콘텐츠를 소비하는 청중을 만나게 해주는 훌륭한 도구이다. 그것도 전 세계의 청중을! 청중을 만나기 위해 진짜 세상에 한발 먼저 접속해서 살아가는 사람들의 이야기를 살펴보자.

내 남편이기도 한 에릭 랑퀘스트(Erik Lonnquist)의 직업은 이스포츠 해설자이다. 게임에 문외한인 나는 이스포츠 산업의 규모도, 연관된 다양한 직업의 세계도 몰랐기 때문에 우리가 처음 만났을 때 어떻게 이 신생 산업에서 커리어를 갖게 됐는지 궁금해서 질문을 퍼부었던 기억이 난다.

순수 미술을 전공한 그는 졸업 후 그래픽 회사에 취직했지만 2008년 경제 위기를 겪으며 직업이 없는 상태가 됐다. 생계를 위해 취직한 휴대폰 통신 회사에서는 야간 고객센터 응대 업무를 맡았는데, 대기 시간이 길어지자 남는 시간에 자신이 좋아하는 게임을 유튜브로 시청하기 시작했다. 그러다가 사람들이 게임 해설을 담아 올린 영상이 재밌어 보여서 순전히 취미로 자기도 올려보기로 결심한다. 당장 유튜브 계정을 만들고, 장비로 10만 원짜리 마이크 하나를 준비했다. 게임 플레이 영상에 소리를 입히는 방법은 다른 사람이 이미 올린 유튜브를 보며 배웠다. 만든 영상은 이스포츠 주요 팀에 보내 피드백을 받기도 했다. 그렇게 일주일에 3개씩 규칙적으로 영상을 올리다 보니 어느덧 자신의 채널을 시청하는 사람이 생겼다.

2010년 당시에는 국내 스타크래프트 프로게이머들이 전 세계에서 가장 실력이 뛰어나 해외 팬들이 국내 토너먼트를 보고 싶어 하던 때이다. 국내 게임 방송 채널은 영어로 중계가 가능한 이스포츠 해설자가 필요해졌다. 하지만 아직 이스포츠 해설자라는 직업이 없었기 때문에 유튜브를 통해 사람을 찾을 수밖에 없었다. 그렇게 에릭의 첫 공식 커리어는 한국에서 시작됐다. 경기 건

별로 계약하던 프리랜서로 일하다가 회사에 월급제를 제안하며 지속 가능한 커리어를 만들었다. 경기 해설을 준비하기 위해 게임을 분석하고 공부하는 데 드는 시간까지도 존중 받게 된 것이다.

흥미롭게도 초기 이스포츠 해설자들의 커리어 시작점을 보면 자신이 좋아하는 게임에 대해 떠드는 모습을 온라인상에 올려 놓은 경우가 많다. 자격증 유무도, 시험 점수도, 전공도 상관없다. 온라인이라는 무대에 내 작업물을 올려놓고 오로지 나의 역량에 대한 대중의 평가를 받는 것이다. 단순히 재미로 시작하더라도 일반 대중을 나의 청중으로 만나기 시작하면 그때부터 프로젝트의 퀄리티와 일을 대하는 나의 태도는 달라진다.

10년 전에도 온라인을 통한 커리어 개발이 가능했으니, 현재의 모습은 어떨까. 온라인을 통해 배우고, 개발한 자신의 능력을 다시 온라인에 올리며 기회를 만들어가는 방식과 분야는 더욱 다변화하고 있다. 1999년생의 중국계 인도네시아인 래퍼 리치 브라이언(Rich Brian)은 가히 온라인이 키워낸 인재라고 할 수 있다.

그는 어린 시절 정규 교육을 받지 않고 부모님의 카페 일을 도우며 홈스쿨링을 했다. 11살에는 루빅스 큐브 맞추기에 빠져서 튜토리얼 영상을 유튜브에서 찾아보다가 대부분의 영상이 영어로 올라와 있어서 유튜브로 영어를 독학하게 됐다. 랩도 유튜브로 찾아보다가 영어가 모국어가 아님에도 랩을 직접 만들어 네이티브처럼 부를 수 있는 수준이 됐다.[6] 2016년, 17세에 사운드클라우드에 올린 데뷔 랩 한 곡이 전 세계로 퍼져나가면서 유명세를 탔고, 2년 뒤 발매한 첫 정규 앨범은 아시아 아티스트 최초로 미국 아이튠즈 힙합 차트에서 1위를 기록했다. 리치의 랩 만들기 프로젝트의 결과물이 온라인에서 전 세계 대중과 만나며 새로운 기회로 이어진 것이다.

특별한 기술이 없어도 꾸준히 자신이 좋아하는 것을 대중과 공유하며 길을 만들어가는 사람도 있다. 토네이도를 쫓아다니는 사람, 행크 스카이마(Hank Schyma)[7]의 이야기다. 1998년생인 그는 뮤지션이자 토네이도 기록자이다. 이 둘이 어떤 연관이 있을까? 그가 올리는 토네이도 영상의 90%를 본인이 직접 만들고 연주한 음악을 사용한다는 것 말고는 연관이 없다. 둘 다 행크가 좋아하는 것들이라는 공통점만 있을 뿐이다. 어릴 때 본 〈오즈의 마법사〉에 나오는 토네이도에 깊은 인상을 받은 그는 텍사스에서 자라며 다양한 종류의 토네이도를 목격한다. 이 신기한 광경을 많은 사람과 공유하고 싶었던 행크는 토네이도를 쫓는 과정을 기록하고 유튜브에 공유하기 시작한다. 2019년에는 고스트라고 불리는 TLE(Transient Luminous Event, 전기 방전으로 생기는 녹색 섬광)를 발견한 공로로 토네이도 전문가로 인정받게 된다.

그는 어떻게 돈을 벌까? 유튜브 팔로어와 영상 조회수로 예상 수입을 계산해주는 사이트의 추정에 따르면 행크의 월 수입은 평균 7백만 원이다.[8] 유튜브뿐만 아니라 주요 모션 그래픽 회사들의 스톰 컨설턴트로 일하기도 하고, 대기 과학자 안톤 시몬(Anton Seimon) 박사의 연구팀에 소속되어 토네이도 영상 분석 작업을 돕기도 한다. 그가 촬영해온 고품질의 영상들이 연구자들의 모델을 대입해볼 수 있는 자료의 역할을 하기 때문이다. 연구팀과의 연결은 토네이도 현상을 수집하던 그에게 이론적 배경을 깊이 있게 배우는 기회가 되기도 했다. 마지막으로 패트리온(Patreon) 사이트[9]를 통해 그의 작업물을 좋아하는 팬들이 직접 그에게 돈을 지불한다.

패트리온은 자신이 좋아하는 크리에이터가 작업을 지속할 수 있도록 일시/정기 후원을 하는 멤버십 플랫폼이다. 광고나 알고리즘 없이 청중(팬)이 직접 크리에이터의 작업물만 보고 선택할 수 있으며, 크리에이터는 팬 기반의 커뮤니티를 만들 수 있다. 이 플랫폼에 등록 가능한 크리에이터의 기준은 없다. 팟캐스터, 뮤지션, 비쥬얼 아티스트, 동영상 제작자, 비영리단체, 작가, 저널리스트, 게임 크리에이터 등 누구든지 계정을 만들 수 있다. 국내 크리에이터들 중에도 패트리온을 통해 자신이 만든 게임 캐릭터 의상을 판매[10]하거나 한국의 대중문화를 해외 사람들에게 알리는 영상을 제작[11]함으로써 지속적인 작업 활동을 해나가는 사람들이 있다. 사용자와 직접적으로 만나는 플랫폼을 적절히 사용함으로써 물질적, 정신적 서포트를 동시에 받는 것이다.

이처럼 우리 모두의 손에는 리얼 월드와 바로 연결될 수 있는 다양한 온라인 도구가 무료로 주어졌다. 인터넷을 통해 '세상'이라는 무대에 손쉽게 오를 수 있게 된 것이다. 내 작업물과 꼭 맞는 청중과 만났을 때는 경제 활동으로 이어지기도 한다. 에릭은 게임 방송을 올려 한국의 게임 채널 회사와 연결이 되었고, 리치는 인도네시아에서 자신이 만든 랩을 올려 세계적인 래퍼가 되었고, 행크는 텍사스의 토네이도를 기록하고 공유하며 새로운 커리어를 만들어갔다. 이들이 각 분야의 전문가가 될 수 있었던 이유는 **스스로 배운 내용을 세상에 꺼내놓는 행위를 반복하며 실력을 검증했기 때문이다.**

진짜 세상에 자신의 작업물을 드러내고 청중들과 소통하며 발전하는 리얼 월드 러너들의 이야기는 더 이상 몇몇의 특이한 사람들의 것이 아니다. 이미 세상은 각 개인들이 발신하는 다양한 콘텐츠들로 채워지고 있다. 이 콘텐츠들은 다시 누군가의 배움의 재료가 되어 영향을 미친다. 학교 안의 배움에서 청중의 실제성을 높이고 싶다면, 리얼 월드 러너들이 사용하고 있는 온라인 플랫폼들을 활용해보자. 가상 현실 세계는 미래에 도래할 모습이 아니다. 우리는 이미 지금 이 순간에도 전 세계 청중과 연결되어 있다. 똑똑하고 올바르게 사용할 방법을 배워야 한다.

나를 따르는 대중 만들기

── 크라우드 펀딩

전 세계 청중 중에서 나에게 반응하는 청중은 어떻게 만날 수 있을까? 패트리온 같은 크라우드 펀딩 사이트들을 수업에 활용하는 것을 추천한다. 크라우드 펀딩은 대중을 뜻하는 크라우드(Crowd)와 자금 조달을 뜻하는 펀딩(Funding)을 조합한 용어로, 온라인 플랫폼을 이용해 불특정 다수로부터 자금을 조달하는 것이다. 개인의 작업을 후원하는 방식 외에도 아이디어를 구체적인 상품으로 만들어 올리는 크라우드 펀딩도 있다. 소비자가 아이디어만 보고 선 주문을 하면, 공급자는 해당 수량만큼 소량 제작하는 것이다. 만들어놓고 팔리지 않는 재고를 처리하지 않아도 돼서 환경 친화적이고, 본격적인 생산에 들어가기 전에 대중들의 반응을 확인할 수 있다는 점도 장점으로 꼽힌다.

국내의 대표적인 크라우드 펀딩 플랫폼으로는 와디즈, 텀블벅, 카카오메이커스가 있다. 그중 2011년에 설립하여 가장 초기 크라우드펀딩 문화를 이끌어온 와디즈는 2020년 기준 누적 펀딩액 3500억 원, 텀블벅과 카카오메이커스도 누적 펀딩액 1000억을 넘어섰다.[12] 세계은행은 글로벌 크라우드 펀딩 산업 규모를 2020년 900억 달러(약 100조 원)로 추산했다. 2016년 발간된 『유엔미래보고서 2050』에서도 앞으로는 주식 시장이 아닌 크라우드 펀딩 시장이 대세가 될 것으로 전망했다. 그만큼 일상화된다는 말이다.

우리가 주목해야 할 점은 이런 크라우드 펀딩 사이트를 회사가 아니어도 개인 자격으로 충분히 이용할 수 있다는 것이다. 사회적 이슈가 있을 때 관련 메시지를 담은 스티커나 가방 같은 굿즈를 만들어 팔 수도 있고, 다른 사람이 공감할 만한 독립 출판이나 영화 제작비를 모을 수도 있다. 펀딩의 형태는 무궁무진하다. 이렇게 전혀 모르는 사람이 순전히 내 아이디어에 공감해 그것을 실현시키는 데 동참하는 경험을 청소년들이 직접 한다면 어떨까?

자신의 프로젝트를 세상에 나오게 하기 위해 크라우드 펀딩 사이트를 적극적으로 활용한 청소년들을 소개한다. 관심이 가는 문제를 봤을 때, 망설이지 않고 행동으로 옮긴 친구들이다. 이들은 크라우드 펀딩 페이지를 준비하는 과정에서 각 분야의 전문가를 만나 도움을 받기도 하고, 협업을 하며 진짜 세상을 경험했다. 무엇보다 프로젝트에 공감할 만한 사람을 대상으로 메시지를 전달해야 했기 때문에 더욱 깊이 있게 주제에 대해 고민할 수밖에 없었다. 프로젝트의 목적, 우리가 만든 해결책, 타당성, 실행 가능성을 보여주는 연습을 하기에 이보다 더 좋은 방법은 없다.

유기묘 후원팔찌 '연'이라는 프로젝트를 한 강원도 사내고 동물복지 동아리 학생들은 학교에 출몰한 세 마리의 길고양이를 돌보기 위해 유기묘 후원팔찌를 만들었다. 판매 수익금으로 고양이들의 보금자리를 만들고, 평생 케어할 수 있는 비용을 마련할 계획이었다. 하지만 비용을 마련하는 방법에 대한 아무런 지식이 없어서 동아리 시간에 동물 관련 펀딩을 검색하다가 '파퓰러스'를 발견하고 바로 전화를 걸었다. 파퓰러스는 유기견/묘 관련 캠페인 및 제품 판매를 통해 건강한 반려문화를 만드는 기업이다. 사연을 들은 파퓰러스 대표는 그다음 주에 학교로 찾아와 학생들과 미팅을 했고, 크라우드 펀딩이 어떻게 운영되는지에 대한 실제적인 팁부터 유기 동물과 관련하여 어떤 활동을 하고 싶은지 다양한 생각과 고민을 함께 나눴다. 함께 준비한 크라우드 펀딩 페이지[13]를 통해 목표 금액의 1309%를 달성해서 총 1천 3백만 원의 펀딩에 성공했다. 유기묘 문제에 공감하는 457명의 서포터, '나를 따르는 대중'을 얻게 된 것이다.

'행복한 가사 분담을 위한, 가사분담 굿 가이드북' 프로젝트를 한 거꾸로캠퍼스 청소년 팀도 크라우드 펀딩 사이트에 올려[14] 자신들이 만든 가이드북이 필요한 사람에게 사용될 수 있도록 도전했다. 미혼인 청소년 3명은 어떻게 가사 분담 이슈에 관심을 갖게 됐을까?

▶ 결혼 생활이 나오는 드라마와 예능에서 부부가 가사 일을 하던 도중 부부 한 명이 배우자에게 '가사 일을 도와준다'라는 표현을 사용하는 장면을 보았어요. 가사는 부부 공동의 일인데 '도와

준다'라는 표현에 의문이 들었습니다. 이러한 의문을 시작으로 가사분담에 대한 기사를 찾아보며 '가사를 공평하게 분담해야 한다고 생각하는 사람들의 비율은 매년 증가하지만 실제로 가사를 공평하게 분담하고 있는 가구 수는 적다'는 기사를 보았습니다. 저희는 이러한 기사를 보며 '왜 공평한 가사분담이 어려운지' 등의 호기심과 '가사분담을 모두 원활히 하면 좋겠다'는 바람이 생겨 프로젝트를 시작했습니다.

이 팀 역시 가이드북을 만들고 펀딩을 하기까지 다양한 청중들을 만났다. 피드백을 줄 수 있는 심리연구소 관계자와 미팅하면서 심리에 대한 전문적인 지식을 공유했고 이를 바탕으로 프로젝트의 내용을 고도화했다. 펀딩 경험이 많은 툴킷 디자이너에게는 펀딩에 적합한 산출물의 형태를 고르고 퀄리티를 높이는 데 도움을 받았다.[15] 실제 여러 유형의 부부도 섭외해서 사용자들의 의견을 들어보는 인터뷰도 진행했다. 철저한 조사에 기반해 만든 가이드북에는 가사분담 방법부터 역할 분담을 위한 대화에 유용한 팁을 담았고, 바로 행동에 옮길 수 있는 차트도 만들었다. 집안일 분담 상황을 파악하는 '관찰차트', 새롭게 역할 분담을 할 수 있는 '분담차트', 관찰하고 분담한 내용을 정리하는 '정리차트'로 구성했다. 이 프로젝트 역시 목표 금액을 달성해서 총 150만 원의 펀딩에 성공했다.

자신이 기획한 프로젝트가 펀딩 성공으로 이어질 때의 성취감은 청소년들로 하여금 끝까지 해내고 싶은 마음의 동기를 강화시킨다. 실패하더라도 왜 사람들의 반응을 이끌어내지 못했는지 분석하는 과정을 통해 배움이 일어난다. 두 가지 경우 모두 나를 따르는 대중을 만나본 경험을 했다는 것이 중요하다. 학교를 벗어나 우리의 목소리가 닿을 실제 대상을 설정하고, 펀딩이라는 직접적인 행위를 이끌어냄으로써 리얼 월드의 작동 원리를 직접 체득할 수 있기 때문이다.

위에 언급한 사이트 외에도 네이버 해피빈, 카카오 같이가치, 오마이컴퍼니 등 사회 문제를 해결하는 다양한 모금 활동에 참여할 수 있는 플랫폼도 있다. 이런 사이트에서 '청소년'을 검색하면 청소년들이 기획하거나 청소년들을 위한 프로젝트들을 찾을 수 있다. 직접 자신의 프로젝트를 올리지 않더라도, 반대로 우리가 누군가의 의미 있는 청중이 되어 그들의 행동을 응원해주면 어떨까. 와디즈는 주최하는 곳이 같거나 비슷한 주제로 묶인 프로젝트만 모아볼 수 있는 파트너 프로그램을 운영하고 있는데, 성남시 청소년재단은 파트너 페이지[16]를 만들어 청소년 주도 프로젝트를 적극적으로 홍보하는 채널로 사용하고 있다. 프로젝트를 하는 학교라면 이러한 파트너 프로그램을 활용하여 학생들이 시작한 프로젝트가 진짜 청중을 만나 세상에 나올 수 있도록 기회를 마련할 수 있을 것이다.

━ 뉴스레터

구체적인 청중을 설정하고 나를 따르는 대중을 모을 수 있는 또 다른 방법은 뉴스레터 발행이다. 이메일은 인터넷이 등장하고 나서 생긴 가장 오래된 온라인 의사소통 수단이지만 누구에게나 계정이 있고 수시로 확인한다는 점에서 좋은 매체가 되기도 한다. 요즘같이 콘텐츠가 범람하는 시대에서 원하지 않는 정보에 노출되기보다 나에게 딱 필요한 정보만 골라서 볼 수 있다는 장점이 있다. 또 다른 플랫폼을 한 번 거치는 게 아니라 구독자에게 직접 콘텐츠를 전달하기 때문에 잘만 사용하면 1:1 관계를 형성하는 커뮤니티를 만들 수도 있다.

뉴스레터를 쉽게 만들어서 보낼 수 있는 국내 서비스 중 2016년에 출시된 스티비(Stibee)를 선발주자라고 볼 수 있다. 2021년 4월 기준 스티비로 만든 뉴스레터를 읽는 사람이 전국에 약 2000만 명쯤 되고, 스티비를 사용 중인 기업과 크리에이터가 2200명이다(유쓰망고도 스티비로 망고레터를 만들어서 발송한다).[17] 이 숫자는 뉴스레터를 대량으로 발송하는 마케팅 수단으로만 보던 데서 텍스트 기반의 콘텐츠 정보를 유통하는 하나의 콘텐츠/커뮤니티 산업으로 관점이 변화했음을 보여준다. '밀레니얼을 위한 시사 뉴스레터'를 표방하는 뉴닉(NEWNEEK)은 매우 성공적인 사례다. 반말체를 쓰고 구독자의 이름을 직접 부르며 시사 정보를 알기 쉽게 풀어서 전달하는 방식이 입소문을 타고 밀레니얼

사이로 퍼져나갔고, 뉴닉은 그 자체로 뉴미디어가 됐다. 구독자 수는 24만 명에 달한다.

뉴스레터는 그 자체로 브랜드가 되는 경우도 있지만 구독자 수에 여의치 않고 자신의 취미와 취향을 공유하는 장으로 쓰이기도 한다. 일주일 동안 자신이 보는 책이나 영화, 영상 등 온갖 콘텐츠를 모아 보내는 뉴스레터가 있는가 하면, 글을 쓰고 싶은 지인들과 모여서 쓴 글을 정기적으로 보내는 뉴스레터도 있다. 우리끼리만 읽고 끝나는 게 아닌, 이 글에 공감하는 누군가에게 발신하는 것이다. 그렇게 외부로 공유하고 우리의 독자를 찾음으로써 개인/팀 프로젝트의 자기 동기와 참여도가 올라간다(청중의 위계 사다리를 기억하자).

청소년 중에도 뉴스레터를 활용해서 자신의 이야기를 알리는 데 사용하는 프로젝트 팀들이 있다. 하자센터에서 '하자 디지털 에디터즈'로 활동하는 3명의 친구가 모여 만든 'Z에게'라는 제목의 뉴스레터[18]를 보자. 이름 그대로 Z세대가 Z세대에게 쓰는 편지다. 아름다운재단 기획연재 〈청소년이 만드는 작은 변화, Z세대의 공익활동〉 인터뷰[19]에서 이들은 프로젝트를 시작한 이유를 다음과 같이 설명한다.

▶ 누구보다 Z세대가 공감할 수 있는 콘텐츠가 필요했기 때문이에

요. 기후위기를 직면한 첫 세대이자 마지막(일지도 모르는) 세대, 다양한 미디어 연결망 안에서 자신을 적극적으로 드러내는 세대, 소비가 곧 나를 표현하는 것을 잘 알고 이를 이용하는 세대, 너무 우울하고 지쳐 있는 세대. 곧 우리의 모습이기도 한 이들을 지지하고 싶기도 하고, 알려주고 싶기도 했어요. 우리끼리는 이런 감각을 공유하고 있고, '요즘 애들'은 이렇게 세상을 보고 있다고요.

이들은 2020년 4~9월에 매달 한 편씩 총 6회의 편지를 보냈는데, 그 과정을 통해 팀원들끼리 서로의 생각을 공유하면서 새로운 관심사를 만들어갈 수 있었다. 더 나아가, "이 고민을 나만 가지고 있는 줄 알았는데, 우리 주변에는 더 많은 친구들과 지지자들이 있고 연결이 있고 무궁무진한 방향성이 있다"는 것을 깨닫게 됐다. 혼자서 고민하고 있을 때엔 보이지 않던 사람들이 같은 이슈를 공유하자 비로소 함께 읽고 나누며 동참하기 시작한 것이다.

현재 유쓰망고에서 운영하는 '리얼 월드 러닝 실천교사 2021' 모임에 참여하고 있는 한 교사는 뉴스레터 발행을 아예 수업 시간의 프로젝트 형태로 제시했다. 실용 경제 시간에 청소년 눈높이에서 궁금한 경제 상식을 모아 팀별로 뉴스레터를 발행하는 것이다. 이들은 개인의 소비 패턴과 소득 구조 및 금융 관련 재무 설계와 관련한 '19살을 위한 경제 뉴스레터'를 만든다. 검색하는 자료뿐 아니라 자신이 관심 있는 진로 분야 멘토를 섭외하여 그들이 수행하는 경제 활동의 과정 및 가치, 미래 재무 설계 등을 인터뷰한 내용을 포함시킬 예정이다. 학생들은 기존에 나와 있는 성공적인 뉴스레터들의 특징을 분석하고, 자신들이 만든 뉴스레터의 청중이 될 구독자 모집 활동을 시작했다.

━ 해시태그

크라우드 펀딩이나 뉴스레터처럼 꼭 프로젝트의 결과물을 공유하는 방식이 아니더라도 자신의 생각을 온라인에 공개하며 함께할 사람을 모을 수 있다. 해시태그를 이용하는 방법도 그중 하나다. 해시태그란 게시물의 분류와 검색을 용이하도록 만든 일종의 이름표다. 데이터를 분류할 때 색인을 만드는 것처럼, 온라인상에 펼쳐진 온갖 정보에 이름을 붙이는 것이다.

같은 플랫폼 안에서 특정 해시태그로 검색하면 같은 이름표가 붙은 내용만 모아서 볼 수 있다. 누구라도 새로운 해시태그를 만들 수 있고, 하나의 게시물에 관련된 여러 개의 이름표를 붙일 수도 있다. 아직 아무도 사용하지 않아서 클릭했을 때 내가 올린 게시물만 나오도록 하되, 다른 사람들도 우연히 검색할 만한 단어를 조합해서 만들면 효과적이다.

내가 미국에 살면서 가장 좋아하게 된 청소년 그룹인 Student Voice(SV)는 트위터에 공유한 하나의 해시태그로 시작된 단체이다. 2012년, 아이작이라는 고등학생이 StuVoice라는 해시태그를 달고 트위터에 교육에 대한 불평등, 학생이 빠져버린 교육 환경에 대한 경험담을 토해냈다. 트위터를 사용하는 다른 청소년들도 동일한 해시태그를 달아 자신들의 목소리를 내기 시작했고, 이 움직임은 동부에서 서부까지 퍼져나갔다. 오바마 정권 당시 교육부 장관이었던 어니 덩컨(Arne Duncan)도 리트윗(게시물 공유)을 할 만큼 교육 관련 재단과 많은 파트너들이 관심을 보였다.

펜실베니아, 워싱턴 DC, 켄터키, 텍사스, 오하이오, 콜로라도, 오레곤 등지에서도 학생 사회 참여 활동을 펼치고 있는 친구들이 참여했다. 이쯤 되면 미국 전역에서 교육 문제를 해결하고 싶은 청소년들이 모였다고 해도 과언이 아니다. 이들은 단체별로 각자의 주에서 활동하고, 넓게는 SV라는 하나의 브랜드 안에서 '연합 인플루언서(Coalition Influencer)'로 활동한다. 큰 무브먼트를 만들기 위해 '따로 또 같이' 연대하고 있는 것이다. 이들은 온라인을 통해 같은 생각을 가진 다양한 지역의 청소년들을 모았기에 모든 활동을 온라인으로 진행했다. 핵심 멤버들은 트위터 사용 가이드까지 만들어서 매주 월요일, 학교를 마치고 집에 돌아오는 저녁 8시마다 모든 학생이 참여할 수 있는 트위터 채팅을 열었다.

- 학교의 의사 결정 과정에 있어서 학생은 적극적인 파트너이다.
- 교실 안팎에서 이루어지는 교육에 학생들이 영향을 줄 수 있어야 한다.

SV는 이 두 가지를 전제로 학생들의 목소리를 모으고, 연구/조사하고, 정책 반영을 위한 애드보커시 활동을 하며, 무엇보다 모든 학생이 각자의 현장에서 배움과 학교의 주체가 되기를 장려한다. "학생이라면, 너가 바로 학교에 대한 전문가야!"라는 한마디로 학교에서 포착되는 문제를 해결하기 위한 체인지메이커 활동을 누구나 할 수 있다고 독려한다. 그리고 각종 툴과 정보, 커뮤니티를 제공한다. 2016년에는 19개 주의 52개 학교를 직접 방문하면서 실제 교육에서 어떤 불평등과 소외를 느끼고 있는지 공유하는 자리를 가졌다. 그 결과 2016년 한 해에만 트위터에서 47백만 뷰를 기록했다.

코로나가 시작된 2020년 초에는 미국 대입수학능력평가인 SAT, ACT 시험 점수를 필수가 아닌 선택으로 바꾸자고 목소리를 높이는 온라인 청원 캠페인 Test Optional을 진행했다. 이 역시 트위터에 TestOptionalNow[20]라는 해시태그를 처음으로 붙이고 같은 생각을 가진 사람들을 모으면서 시작했다. 코로나19로 집합 시험이 연기되면서 SAT나 ACT 점수를 내기 어렵고, 기기 사용이 어려운 저소득층 학생들은 제대로 학습을 할 수 없으니 형평성에 어긋난다는 것이다. 온라인 청원뿐 아니라 청소년들이 직접 인근 지역 대학교에 Test Optional 전환을 촉구하는 편지를 보낼 수 있도록 편지 쓰는 방법을 정리하여 발행하기도 했다. 코로나19 상황을 평가 방식의 혁신을 위한 기폭제로 활용하고 있는 것이다.

이미 미국 대학 중에서는 표준화된 시험이 학생의 능력을 총체적으로 평가하기 어렵다는 분위기 속에서 SAT 점수를 선택 사항으로 바꾸거나 아예 시험 점수를 요구하지 않는 학교들이 늘어나는 추세다. 최근 코넬과 하버드를 비롯, 버지니아 공대, 캘리포니아 주립대 등 인지도가 있는 대학들을 포함해 200여 개에 달하는 대학들이 Test Optional에 동참했다. SAT를 주관하는 칼리지보드에서도 대학들에 표준 시험에 유연하게 대처하라는 가이드를 내놓기도 했다. SV는 코로나19 사태가 종식돼도 대학들이 Test Optional을 지속하길 기대하는 마음으로 캠페인에 박차를 가하고 있다.

지금까지 크라우드 펀딩, 뉴스레터, 해시태그를 활용하여 나를 따르는 대중, 즉, 내 프로젝트에 공감하는 청중을 만드는 법에 대해 살펴보았다. 이는 교실이라는 재현된 공간에서 진행되는 가상의 프로젝트로부터 청소년들을 꺼내와 실제 세상에 내놓는 방법이기도 하다. 꼭 오프라인이 아니더라도 온라인으로 직접 사용할 일반 대중을 만남으로써 장소에 대한 실제성을 높이는 것이다. 실제 프로젝트에 반응할 구체적인 청중을 설정하면 프로젝트의 성격은 더욱 명확해지고, 프로젝트에 참여하는 청소년들의 몰입도 역시 올라간다.

세상에서 우리가 접하는 모든 것들은 사용자가 존재할 때 그 가치가 생긴다. 이 점을 반드시 기억하자. 학교에서의 배움도 마찬가지다. 삶과 연결된 배움에는 청중이 존재한다. 청소년 주도 프로젝트를 할 때 흔히 듣는 질문이 있다. 자기 동기가 없는 친구들은 어떻게 지도하면 좋겠냐는 것이다. 답은 간단하다. 세상과의 접점을 많이 만들어주면 된다. 나는 무엇보다 청소년들이 실제 사용될 수 있는 프로젝트, 세상에 영향을 주는 가치 있는 프로젝트를 기획해볼 것을 제안한다. 이렇게 하면 학습자의 동기는 자연스럽게 올라갈 것이다.

피드백을 통해 완성되는 배움

리얼 월드 러너들이 자신의 배움을 외부와 공개하는 이유 중의 하나는 대중의 반응을 확인하는 차원을 넘어 객관적인 피드백을 받을 수 있기 때문이다. 관련 분야 전문가나 실사용자들이 의견을 주면 학습자는 자신들이 내놓은 아이디어를 계속해서 수정하고 발전시킬 수 있다. 예를 들어 하나의 제품이 세상에 나오는 과정을 생각해보자. 회사는 처음부터 완제품을 만들지 않는다. 아니, 태어날 때부터 완벽한 제품이란 있을 수 없다. 따라서 먼저 눈으로 확인 가능한 시제품을 만들어 핵심 타깃 그룹에게 테스트를 해보면서 다양한 의견을 받아야 한다. 오차를 줄이고 오류를 시정하면서 점점 완전한 상태로 나아간다. 앎의 경우도 마찬가지다. 앎과 삶이 연결된 배움, 지식을 삶에 적용하는 배움을 추구하는 리얼 월드 러너들에게는 자신의 배움을 다듬어가는 과정이 필요하다. 나만 아는 모호한 상태로 머리에 저장하면 아무도 배움의 깊이를 가늠할 수 없다. 눈에 보여지는 형태로 배움을 표현해야 한다. 자신이 무엇을 잘 알고 모르는지, 잘 하고 못하는지는 뚜껑을 열어봐야 안다.

그런 의미에서 청소년 주도 프로젝트의 완성은 '공개된 산출물-성찰-개선'의 피드백 과정을 지속적으로 거치면서 이루어진다. 이는 프로젝트 기반 학습의 7가지 설계 요소(어려운 문제 또는 질문, 지속적인 탐구, 실제성, 학생의 의사와 선택권, 성찰, 비평과 개선, 공개할 결과물) 중의 마지막 세 가지 요소이기도 하다. 성찰, 비평과 개선, 공개할 결과물은 각각의 독립된 요소라기보다는 상호 의존적인 관계에서 동시다발적으로 일어난다. 공개할 결과물이 없으면 비평과 개선도 일어나지 않고, 성찰하지 않으면 공개할 결과물도 제대로 만들기 어렵다. 피드(feed)백(back)을 하려면 어떤 원인에 의해 나타난 결과를 다시 원인에 작용해서 다른 결과를 내도록 새로운 정보를 추가해서 입력해야 한다. 이 새로운 정보는 개인의 성찰, 팀원들 간의 성찰, 외부 청자와의 상호작용을 통해 얻을 수 있다.

대부분의 학교가 학기말에 발표 혹은 전시를 통해 학생들의 프로젝트를 공유한다. 하지만 배움을 공개하는 게 의례적인 행위에 그쳐서는 안 된다는 것을 명심해야 한다. 배움을 공개한다고 해서 피드백이 저절로 일어나지 않기 때문이다. 전시의 핵심은 작업물을 통해 청중과 소통하는 데 있다. 피드백을 들을 수 없는 전시는 무의미하다. 의미 있는 피드백은 청중과 진정성 있는 대화가 가능할 때 이루어진다. 그러려면 학습자가 먼저 자신의 배움을 성찰한 내용을 타인과 소통할 줄 알아야 한다. 자신의 도전을 보여줄 수 있는 실제적인 증거를 발표에 담고, 그다음 자신만의 언어를 활용하여 목표로 정한 성취 기준에 도달했는지 스스로 점검할 수 있어야 한다.

학습자가 심층적인 배움의 경지에 이를 수 있도록 하는 학습 환경을 가리키는 디퍼러닝(Deeper Learning) 핵심 요소 중에는 '배움을 공개하라'는 항목이 있다.[21] 학생들이 성취한 것들을 축하하고 배움의 과정을 의미 있는 청중에게 공개하라는 것이다. 지식을 암기하는 얕은 수준의 배움에서 벗어나, 지식에 대한 보다 깊은 이해와 창의적인 적용이 가능한 배움이 일어나려면 피드백을 통해 학습자 스스로 자신의 배움을 끊임없이 업그레이드 해야 한다. 어떻게 성찰해야 할지 모르겠다면, 부록에 수록한 질문들을 활용해보자.

위에서 소개한 '나를 따르는 대중 만들기' 방법을 통해 내 프로젝트에 관심 있는 청중들의 피드백을 받을 수도 있다. 요즘은 모든 개인이 자신의 목소리를 담을 수 있는 SNS가 있기 때문에 온라인으로 만난 청중들은 적극적으로 자신의 채널에 날것 그대로의 피드백을 남긴다. 해시태그 혹은 게시물 공유를 통해 느낀 점이나 아쉬운 점을 남기면 쉽게 검색해서 확인할 수 있다. 프로젝트의 결과물이 나오기 전에 수행 과정을 공개할 때는 해당 청중이 주는 피드백이 프로젝트를 개선할 수 있는 다른 시각을 제공하기도 한다.

올바른 동물원 관람 문화에 대한 8회의 스토리를 연재하며 크라우드 펀딩을 했던 양정여고 '행복한 동물원' 팀은 동물에 관심 있는 사람들이 남긴 한 댓글을 보고 충격을 받았다. 인간의 욕심으로 동물을 우리에 가둬놓는 동물원이란 형태 자체가 나쁜 건 아니냐는 것이다. 동물원 관람 문화 개선 프로젝트를 하고 있었지만 한번도 생각해보지 않은 관점이었다. 이 피드백은 새로운 측면에서 자신의 생각을 점검하고 정리하는 기회가 됐다. 동물원의 역사나 동물권에 대한 관련 자료를 찾아보면서 팀원들의 생각을 모아 그다음 글을 쓰기도 했다.

신우초등학교 5학년 체인지메이커 동아리 학생들은 '청소년들의 과한 화장'을 해결해보고 싶은 주제로 찾았다. 자신들이 찾은 문제에 대해 사람들은 얼마나 공감하는지 알아보는 활동 중에 "화장하는 게 왜 나빠?"라는 질문을 받는다. 이 질문은 학생들이 찾은 문제를 다시 근본적으로 들여다보게 하는 계기가 됐고, 결국 화장이 나쁜 게 아니라 건강한 방법으로 화장을 하지 않는 게 문제였다는 것을 알게 된다.

이렇게 프로젝트를 완성해가는 과정에서 피드백은 유용하게 쓰인다. 성공한 유튜버들 역시 화려한 조회수 이면의 삶을 주시하라고 충고한다. 대중의 주목을 끄는 완성된 영상을 올리기까지 수없이 연구하고 공부해야 한다는 것이다. 그들은 구독자들이 남기는 실시간 피드백을 자신의 콘텐츠에 계속 적용하고 개선한다. 이처럼 진정한 배움이란 '공개된 결과물-성찰-개선'을 바탕으로 끊임없이 순환하며 이루어지고 완성된다.

마지막으로 청중의 긍정적인 피드백은 프로젝트를 지속할 수 있는 힘을 준다는 점을 기억하자. 자신의 예술세계를 작품을 통해 표현하는 예술가도 혼자의 작업으로만 끝나면, 즉 아무도 보지 않는 곳에서만 재연된다면 그 가치는 제한되게 마련이다. 작품이 청중과 소통할 때 의미가 부여되고, 소통되고 있다는 걸 확인할 때 비로소 예술가로서의 역할이 정의된다.

2000년대 중반부터 유리창에 그리는 미술 작품을 통해 이름을 알려온 나난 작가는 최근 대중이 소비할 수 있는 예술의 한 장르를 개척해가고 있다. '롱롱 타임 플라워'라는 전시에서 관객들은 영원히 시들지 않는 종이로 만든 꽃을 구매해 갈 수 있다. 작가가 그린 고정된 작품을 사가는 게 아닌, 전시실 안에 설치된 '플라워샵'에서 자신이 원하는 꽃을 선택하여 각자의 취향이 남긴 꽃다발을 만들 수 있다. 2021년 4월에 열린 개인전의 작가노트에는 이런 말이 적혀 있다.

▶ 세상이 이렇게 넓고 작가도 많고 전시도 많은데, 가만히 있으면 내 작업을 어떻게 사람들이 알고 와서 감상할 수 있겠는가 싶었다. 나는 사진과 컬러 TV의 시대를 지나, 모바일과 SNS의 시대를 살고 있는 작가이지 않은가. 이제는 관람객이 내 전시에 와서 작품을 감상하게 되면, 바로바로 피드백 받는 세상이 되었다. 긍정의 피드백들은 다시 작가에게로 돌아와 감사함으로 작업을 이어가게 되는 선순환의 연료로 쓰이고 있다.

일상에서 소비하기 어려운 예술 작품을 프린트된 꽃의 형태로 향유해본 나난 작가의 청중들은 예술을 더 적극적으로 취하고 싶어 하는 갈망을 갖게 됐고, 그 욕망을 개인 SNS에 고스란히 남겼다. 이는 나난 작가에게 피드백으로 돌아와 자신이 기획한 전시의 의도가 제대로 전달됐음을 확인하고 새로운 작업을 준비하는 영감이 됐다.

청소년들의 배움의 여정도 이러한 것이 되어야 하지 않을까. 자신의 배움이 누군가에게 영향을 주고, 그들의 반응이 다시 나에게로 돌아와 계속 배우고 싶은 열망을 지펴주도록 말이다. 그 시작은 최대한 실제 세상에 가까이 있는 청중을 설정하는 일이다. 내가 해석하고 적용한 배움이 세상과 만날 때 나의 잠재력은 증폭된다. 배움을 공개하자. 누군가는 나의 작업을 본다. 필요한 사람과 연결된다. 또 다른 배움으로 연결되는 기회의 문이 열리는 소리가 난다.

배움을 공개하기 위해 던져야 할 성찰 질문과 디지털 도구

프로젝트 자체에 대한 성찰

- 이 작업물을 만들기까지 단계별로 어떤 과정을 거쳤는가?

- 무엇을 새롭게 배웠을까?

- 어떤 새로운 스킬을 기르게 되었는가?

- 어려운 점은 무엇인가?

- 이 배움의 경험에서 가장 좋았던 부분/순간은 무엇인가?

- 누군가 이 작업을 똑같이 하고 싶어 한다면,
  어떤 조언을 주고 싶은가?

학교에서의 배움에 대한 성찰 (학기말)

〈배움의 발달〉

- 어떤 배움이 가장 즐거웠는가?

- 자신의 강점은 무엇인가? (구체적인 증거를 보여주세요)

- 어떤 부분을 개선할 수 있을까? (구체적인 증거를 보여주세요)

- 개선하기 위한 계획이 있는가?

〈학습 습관 및 태도〉

- 평소 학습 습관은 어떤가?
- 교실에서의 태도와 참여 정도를 스스로 평가해본다면?
- 학습 습관과 태도를 개선하기 위한 방법에는 무엇이 있을까?

대중에게 공개할 수 있는 디지털 도구 리스트

크라우드 펀딩

- 와디즈(wadiz.kr) – 독특한 아이디어로 제작하는 신제품이 많음, 서울시 성수동에 시제품들을 미리 볼 수 있는 '공간 와디즈' 운영 중.
- 텀블벅(tumblbug.com) – 문화, 예술 분야 제품과 서비스 다수, 출판 관련 선주문 방식이 많음.
- 오마이컴퍼니(ohmycompany.com) – 사회변화를 꿈꾸는 혁신가들을 지지하는 플랫폼으로 가치를 기반으로 하는 상품들 다수.

웹사이트

- 구글 사이트(sites.google.com) – 한 번의 클릭으로 페이지 생성 용이, 정보 이용권한 및 공유 설정을 통해 보안에 안전.
- 윅스(ko.wix.com) – 이미 탑재된 다양한 템플릿을 무료로 사용 가능, 한글화 서비스 제공 (한글폰트 선택 가능).
- 위블리(weebly.com) – 한국어 지원은 안 되지만 윅스보다 직관적이고 사용하기 편함.

전자책

- 비캔버스(beecanvas.com) – 화이트보드 기반의 비주얼 작업공간, 협업이 가능해서 팀 프로젝트 과정을 기록하기에 용이, 함께 작업해서 전자책처럼 발행 가능.

- 알로(allo.io) – 비주얼 기반의 협업툴. 링크 공유로 전자책, 잡지, 게시판, 리포트 등 다양한 형태로 활용 가능.

- 하루북(harubook.com) – 1인 책쓰기, 함께 책쓰기, 문집제작 등 간편하게 책자를 만들 수 있음. 스마트폰으로도 콘텐츠 인쇄, 출판, 판매 가능.

뉴스레터

- 스티비(stibee.com) – 가장 많은 사람들이 사용하고 있는 뉴스레터 제작 서비스, 1달 4회까지 발송은 무료로 제공.

온라인 전시 플랫폼

- Student Corner(studentcorner.io) – 학생들의 프로젝트를 갤러리 형태로 볼 수 있음, 팀 프로젝트 단위로 사용할 경우 여러 명이 같은 페이지에 접속해서 피드백을 남기는 데 용이함.

- Flipgrid(flipgrid.com) – 마이크로소프트에서 만든 소셜 러닝 플랫폼으로 함께 토론하거나 배우고 싶은 주제로 방을 개설해서 사람 초대, 답변을 영상으로 녹화해서 올리고 초대된 사람끼리 댓글로 피드백을 남길 수 있음.

- Seesaw – 학생들이 쉽게 다양한 툴을 활용해 자신의 포트폴리오를 만듦으로써 교사와 학부모가 학생의 배움을 눈으로 확인 가능, 학생의 작업물이 한 곳에 쌓임으로써 꾸준히 배움의 향상을 측정할 수 있음.

딱 3명의 '내가 아는 청소년'을 만들어보자.

그들이 손을 내밀었을 때 기꺼이 잡아줄 수 있는

제3의 어른이 되어주면 어떨까? 변화는

나에서 시작한다.

3부

리얼 월드 스쿨

: 진짜 세상과 연결된 학교들의 공통점

· 6장 ·

개별 학생의 관심사에 주목하라

생기부 꿈과 진짜 꿈이 달라야 할까

빠르게 변화하는 세상에서 배움 자체를 즐기며 변화 적응력이 높은 리얼 월드 러너를 키워내는 학교의 모습은 어때야 할까. 1부에서 리얼 월드 러너로 살아가고 있는 사람들의 공통점, 2부에서 리얼 월드 러닝의 핵심 요소들에 대해 살펴봤다면, 3부에서는 세상과 벌어진 시차를 줄이기 위해 노력하는 학교들의 이야기를 소개하려고 한다.

실제 세상과 연결된 학교는 학생의 삶에 관심이 많다. 배움의 목적이 '진학'에만 있지 않고 진학 너머의 일과 삶에 있기 때문이다. 진학과 일과 삶은 단계적이기보다는 유기적으로 연결되어 있다. 무엇을 배우고 싶은지 정확하게 알고 있다면 어디서든 배울 수 있는 시대를 살아가는 리얼 월드 러너들은 단선적으로 보이는 진학-일-삶을 넘나들며 자신의 세계를 만들 수 있다. 하지만 현재 한국 사회를 사는 청소년들은 진학-일-삶의 단선적 사고방식을 끊어내는 데 큰 용기가 필요하다. 아니, 끊어낼 수 있는지조차 모르는 경우가 더 많다.

무엇을 하며 살아갈 것인지에 대해 가장 많이 고민하며 자신의 정체성을 형성하는 시기에 대다수의 청소년들은 점수와 평가에 가려 '내'가 없어진 삶을 살고 있다. 나를 알아가는 시간, 세상에서의 내 역할을 찾아갈 시간이 주어지지 않는 학교 생활에서는 '내 삶'에 대해 생각해보는 것조차 대단한 용기와 노력이 있어야 가능한 것이 되어버렸다. 특히 고등학교에서는 학업의 성과가 대학 합격 여부로 판단되기 때문에 '앞으로 더 배우고 탐구하고 싶은 분야' 따위는 중요하지 않다. 리얼 월드 러너의 가장 핵심이 되는 '스스로 배우고 싶은 마음'을 키우기 힘든 이유다. 이제 막 대학에 입학한 두 친구의 증언을 들어보자.

▶ 아무래도 생기부(생활기록부)용 꿈이 따로 있고, 진짜 꿈이 따로 있는 경우가 정말 많아요. 보통 고1 입학하자마자 꿈을 정하라고 하거든요. 거기에 맞춰서 활동을 엄청 많이 시켜요. 그리고 진학 시기가 오면 성적에 맞는 학교를 먼저 고르죠. 저는 선생님

이 '너는 생기부가 다 교육 쪽으로 되어 있으니 교육학과 써'라고 하셨어요. 원하는 과를 만류하고 안정적인 과를 쓰라고 하신 거죠. 일단 대학 먼저 붙고 전과하면 된다고요. 근데 그 말을 안 듣고 제가 가고 싶은 아동가족학과를 썼죠. 결과는 어떻게 됐냐고요? 붙었어요.

▶ 생기부용 꿈과 진짜 꿈이 다른 이유는 대학을 준비하는 과정이 어렵기 때문이에요. 작년에 관광학과를 갔던 이유는 준비하기가 쉬워서죠. 무슨 활동을 해도 말 맞추기가 쉬워요. 특히나 고등학생은 시간이 없으니 다른 활동은 뭘 해야 할지 찾기가 어렵거든요. 고등학교 때 수업 안팎에서 다양한 활동을 했다면 더 많은 선택이 저에게 주어졌지 않을까 생각해요. 결국 저는 대학교 1학년 1학기를 보낸 후에 편입을 준비했어요. 수업을 들어 보니 제가 생각했던 것과 달라서요.

이런 류의 '대학 진학 모험담'과 '대학 환상 깨진 경험담'은 주변에서 흔히 찾아볼 수 있다. 나 역시 고등학교 때 내가 좋아하고 잘하는 것보다는 오로지 점수를 기준으로 대학을 추천 받았던 기억이 난다. 담임 선생님은 내가 배우고 싶은 전공(문화인류학과, 문화콘텐츠학과)이 있는 학교보다 더 좋은 학교를 갈 수 있는데 왜 한양대학교 안산캠퍼스 인문학부를 쓰는지 이해를 못하는 표정이었다.

여기서 잠깐, 학생의 삶을 위해 일단 '좋은 대학'(서울 안에 있는 상위 10위권 안의 대학)에 보내는 게 나중에 결과적으로 부모나 교사에게 감사할 일이라고 생각한다면 오산이다. 좋은 대학, 혹은 일단 대학에 가면 좋은 직장에 취직한다는 성공 공식은 이미 깨진 지 오래다. 질 낮은 대학교육, 적성에 안 맞는 전공, 학벌주의로 인해 한 해 7만 명이 대학에서 자퇴한다.[1] 7만 명. 이 숫자를 1년 365일로 나눠보면 하루에 191명이 대학을 그만둔다는 것이다. 놀랍지 않은가.

대학에 진학하기 위해 들인 시간과 비용 그리고 노력을 뒤로하고 본인의 미래를 위해 과감히 자퇴를 선택한 청소년이 7만 명이다. 결코 쉬운 결정은 아니었을 테지만, 슬프게도, 이들의 자퇴 후 대안은 또 다시 대입을 준비하는 생활의 반복일 것이다. 스스로 배우고 싶은 주제를 찾고, 자원을 연결하고, 자신의 아이디어로 실행한 프로젝트를 세상에 공개하는 리얼 월드 러너로서의 훈련을 받지 못했기에 대입 말고는 뾰족한 대안을 알지 못하는 탓이다.

청소년들은 대학 진학 후에도 취업을 위해 사교육 시장과 자기계발에 비용을 지불한다. 입사 후에는 실무 역량이 부족한 신입사원을 위해 회사가 교육 비용을 투여한다. 그렇게 시작한 일이 적성과 맞지 않아서, 혹은 여전히 내가 무엇을 할 때 가장 즐거운지 알지 못해서 퇴사를 한다. 다시 자기계발에 시간과 비용을 쏟는다. 배움의 목적을 잃은 사회에서는 개개인이 자신의 일과 삶을 구축하기까지 들이는 사회적 비용이 너무나 크다.

공교육 12년의 시간 동안 관심사를 찾고, 탐구하고, 경험해보며 삶에 필요한 기술, 실제 세상에 적용 가능한 지식을 배우는 것은 불가능한가? 배움의 현장이 곧 삶이 되고, 학생의 삶이 하고 싶은 배움으로 가득 찬 모습이 학교의 존재 목적이 되어야 하지 않을까.

실제 세상에 기반한 교육을 하면 학생들은 스스로에 대한 관심을 증폭하게 된다. 이미 자신의 세계를 구축한 제3의 어른들을 만나며 나의 미래 모습을 투영해볼 수 있기 때문이다. 더불어 실제 세상에 쓰이는 지식을 눈으로 확인하며 더 궁금한 것과 그렇지 않은 것을 스스로 판단할 수도 있다.

꼭 하고 싶은 일을 직업으로 갖지 않더라도 하고 싶은 것이 있다는 것은 매우 중요하다. 무엇인가를 하고 싶다는 것은 곧 배우고 싶다는 말과 동일하기 때문이다. 이 배움의 호기심을 잃지 않도록 돕는 것이 학교의 목표가 되어야 한다. 생기부용 꿈과 진짜 꿈이 달라야 할 필요가 없다. '진학-일-삶'으로 고정된 사고방식을 '배움에 대한 호기심-일-삶'으로 전환해야 한다.

학생의 삶이 존중 받는 학교를 새로 만든다면

학교 생활은 꼭 참고 견뎌야 하는 걸까? 학교가 성공적으로 자신의 삶을 살아낼 수 있는 역량을 키우는 데 도움이 되는 즐거운 곳이 되려면 어디서부터 어떻게 바뀌어야 할까? 기존에 존재하는 학교를 고쳐나가는 것이 아니라, 새로운 학교를 처음부터 디자인한다면 어떤 학교를 만들 수 있을까?

"미국 공립 고등학교는 망했다"고 확언하며 시작한 한 프로젝트가 있다. 이름하여 'XQ 슈퍼 스쿨 프로젝트(The Super School Project, 'XQ 프로젝트')'. 고 스티브 잡스의 부인 로런 파월 잡스가 2015년도에 교육 개혁을 위해 5000만 달러(한화 약 560억)를 내놓으면서 새로운 고등학교 모델을 제안하는 팀에게 학교를 설립할 수 있는 비용을 투자하는 대회를 열었다.

"모두에게 열려 있는 기회"가 모토인 그녀의 자선단체 에머슨 콜렉티브(Emerson Collective)가 교육계 멘토들과 전체 기획/운영을 맡았다. 2016년도에 10개 학교를 선정했고, 현재 총 18개의 학교가 미국 전역에 포진해 있다. 대회 참여를 위해 미 전역에서 여러 팀들이 자발적으로 결성되었다. 학교 설립을 이미 준비하던 팀들 이외에도 지역사회가 먼저 문제를 인식하고 공동의 팀을 만든 경우도 있었다. XQ 프로젝트는 대회로 시작했지만, 학교 선정으로 끝나지 않았다. 학교들 간의 공통점들을 뽑아내 다양한 정보들을 꾸준히 공유하며, 새로운 학교 모델이 누군가에게 또 다른 변화의 영감을 주도록 하고 있다. 공교육 혁신을 위해 학교와 교육정책을 다시 생각하게 하는 하나의 무브먼트가 된 것이다.

미국에서는 어떤 새로운 고등학교 모델을 꿈꾸고 있을까. XQ 프로젝트에 지원한 다양한 계획서에 공통적으로 드러난 디자인 원칙은 다음과 같다.

- 딥 러닝: 보다 더 현실을 반영하고 통합적인 커리큘럼과 교수법으로의 혁신
- 청소년 목소리와 선택의 주도권: 학생들을 잘 알 수 있는 학교 문화 만들기
- 학생의 성공에 대한 큰 비전: 학업과 사회-정서적 학습의 통합
- 지역사회와의 파트너십: 지역에 있는 문화기관, 산업, 대학교, 비영리단체, 병원들과 연계
- 기술로 인한 개별학습: 각 학생의 욕구에 맞는 배움 제공
- 전통적인 시스템 혁신: 공간, 예산, 역할 등 당연하다고 여겨왔던 것을 다르게 접근

실제 세상의 문제를 커리큘럼에 반영하고 지역사회와 긴밀한 파트너십을 구축하는 점은 배움에 실제성을 부여한다는 측면에

서 리얼 월드 러닝과 맞닿아 있다. 개별 맞춤형 교육을 제공하고, 학생들의 관심사를 잘 파악할 수 있는 여건을 마련하는 것은 배움에 대한 호기심을 키우는 리얼 월드 러닝의 기반이 된다. 리얼 월드 스쿨은 가르쳐야 한다고 생각하는 것을 다 쏟아내서 지식의 분량을 채우는 곳이 아니라, 학교 안에서의 학생의 삶이 존중되는 곳이다. 배우고자 하는 현재의 욕구를 채움으로써 졸업 이후의 삶이 자연스럽게 준비되도록 해야 한다.

그렇다면 XQ 학교들은 어떤 기준으로 학생들을 평가하고 있을까. 스탠포드 대학교 교육 연구 및 평가 연구소인 CREDO와 함께 사례 연구를 통해 정리한 내용을 보자(표5). 분절된 교과목별 학업성취도가 아닌, 역량을 중심으로 통합했음을 알 수 있다. '2. 지식 영역' 안에는 배운 것을 어떻게 활용하는지에 대한 내용인 '사회와 시민 참여'가 들어 있다. '4. 협력적 능력' '5. 삶을 위한 배움'의 요소들처럼 실제 삶을 살아가는 데 필요한 태도와 소프트스킬을 '배워두면 좋은 것' 정도가 아닌, 평가 영역 안으로 끌어왔다. 평가를 한다는 것은 아래 각 영역을 지표로 삼고 평가될 수 있는 수준으로 인풋을 넣겠다는 말이다. 이를 통해 XQ 학교 학생들은 궁극적으로 스스로 배움을 찾고 세상에 기여하는 리얼 월드 러너가 되어갈 것이다.

XQ 프로젝트에서 놀랐던 점은 학교를 혁신하려는 사람들에게 툴킷 박스를 제공한다는 것이다. 지금은 이벤트 기간이 끝났지만, 누구든지 신청하는 사람은 '학교 디자인 툴킷'을 집으로 배달해줬다. 나도 하나를 받았다. 꽤 무겁고 깔끔한 디자인의 박스에 특별 제작된 포스트잇과 질문 카드, 사례 카드, 각 주별 교육 관련 통계 카드를 비롯해서 직접 벽에 붙이고 아이디어 회의를 할 수 있는 포스터까지 들어 있었다. 구성물을 살피면서 우리 지역에 필요한 학교를 고민해보고 싶어졌다(현재는 홈페이지에 대부분의 자료가 올라와 있다).[2]

1. 리터러시	1-1. 읽기
	1-2. 쓰기
	1-3. 수리능력
	1-4. 디지털과 기술
2. 지식 영역	2-1. STEM
	2-2. 인문학
	2-3. 사회와 시민 참여
3. 사고 능력	3-1. 통합 (synthesis)
	3-2. 분석
	3-3. 응용
	3-4. 창의
4. 협력적 능력	4-1. 자기 인식
	4-2. 사회적 인식
	4-3. 관계 능력
	4-4. 다문화 수용력
5. 삶을 위한 배움	5-1. 자기 관리
	5-2. 주도적인 학습

<표5. XQ 학생 평가 영역>

새로운 학교를 디자인하는 데 있어서 XQ 프로젝트는 학생들의 목소리와 니즈를 먼저 들어보라고 제안한다. 오늘을 살아가는 우리 지역의 청소년들이 어떻게 지내고 있는지, 미래에 그들이 직면할 도전 과제들은 무엇일지, 언제 어떻게 가장 잘 배우는지를 살펴보라고 말이다. 학교라는 공간은 철저히 학생들의 배움의 공간이 되어야 한다.

XQ 학교는 아니지만, 그 이전에 이미 학교 설립 준비 단계부터 디자인, 프로그램 운영, 학교 자치까지 학생들과 지역 주민들이 함께 만든 학교가 있다. '원 스톤(One Stone)'이라는 비영리단체가 아이다호주의 작은 마을에서 시작한 리더십 프로그램 참가자들이 만든 학교다. 고등학교 6개 반 학생들이 지역사회가 겪는 문제점을 발견하고 이들의 힘으로 해결해내는 것을 보고, 이를 정규화한 '프로젝트 굿(Project Good)'이 학교의 모태가 되었다. 현재 원 스톤의 이사회 멤버는 2/3가 학생, 1/3이 어른이다. 학생들이 더 많은 의결권을 가지고 있다.

학생들과 어른들로 이루어진 '원 스톤 학교 만들기' 준비 팀은 서부의 실리콘밸리부터 동부의 보스톤까지 미국에 내로라하는 혁신 학교들을 다니며 새로운 방법론들을 연구했다. 그러다가 알게 된 디자인씽킹[3] 과정을 그대로 적용해 인간 중심 배움 경험을 교육 과정으로 만들어나가자는 결정을 했고, 아이다호주 남서쪽 지역의 150명 고등학생들을 불러 모아 '24시간 씽크 챌린지'를 열었다. 학생들의 관점으로 '학교'를 다시 디자인해본 것이다. 학생들이 스스로 하게끔 힘을 실어주었던 원 스톤의 본래 특성이 학교 학습 모델의 기초가 된 것이다. 교육 혁신 방법론 전문가들과 에듀테크 혁신가들과 함께 분석한 결과, 학생들이 스스로 하게끔 하는 환경을 만드는 것이 배움의 강력한 동인이 될 수 있음이 밝혀졌다.

원 스톤은 각 과목별 지식을 알려줄 수 있는 '코치'는 있지만, 공부하라고 강요하는 교사도 없고, 교실도 없다. 창의력, 협력, 주인의식, 기업가정신의 문화를 만들기 위해 원 스톤은 다음 여섯 가지의 러닝모델을 만들었다.

1. **디자인씽킹**
2. **개별화 학습**
3. **1:1 어드바이저**
4. **현장 경험**
5. **역량 기반 평가**
6. **배움을 위해 지어진 공간**

학교를 만드는 단계에도 디자인씽킹을 활용했을 뿐 아니라, 학교에서 일어나는 모든 프로젝트를 진행하는 데 디자인씽킹 방식을 녹여놓았다. 정해진 학년도, 정규 수업도 없는 상태에서 학생들이 무엇을 원하는지, 어떤 학교를 원하는지 끊임없이 논의해가면서 프로그램을 만들어간다. 모든 게 디자인씽킹을 통해 학생들의 주도 아래 결정되기 때문이다. 방점은 역시 하고 싶은 주제로 배움을 설계하는 것이다. 지역 아이들이 치아를 건강하게 관리할 수 있도록 돕기, 십대 여성들이 스스로를 사랑하고 자신감을 갖고 서로 지지할 수 있는 네트워크 만들기, 걸스카웃 친구들이 STEM

과목에 흥미를 가질 수 있도록 돕기 등의 프로젝트처럼 말이다.

초등학교, 중학교를 일반 공립학교로 다니고, 자신의 배움에 주도권을 갖기 위해 원 스톤을 선택한 테사 사이먼즈(Tessa Simonds)는 학교에 대해 이렇게 이야기했다.

▶ 원 스톤에서 우리는 각자의 배움에 대한 선택과 책임을 집니다. 여기에 익숙해지는 데 시간이 꽤 걸렸어요. 10년 넘게 배워오던 방식을 바꿔야 했으니까요. 제가 무엇에 열정을 느끼고 관심을 갖는지부터 깨달아야 했는데 이게 너무 어려웠어요. 거의 한 학기쯤 걸렸던 것 같아요. 코치한테 "이제 제가 뭘 해야 돼요?"라고 물으면, 어김없이 "너는 뭐 하고 싶니?"라는 대답이 돌아왔어요. 그러고는 나의 목표, 꿈에 대해 같이 얘기하고 인생에 대한 나만의 툴킷을 준비해갔죠. 종이 울리는 시스템이 없고, 궁금한 게 있을 때마다 손을 들어 허락을 받고 묻지 않아도 되는 곳에서 조금씩 '교육'에 대해 제가 주도해갈 수 있게 됐어요. '배우지 않음(Unschool)'에 대해 배우는 게 가장 큰 깨달음이었습니다.

관심사 기반 프로젝트 학교

우리는 우리가 스스로 선택한 배움에 더 깊이, 더 빠르게 빠저든다. 누구나 한번쯤 오랫동안 배우고 싶었던 악기를 시작하거나 좋아하는 게임에서 이기는 법을 학습할 때 '몰입'했던 경험이 있을 것이다. 배움에 있어서 선택권이 중요한 이유이다.

이것을 학습의 영역으로 옮겨온다면 어떨까? 정해진 교과목을 정해진 진도에 맞춰 배우는 대신 내가 배우고 싶은 지식이 무엇인지 찾아나서면 어떨까? 학교에서 학생들이 직접 선택할 수 있는 여지가 많아진다면 나도 몰랐던 나의 관심 분야, 재능과 강점을 좀 더 쉽게 알아챌 수 있을 것이다. 스스로 무엇인가를 선택해본 친구들은 몰입할 수 있는 주제를 찾아낼 가능성이 높아진다.

필수 교과목 수업 안에서 관심 있는 세부 탐구 주제를 정해 프로젝트로 진행하는 방식이 아닌, 관심사에 기반한 프로젝트에 교과 과정을 얹어나가는 학교들이 있다. 그런데 이는 표5에서 설명한 XQ 학생 평가 영역처럼 과목 지식에 대한 성취 기준이 아닌, 과목에서 달성하려고 하는 역량 기반으로 평가 항목이 재구성되어야 가능한 일이다. 그렇게 되면, 학교에서 배우는 다양한 영역의 지식마저도 나의 궁금증을 해결해주는 하나의 흥미로운 도구로 인식할 수 있게 된다. 미국 내 16개 주에 65개가 넘는 학교(50여 개가 공립학교) 네트워크인 빅픽처러닝(Big Picture Learning)이 이를 잘 보여준다.[4]

━ 빅픽처러닝

빅픽처러닝은 '학생 주도의 리얼 월드 러닝을 통해 학교, 시스템, 교육의 잠재력을 활성화시키는 것'을 미션으로 하는 교육 혁신 비영리 단체이다.[5] 책『학교를 넘어선 학교, 메트 스쿨』『넘나들며 배우기』와 다수의 인터뷰 기사로 국내에 잘 알려진 메트 스쿨(the Met: The Metropolitan Regional Career and Technical Center)의 성공 모델을 확산하기 위해 초대 교장인 엘리엇 워셔(Elliot Washor)와 데니스 리키(Dennis Littky)가 1995년에 설립한 것이다.

메트 스쿨 모델을 공유하는 빅픽처러닝 학교들은 관심사에 기반을 둔 인턴십 프로그램과 학생 주도 프로젝트, 무학년 담임 제도인 어드바이저리(Advisory)를 특징으로 한다. 관심사 기반 프로젝트는 학교를 넘어 실제 세상에서 진행된다. 관심 분야의 현장 멘토와 연결되어 일주일에 두 번 나가는 인턴십을 통해 개인 프로젝트를 기획하게 된다.

동물 병원에서 인턴십을 한다면, 현장에서 생긴 새로운 궁금증을 바탕으로 개인 프로젝트를 시작하는 식이다. 동물의 종에 따라 예방 접종의 종류가 다른 것을 보고, 다양한 종류의 백신과 균의 종류를 탐구하는 프로젝트를 기획할 수 있다. 학교에 돌아와서는 개인 프로젝트 시간에 자연스럽게 화학 지식과 백신의 역사 등을 배운다. 탐구한 내용을 바탕으로 궁금한 게 있으면 다시 인턴십 현장에 가서 수의사 멘토에게 물어보며 현장에 적용되는 지식을 익힌다. 동물병원에 오는 손님들이 이해하기 쉽도록 백신의 종류를 소개하고 제때 예방 접종을 할 수 있는 홍보 브로셔를 직접 제작하고 비치하는 프로젝트로 마무리된다.

이렇게 관심사 기반 프로젝트를 기획하고 진행하는 과정에서 어드바이저와 현장 멘토, 학생은 긴밀히 소통한다. 어드바이저의 역할은 학생이 기획한 프로젝트를 통해 빅픽처러닝에서 정한 다섯 가지 학습 목표가 달성되는지 확인하고, 채워지지 않는 부분이 있다면 프로젝트 내용을 수정, 보완해주는 일이다. 틀만 제시해주고 내용을 채워가는 것은 학생이 스스로 해야 한다. 빅픽처러닝 학교 교과과정에서 사용되는 다섯 가지 학습 목표는 다음과 같다.

---

1. 어떻게 증명할 수 있나요?
(과학자처럼 생각하기. 보통 리서치 페이퍼를 씀)

경험적 추리(Empirical Reasoning):
- 경험적 조사: 과학적 추론, 경험적 조사, 독립/의존 변수, 증거 수집
- 과학적 지식과 이론: 과학적 개념, 예측, 과학적 증거와 모델, 제약 조건
- 경험적 모델링: 모델링, 도구와 기술, 모델의 한계와 정확성
- 경험적 논리: 주장을 뒷받침하는 데이터, 증거의 패턴, 상관관계와 인과관계, 논리의 약점

2. 어떻게 측정하거나 표현할 수 있나요?
(이 목표에 한해서는 양적인 추론 전문가-수학 교사-가 수학적 지식을 가르침)

양적인 추론(Quantitative Reasoning):
- 해석: 텍스트, 표와 그래프, 다이어그램과 도형, 방정식과 수학적 표현
- 표현: 등가적 표현, 의미 있는 숫자의 요약, 그래픽 제시
- 계산: 추정, 문제 푸는 방식, 등식, 간소화
- 응용 및 분석: 양적 분석, 연역적 추론, 귀납적 추론, 양적인 데이터로 문제 해결

3. 어떻게 정보를 받아들이고 표현하나요?

(관심 분야와 관련된 책을 많이 읽어야 하고, 졸업 요건으로 자서전을 씀)

소통(Communication):
- 협력: 토론, 의사소통 전략, 다양한 관점, 비판적 대화
- 이해: 문해력, 텍스트 분석, 다양한 정보의 융합
- 표현: 창의적인 표현, 글쓰기 표현, 구두 표현, 언어의 사용, 어댑티브 커뮤니케이션
- 평가와 연구: 정보의 유효성 평가, 인용, 기존 연구 검색, 전문가 평가

4. 다른 사람들은 이것에 대해 어떻게 생각하나요?

(신입생들은 WHO AM I PROJECT 진행, 가족 인터뷰를 통한 뿌리/같은 점/다른 점 찾기)

사회적 논리(Social Reasoning):
- 주요한 이슈와 사건: 역사적 사건, 시사, 과거/현재/미래
- 지리와 환경: 지리적 정보, 사람과 환경, 정치적 영향, 형평성과 접근성
- 제도, 시스템, 정부: 시민과 정부, 사회 참여, 거시&미시 경제, 제도
- 인간의 행동과 표현: 믿음 체계, 인간의 행동, 윤리, 권력과 관계

5. 이 과정이 나에게 어떻게 도움이 될 수 있나요?

(프로젝트뿐 아니라 학교 생활 전반에 대한 지표로 사용)

개인적 특질(Personal Qualities):
- 좋은 세상 만들기: 리더십, 공감, 미래에 대한 책임감 감지, 지역사회 참여
- 창의력과 상상력: 새로운 생각, 탐구, 열정/관심/강점, 결과물 만들기
- 생산적인 마인드셋: 목표 설정, 인내, 정직과 진실성, 성찰
- 체력과 웰니스: 활동적인 생활, 건강한 선택

27년 전에 생긴 학교 모델이라는 게 믿겨지지 않을 정도로 배움의 핵심 원리가 학교에 녹여져 있지 않은가. 빅픽처러닝은 어떻게 하면 학생 개개인의 열정과 관심을 배양할 수 있을지에 중점을 두고 학교를 운영한다. 학습자의 호기심에서 시작하는 배움을 통해 자기주도성을 극대화하고 스스로 배우는 법을 학습할 수 있는 교과과정을 개발한 것이다. 우리나라 중3 나이인 9학년 때는 신입생들이 자신에 대해 충분히 탐구할 시간을 갖도록 '나는 누

구인가' 프로젝트를 집중적으로 하고, 4년 내내 함께할 어드바이저와의 관계 형성을 통해 교사가 학생의 관심사와 가정 환경을 깊이 있게 파악할 수 있도록 한다.

공립 학교가 대부분인 빅픽처러닝 학교들은 어떻게 이런 유연한 교과과정을 운영할 수 있었을까? 미국은 각 주의 교육구마다 정책이 조금씩 다르기 때문에 빅픽처러닝 학교들이 운영되고 있는 모습도 조금씩 다르다. 한국의 자율형 공립학교처럼 공립이지만 학교 운영에 자율성이 있는 곳도 있고, 일반 공립 시간표에서 창체시간으로 배정되어 있는 시간을 특정 요일에 몰아 인턴십 현장으로 나갈 수 있도록 학교장의 승인을 받아 운영하는 곳도 있다. 캘리포니아 같은 경우는 주에서 운영하는 '개인 학습(Independent Study)' 제도를 활용하기도 한다.[6] 뉴저지의 가장 큰 교육구인 뉴왁(Newark)에서는 최근 빅픽처러닝 학교 모델을 지역 전체 15개 고등학교에 적용하기로 결정했다.

― 아이오와빅

한 학교의 시스템을 당장 바꾸기 어렵다면 지역의 여러 학교가 공동으로 활용할 수 있는 프로젝트 학교를 운영하는 방법은 어떨까. 단, 방과후나 주말이 아닌 정규 수업 시간에 말이다. 미국 아이오와주에는 도시 전체를 교과서 삼아 배우는 고등학교, Iowa BIG(이하 '아이오와빅')이 있다. 학생들이 관심을 보이는 지역사회의 문제들을 직접 해결하는 교육 과정을 둔 학교다. 교실이 없는 이 학교는 지역의 위기와 변화의 필요성에 의해서 시작되었다.

2008년, 아이오와에 사상 최대의 홍수가 있었다. 도시의 절반 이 물에 잠겼다. 모든 게 없어지고 나니 아예 새롭게 도시를 상상 해보자는 움직임이 생겨났다. 학교를 재건해야 한다면 학교의 존 재 이유부터 다시 생각해보자는 합의가 있었다. 지역의 각 그룹 을 대표하는 60여 명의 리더들이 모여 삶을 성공적으로 살아갈 수 있는 인재, 지역사회의 구성원으로서 역할을 할 수 있는 성공 적인 시민으로 길러내려면 어떻게 해야 하는가에 대한 논의가 이 어졌다.

이들이 가장 먼저 행동에 옮긴 흥미로운 활동은 직접 학생이 되어서 '학교 체험'을 했다는 것이다. 기존의 전통적인 학교의 문 제점을 파악하기 위해서다. 짧은 관찰이나 며칠간의 체험이 아니 라 2주간 수업을 포함한 학교의 모든 일과에 참여했다. 체험 기간 이 끝나고 성찰하는 과정에서 발견한 사실은 그들 중 아무도 무 언가 배운 게 없었다는 것이다. 학교에서의 2주는 그저 지루하고 집중이 안 되는 시간의 연속이었다. 탈 맥락화(Decontextualizing) 한 지식은 재미가 없었고, 재미가 없으니 배울 수 없다는 깨달음 을 얻게 되었다.

아이오와빅 공동설립자이자 총괄 디렉터인 트레이스 피커링

(Trace Pickering)은 몸소 체험한 배움의 진리를 새로운 학교 모델에 그대로 적용했다. 그는 아이오와빅의 세 가지 가치를 다음과 같이 설명한다.

▶ 첫 번째 가치는 **열정(Passion)**입니다. 배움에 흥미를 가지려면 가장 먼저 학생들이 열정을 갖는 주제와, 관심 있어 하는 분야에 초점을 맞추는 것이 중요합니다. 열정이 있으면 끝까지 해보고 싶은 마음이 생기기 때문에 실패를 두려워하지 않는 법까지 배울 수 있습니다. 두 번째 가치는 **실질적인 프로젝트(Authentic project)**입니다. 기존 학교에서는 학생들이 하던 모든 게 가짜였습니다. 숙제도 베끼거나 건성으로 하기 일쑤고, 배움이 목적이 아니라 교사를 기쁘게 하는 것이 목적인 경우가 많았죠. 마지막 가치는 **지역사회(Community)**입니다. 아이오와주에서 자란 대부분의 학생들은 학교를 졸업하고 시카고 등 인근의 대도시로 빠져나갑니다. 이에 대한 방편으로 지역사회의 자원을 미리 발견하고 연결될 수 있도록 하는 것이 중요합니다.

이렇게 탄생한 곳이 아이오와빅이다. 열정, 실질적인 프로젝트, 커뮤니티. 이 세 가지 가치가 합쳐져서 도시 전체가 교실인 학교가 생긴 것이다. 이곳에서는 학생들의 열정을 촉진하여 깊은 배움이 일어날 수 있도록 하고, 실제 존재하는 지역사회의 프로젝트나 당면 과제, 기회를 학생들의 관심사와 연결하여 적극적으로 지역 자원을 배움에 활용할 수 있도록 한다. 중소기업, 대기업, 비영리단체, 공공기관 등 지역에 기반한 조직들과 긴밀히 일하다 보니 아이오와빅 학생들은 그 누구보다 지역의 필요를 이해할 수 있게 됐다. 학교의 담이 없어지니 학습자와 지역사회의 간극이 좁아진 것이다. 학교가 처음 문을 연 2012년에는 12명의 학생들과 시작했으나 지금은 한 해 약 130명의 학생이 등록하며, 매년 50여 개의 프로젝트가 진행된다.

아이오와빅의 운영 방식을 유심히 살펴볼 필요가 있다. 미국 중서부 아이오와주 동쪽에 위치한 시더 래피즈(Ceder Rapids)를 기반으로 인근 지역 세 군데 교육지구의 학교를 다니는 학생들이면 누구나 아이오와빅의 프로젝트 수업을 선택 과목으로 신청할 수 있게 해놨다. 기존 학교에 다니는 시간과 아이오와빅에서 프로젝트를 진행하는 시간을 균형 있게 분배할 수 있도록 한 것이다. 어느 비율로 교과를 선택할지는 학생들의 몫이다. 프로젝트에서 진행한 모든 활동은 연관 교과 단원으로 치환되어 학점을 인정받을 수 있기 때문에 선택에 부담이 적다. 아이오와빅에서 진행하는 프로젝트를 개인 학사 일정 중 50%에서 최대 90%까지 선택할 수 있는데, 대부분 전체 학사 일정 중 절반의 시간을 아이오와빅 프로젝트에 할애한다고 한다.

빅픽처러닝 학교들과 아이오와빅은 입시 위주의 문화를 탈피하고 진정으로 학생의 배움을 목적으로 삼는 공립 고등학교로의 전환 모델에 시사점을 던진다(앞서 소개한 XQ 프로젝트 선정 학교 중에는 빅픽처러닝 학교와 아이오와빅도 포함되어 있다). 국내에도 공교육 혁신을 위한 유사한 시도들이 진행되고 있다. 서울시교육청에서 운영하는 오디세이학교[7]나 경기도교육청에서 운영하는 몽실학교[8]와 꿈의학교[9] 등은 학생의 관심사를 살려 프로젝트를 해볼 수 있는 환경을 제공한다. 하지만 기존 학교를 쉬고 대안으로 선택하거나, 기존 학사 일정 이외의 시간을 들여 추가로 활동해야 한다.

그동안의 실험을 통해 우리는 학교 밖에서 하는 학생 주도 프로젝트로 능동적인 배움이 가능하다는 점을 이미 확인했다. 학교 교육과정 연계 프로그램은 단순히 창의적 체험활동 시간만을 의미하면 안 된다. 기존에 존재하는 교과과정과의 결합, 방과후나 주말이 아닌 주중에 이루어지는 학교 시간표에 유연성을 주어 진짜 배움이 촉진될 수 있는 시스템을 정비해야 한다. 현존하는 시스템 밖에서 이루어지던 실험이 검증됐다면 하나씩 시스템 안으로 들여오는 채널을 마련해야 한다.

시대의 흐름에 반응하는 리얼 월드 러너들은 변화하는 환경에 맞춰 스스로 배우는 것이 가능한 사람들이다. 스스로 배우는 법은 자신이 관심 있는 주제에 빠져들어봄으로써 터득할 수 있다. 관심사에 기반한 프로젝트로 학교 수업이 이루어질 때, 청소년들의 학교 생활은 삶과 연결된 모습을 갖추고 근본적으로 변화할 것이다. 외부적 요인이 아닌, 자기 안에서 배움의 목적을 찾으며 말이다.

개별 맞춤형 교육

개별 학생의 삶에 주목하는 리얼 월드 스쿨은 학생 수만큼 다양한 관심사를 인정하고 지지하는 문화를 추구한다. 진정한 배움은 학생의 내적 동기에서 시작한다는 것을 잘 알고 있기 때문이다. 그러다 보니 자연스럽게 개별 맞춤형 교육을 할 수밖에 없다. 관심사 기반 프로젝트를 전체 학교 교과과정으로 운영하는 빅픽처러닝 학교들 역시 마찬가지다. 개별 학생마다 관심사가 다르기 때문에 학생마다 시간표도 다르다. 무학년제 담임 제도는 한 명의 어드바이저가 15명을 넘지 않는 학생 그룹을 맡아 4년 내내 함께한다. 4년간 조금씩 바뀌어가는 관심사의 맥락을 한 명의 교사가 꾸준히 파악하기 위해서다. 빅픽처러닝은 학교 운영 원리이자 개별화 학습을 디자인하는 세 가지 원리를 다음과 같이 제시한다.

- 학습은 각 학생의 관심사와 목표를 바탕으로 해야 한다.

- 학생의 교육과정은 반드시 실생활(real-world)에 존재하는 장소와 사람들과 관련이 있어야 한다.
- 학생들의 능력은 그들의 실제 수행 능력에 따라 측정되어야 한다.

이 원리에 따라 빅픽처러닝의 학생들은 개인의 역량에 따라 각기 다른 학습이 가능한 교과과정을 스스로 만들고, 학습 계획에 대한 어드바이저의 코칭을 받는다. 교과 지식은 프로젝트를 통해 자연스럽게 습득한다. 영어, 수학(학교에 따라 체육) 과목만 담당 교사가 있고, 그 외의 교과는 담당 어드바이저가 필요한 학습 자료를 추천해주는 방식으로 지도한다. 결국 어드바이저의 가장 큰 역할은 학생들의 관심사를 기반으로 설계된 개별화된 학습 목표와 학습 계획이 잘 실행되고 있는지 점검하는 것이다. 빅픽처러닝 모델에서 **교사는 교과과정 설계자가 된다.**

학생 수가 적다면 한 명의 교사가 이들에게 밀착하여 관찰할 수도 있고, 처음부터 관심사별로 지도 교사를 배치하는 방법도 있다. 강원도 춘천에 있는 전인고등학교의 '소스쿨 제도'는 개별화된 배움을 위해 학생들의 선택을 지지하는 방법 중 하나로 취미와 흥미 중심의 기존 동아리 활동을 관심 분야를 탐구하는 시간으로 변형 및 확장시켰다. 전인고에 입학하는 학생들은 학년과 상관없이 1개의 소스쿨을 선택하고 3년 동안 지속하는 것을 원칙으로 한다. 학생이 원한다면 중간에 다른 분야로 바꿀 수도 있다.

전인고는 현재 총 14개의 소스쿨[10]을 운영 중이며, 각 소스쿨마다 인원은 2~13명으로 다양하다. 정규 교과 수업 외의 시간과 창의적 체험활동 시간이 소스쿨로 운영된다. 이 시간에는 주제와 관련된 책을 읽거나 관련 리서치 또는 인터뷰를 진행하는 등 자신의 프로젝트를 기획하여 진행한다. 개인 프로젝트는 3개월, 6개월, 1년 단위 등 학생마다 다르다.

흥미로운 점은 소스쿨을 맡은 교사가 '담임 교사'로서 멘토 역할을 담당한다는 것. 기존의 담임 교사가 생활지도를 위주로 했다면, 소스쿨 멘토 교사는 해당 주제에 대한 전문성을 바탕으로 관심사에 기반을 둔 진로지도까지 병행한다. 이와 같은 변화는 전인고 교사들이 1년 동안 회의 끝에 내린 결론이다. 배정된 반과 동아리가 다르면 지도 교사도 다르니 학생들을 동아리 관심 주제와 연관성 있게 지도하기 어렵다는 것이다. 교사의 역할이 변경되니 학생들의 개별적 관심사를 찾아내어 그것을 배움과 연결하기가 수월해졌다. 또한, 학생들을 학년으로 묶인 집단으로 보는 게 아니라 개별적 존재로 바라볼 수 있게 되었다.

성적이나 학년 등 외부적 기준이 아닌 관심사를 기준으로 학생들의 그룹을 다시 묶게 되면 각 개인이 가진 고유의 특성이 드러나기 시작한다. 해당 주제에 대해 미리 경험한 친구가 다른 친구에게 경험, 지식, 정보를 전달하며 자연스럽게 또래 간 배움도 커진다. 배움의 커뮤니티가 만들어지는 것이다. 이 같은 시도는 학생의 선택 과목 비중이 높아지는 고교학점제가 본격적으로 시행될 때 담임 제도를 어떻게 운영할 것인지에 시사점을 던진다.

자신의 관심사에 따라 배움의 주제를 선택하고, 그것에 깊이 빠져들어보는 경험은 어떻게 평가될 수 있을까? 리얼 월드 러닝이 학생들에게 진짜 일어나고 있다는 것을 확신할 수 있는 방법으로 '성취 기반 평가(Mastery-based Grading)'를 도입한 학교가 있다. 미국 캘리포니아주에 있는 다빈치 스쿨(Da Vinci School)[11]은 학생들이 배워가는 과정에서 보여주는 개개인의 스토리를 존중한다. 그래서 시험 점수를 없애고, 문제 풀이 숙제를 내지 않고, 평균으로 학생들을 줄 세우지 않는다. 성취 기반 평가는 아래의 세 가지를 특징으로 한다.

· 배움에 대한 학생의 숙달 정도(level of mastery)에 따라 성적을 표기한다.
· 학생과 학부모에게 의미 있는 피드백을 제공해 배움의 탁월함(Excellence)을 얻을 수 있게 한다.
· 배운 지식과 기술을 증명할 다양한 기회를 학생에게 준다.

다빈치 스쿨은 기존의 100점 만점의 시스템에서 벗어나

1~4의 범위로 측정한다. 일반적으로 피드백을 줄 때 사람들은 '수준 미달, 보통, 잘했어, 아주 잘했어'의 4개 범주 안에서 설명하기 마련인데, 이 논리를 학교에 똑같이 적용한 것이다. 1~4의 범위로 표현을 하게 되면 단계별 구분이 명확해지기 때문에 서로 오해 없이 학업 내용에 대한 이해로만 평가할 수 있게 된다. 피드백을 받은 후에는, 자연스럽게 다음 단계로 어떻게 올라갈 수 있는지 물어보게 된다. 점수제 구조를 바꾸고 나니, 학생들뿐 아니라 교사들이 학생들 한 명 한 명의 배움에 관심을 더 갖기 시작했다고 한다.

성취 기반 평가에서는 문제 풀이용 숙제가 없다. 문제 수를 많이 맞추는 것보다 스스로 질문을 던지고 생각하며 지식을 습득하는 힘을 기르는 것이 중요하기 때문이다. 따라서 변별력을 위한 과제보다 깊이 생각해야 하는 문제를 주는데, 잘 디자인된 과제는 어느 한 지식에 숙달해가는 과정을 보여줄 수 있다. 모든 과목에서 프로젝트형 과제가 진행되고, 과정마다 성취해야 할 지식과 기술 각각에 대해 1~4점을 매긴다. 예를 들어 '노숙자들을 위한 거주 문제를 어떻게 해결할까'라는 프로젝트에 대해 사회, 수학, 과학, 영어 과목이 융합 수업을 진행한다면, 각 과목별로 성취해야 하는 지식과 얻어야 할 기술을 분류한 다음 해당 역량을 숙달했는지를 기준으로 평가한다.

이를테면, 사회 과목은 LA의 노숙자가 생겨나기 시작한 시기를 도시 정책과 연결하여 분석하는 활동, 수학 과목은 노숙자 분포도와 증감 추세를 조사하고 통계 그래프를 활용하여 표현하는 활동, 과학 과목은 보온과 무게에 효율적인 재질을 사용해 이동식 텐트 프로토타입을 만드는 활동, 영어 과목은 실제 노숙자 인터뷰를 한 내용을 기사나 팟캐스트 대본 등으로 정리하는 활동을 한다.

마지막으로 다빈치 스쿨은 개별 학생들이 자신의 속도로 배워나가고 있다는 것 자체를 평가한다. 이전보다 조금이라도 나아졌다는 증거가 있다면, 이 학생은 배우고 있다는 뜻이다. 우리가 그동안 적용해온 평균 매기기 방식은 그 사이 사이에서 일어난 배움의 과정을 무시한다. 우리에게 중요한 것은 얼마나 빨리, 많이 배웠느냐가 아니다. 처음부터 꾸준히 잘해서 A를 맞은 학생과, 눈에 띄게 능률이 올랐지만 평균을 내니 C-를 맞은 학생이 있다고 치자. 어떤 학생을 우수하다고 할 수 있는가. 지식은 각자의 속도로 쌓여가는 것이다. 처음부터 빨리 습득하는 것이 중요한 것이 아니라 한 학기가 끝날 때 '아 이제 좀 알겠어!' 하는 기분을 갖게 되는 게 중요하다.

이런 평가 방식은 학습자의 동기 유발에도 영향을 미친다. 과정을 평가하는 성취 기반 평가에서는 학기가 끝나갈수록 성취 동기가 강해진다. 이전보다 나아지고 있음을 증명할 수 있기 때문이다. 성취 기반 평가로의 전환은 성장 마인드셋(Growth Mindset)을 키우는 데 중요한 환경을 만든다. 성장 마인드셋은 실패하는 것을 두려워하지 않는 데서 싹튼다. 그런데 평균을 내버리면, 지금 코앞에 닥친 시험이나 수행평가에서 실수(또는 실패)하는 것을 두려워하게 된다. 한번 망친 점수가 전체 평가에 영향을 주기 때문이다. 성취 기반 평가로 전환하게 되면, 교사는 점수를 매기고 합산하는 사람(Point Totaller)이 아니라, 개별 학생들의 성장을 위해 피드백을 주는 사람(Feedback Giver)으로 역할이 바뀐다.

다빈치 스쿨 방문 중에 재학생이 학교에 대해 소개하는 학교 투어 시간이 있었다. 학생의 첫 마디가 아직도 기억에 남는다. "여기서는 점수로 평가받지 않아요. 이전에 비해 얼마나 성장했는지가 중요해요." 굉장히 뿌듯하고 자랑스러운 표정이었다. 본인 스스로에게도, 자기가 다니는 학교에 대해서도. 학습자가 스스로 배움을 주도해갈 수 있도록 임파워링(Empowering) 하는 것이 리얼 월드 스쿨의 최종 목표라면, 어떤 증거를 가지고 학생을 평가할 것인지가 중요하다는 것을 다시금 확인할 수 있었다.

진짜 세상과 연결된 학교들은 학생의 삶에 관심이 많다. 배움의 호기심이 꺾이지 않고 지속적으로 성장하는 것에 관심이 많아야 한다. 자신에 대해, 세상에 대해 탐구하고 싶은 학습 욕구가 꺼지지 않도록 말이다. 학생 개개인의 관심사가 배움으로 이어지는 학교, 그래서 개별 맞춤형 교육 시스템으로 자연스럽게 전

환할 수밖에 없는 학교를 상상해본다. 그렇게 배움의 호기심은
자라난다.

관심사에 기반한
프로젝트 설계 예시

전문가 연계 학습자 주도 프로젝트 학습 설계전략

1. 학습자가 탐구 및 해결할 주제(문제)를 탐색하고 선택한다.	1.1 학습자가 학습 및 문제해결의 주체임을 인식할 수 있도록 하라. 1.2 실세계에 존재하는 실제적인 주제(문제)를 선택하도록 하라. 1.3 학습자의 관심사에 따라 주제(문제)를 선택하도록 하라.
2. 학습자가 주제(문제)와 관련하여 내용, 방법, 자원 등을 분석한다.	2.1 주제의 정확한 의미와 속성을 분석하도록 하라. 2.2 학습자가 주제(문제)와 관련하여 이미 알고 있는 내용과 탐구방법을 분석하도록 하라. 2.3 학습자가 주제(문제) 탐구 및 해결과 관련하여 활용할 수 있는 자원을 분석하도록 하라.
3. 학습자가 주제(문제) 탐구 및 해결과정을 스스로 설계한다.	3.1 학습자가 자신의 관심, 흥미, 특성에 맞게 가장 효과적인 탐구 및 해결방법과 산출물을 선택하도록 하라. 3.2 학습자가 주제(문제) 탐구 및 해결활동에 필요한 자원을 선택하도록 하라. 3.3 학습자는 자신이 선택한 주제(문제)에 대한 활동계획서를 작성하도록 하라. 3.4 설계한 주제(문제) 탐구 및 해결과정이 학습자의 기대수준 혹은 목표를 충족할 수 있는지 검토하도록 하라
4. 실세계 전문가와 상호작용을 통해 주제(문제) 탐구 및 해결을 실행한다.	4.1 학습자가 전수, 협업, 요청의 형태로 전문가와 상호작용 하도록 하라. 4.2 학습자가 전문가와 협력적인 상호작용에 필요한 사회적 기술을 활용하도록 하라. 4.3 학습자가 전문가와 지속적인 관계를 맺을 수 있도록 촉진하라. 4.4 학습자에게 주제(문제)와 관련된 장소의 실제성을 부여하라.
5. 학습자가 활동한 과정 및 결과를 공유하고 피드백을 받는다.	5.1 학습자가 설정한 성취목표에 대한 달성 정도 혹은 성장한 부분에 대해 평가한다. 5.2 탐구 및 문제해결 실행 과정에 대해 전문가로부터 피드백 받고, 수정·보완하도록 하라. 5.3 전체 활동 과정에서 관계된 청중을 대상으로 산출물을 공유하도록 하라.

본 설계전략*은 유쓰망고가 창덕여자중학교 교사들과 함께 1학년 전교생(약 80명)을 대상으로 2020년 2학기 자유학년제 '짝토론'시간에 진행한 수업을 바탕으로 만들어졌다. 학생들은 관심사별로 팀을 이뤄 자신이 탐구하고 싶은 주제를 '질문' 형태로 만들었다. 해당 질문에 대한 답을 찾아가는 과정에서 4장에서 강조한 '연결 역량'을 키우기 위해 직접 주제와 관련 있는 전문가에게 직접 이메일을 보내 화상/서면 인터뷰를 진행했다. 5장에서 강조한 청중은 '교내 친구들'로 설정하고, 우리 팀이 탐구한 내용을 다른 친구들에게 알려주는 방식으로 온라인 공유회를 열었다.

다음은 실제 학생들이 진행한 프로젝트 주제이다:

- 옷으로 인한 환경 오염을 어떻게 해결할 수 있을까?
  우리가 실천할 방법은?
- 친구들의 고민을 들어주는 방법은?
- 생각을 할 수 있고, 생김새도 인간과 비슷한 로봇이 나온다면,
  로봇은 생물인가?
- 인류가 멸망한다면 어떤 이유로 멸망할까?
  그리고 이를 막을 방법은 없을까?

---

* 이은상, 김하늬, 이은주(2021). 전문가 연계 학습자 주도 프로젝트 학습 설계전략 개발. 학습자중심교과교육연구, 21(14), 739-755.

- 크리에이터가 되기 위한 노력에는 무엇이 있을까?

- 학생들이 유튜브를 알맞게 사용하는 법에는 무엇이 있을까?

- 어떻게 하면 공부에 흥미를 느낄 수 있을까?

- 지금 성공한 사람들은 학창시절에 어떤 공부를 하였을까?

- 중학교 공부는 장래희망에 영향을 끼칠까?

- 코로나블루를 이겨내기 위한 방법은 무엇일까?

- 스트레스가 생기는 이유와 스트레스가 우리 몸에 미치는 영향,
  그 대처법은 무엇일까?

- 그림을 이용한 심리검사는 어떤 방법으로
  우리의 심리를 알아보는 걸까?

- 사춘기 청소년들에게 가사 있는 음악은 어떤 영향을 줄까?

· 7장 ·

학교 안과 밖을 뒤집기

지역사회와 연결된 배움의 마법

리얼 월드 스쿨은 학생의 관심과 지식이 실제 세상과 연결될 수 있는 기회를 마련해준다. 실제 존재하는 문제를 해결하려고 배우고 익히는 것은 지식이 단순히 교과서에 인쇄된 활자로 존재하는 게 아니라 내 삶과 밀접하게 연관되어 있음을 깨닫게 해준다. 일단 써먹기 위해 배우는 것이어서 재미있고, 하나둘 내용을 알아갈수록 점점 더 궁금해진다. 이 과정은 문제가 해결될 때까지 학습자 스스로 방법을 찾아나가게 하는 일종의 책임 전략이기도 하다.

학교에서의 배움이 깊이 있고 지속 가능해지려면 무엇보다 실제 세상과 '연결'되어야 한다. 세상과 맞닿은 배움이 학교 안에서 이루어지려면 학교의 문이 활짝 열려 있어야 한다. 교사 한 명의 개인적 경험과 지식에 의존하는 것이 아니라, 학교가 위치한 지역사회의 다양한 자원이 학교 안으로 흘러 들어오고, 학생들은 촘촘하고 안전하게 연결된 루트를 따라 지역으로 나갈 수 있어야 한다. 배우고 나서 나가는 것이 아닌, 나가서 배우고 들어올 수 있는 뒤집어진 학교 구조는 어떻게 만들어지는 걸까?

6장에서 소개한 것처럼 관심사에 근거하여 프로젝트를 수행한 학교들에는 공통점이 있다. 바로 지역사회와 탄탄하게 연결되어 있다는 점인데, 이는 학생들의 삶에 적극적으로 관심을 갖다 보면 당연한 따라오는 순서다. 학생들의 다양한 관심사를 한 명의 교사가 전부 다뤄줄 수는 없다. 다양한 관심사만큼 지역의 다양한 분야의 전문가와 협업할 수 있는 접점을 만들어주어야 한다. 실제 전문가 연계 학생 주도 프로젝트 수업을 했던 창덕여중 교사는 오히려 당신이 수업의 자유를 갖게 됐다며 다음과 같은 소감을 남겼다.

▶ 전문가 그룹이 있었기 때문에 프로젝트 주제를 열어둘 수 있었어요. 교사 1인이 다양한 학생의 관심사를 모두 커버하기 어렵기 때문이죠. 전문가가 뒤에 있다고 생각하니까 저도 수업 시간에 '일단 원하는 주제를 선택해봐'라고 할 수 있었던 것 같아요. 제가 잘 모르는 주제면 해당 전문가와 연결하면 되는 거니까요. 그래서 저도 제 과목에 갇히지 않고 자유롭게 사고할 수 있게 됐어요.

이렇듯 학생들의 다양한 관심사를 다룰 수 있는 지역사회의 여러 주체들과 함께할 때 개별화된 배움이 가능해진다. 다음 세대의 배움의 여정에 기여하고자 하는 지역사회의 공동체성이 강화될수록 학생들은 역으로 개별성을 확보할 수 있게 되는 것이다. 장점은 또 있다. 개별 관심사로 연결된 지역의 제3의 어른과 다음 세대가 새로운 관계를 맺게 되면서 자연스럽게 세대를 넘나드는 공동체성이 길러진다.

매년 서로 다른 내용으로 50개가 넘는 프로젝트를 동시다발적으로 진행하는 아이오와빅의 모습을 다시 한번 자세히 살펴보자. 아이오와빅이 개교한 2012년도에는 전체 프로젝트 중 80%가 학생들이 시작한 프로젝트, 20%가 외부에서 제안해온 프로젝트였다. 학생들의 관심사와 연관 있는 지역사회 파트너를 찾는 데 꽤 시간이 걸렸지만, 8년 사이에 이 숫자는 역전되었다. 이제 전체 프로젝트의 80%를 외부에서 제안해오는 상황이다. 제3의 어른들이 학생들에게 먼저 프로젝트를 제안했다는 뜻으로, 지역사회가 당면한 여러 문제를 해결하기 위해 또는 새로운 아이디어가 필요할 때 아이오와빅 학생들을 떠올리게 된 것이다. 지금은 매우 자연스럽게, 지역에서 제안한 주제가 들어오면 해당 문제에 관심 있는 학생들이 팀을 이뤄 프로젝트를 시작한다.

학생들과 지역이 협업하는 문제 해결 프로젝트는 아이오와빅 홈페이지에서 확인할 수 있다. 폭우 시 홍수 예방을 위해 GIS(지리 정보 시스템)를 이용한 데이터베이스 구축 및 폭우량 모니터링 서비스, 소비자가 배달 과정 및 운영 시간을 확인할 수 있는 푸드뱅크 애플리케이션 제작, 10대 유권자들을 위해 쉬운 언어로 선거 후보자 정보를 소개하는 웹 서비스 개발, 미국 역사를 재미있게 경험해볼 수 있는 교육용 게임 제작, 장애를 가진 친구들이 체육 활동을 할 수 있는 대안 체육 활동 개발 등과 같은 프로젝트가 진행되고 있다.

아이오와빅에는 정해진 시간도, 공간도, 커리큘럼도, 평가도 없다. 지역사회와 함께하는 프로젝트만 있을 뿐이다. 어떤 프로젝트를 하는지에 따라서 모든 게 달라진다. 진행 속도에 따라 몇 달 혹은 몇 년짜리 프로젝트가 될 수도 있기 때문에 따로 시간표가 정해져 있지 않다. 공간도 마찬가지다. 아이오와빅은 다양한 종류의 기업이 모여 있는 시내의 코워킹스페이스 두 군데의 장소를 '학교 캠퍼스'로 확보해놓았지만, 이곳을 사용하는 것은 팀의 자유이다. 현장을 방문하거나 협업하는 기관/회사의 사무실에서 모이는 경우가 더 많다. 학생들이 선택한 프로젝트가 시작되면 교사들은 학생들의 경험과 과정을 기록하고 분석해서 커리큘럼을 만든다. 무엇을 배워야 할지를 학교가 정하는 커리큘럼에 무작정 따르기보다 지역의 니즈와 학생들의 관심 분야를 기반으로 커리큘럼을 구성하는 것이다. 평가는 프로젝트 진행 과정에서 배운 내용과 새롭게 갖춘 역량으로 이루어지며, 프로젝트의 성공 유무를 따지기보다 학생 스스로가 이전에 비해 얼마나 성장했는지를 중심에 둔다.

아이오와빅에서는 매년 25%의 학생들이 학사일정이 끝난 뒤에도 프로젝트를 멈추지 않고 지속한다고 한다. 이는 '나'와 연결되고 '세상'과 연결된 배움의 여정에 빠져들어가는 것이 학습자에게 어떤 영향을 주는지 극명하게 보여주는 사례다. 열정, 실질적인 프로젝트, 지역사회와의 연결을 최우선 가치로 내세운 아이오와빅은 리얼 월드 러닝에 최적화된 환경을 만드는 것이 가능하다는 사실을 증명해주었다.

학교가 있는 장소를 새롭게 상상하기

아이오와빅처럼 캠퍼스를 없애고 주제에 따라 학교 밖의 자원을 배움의 공간으로 삼아 자유자재로 활용할 수도 있지만, 지역의 자원이 밀집되어 있는 공공 공간 안에 학교를 만들 수도 있다. 미술관, 과학센터, 디자인센터, 박물관 같은 공간 말이다. 그중에서도 박물관은 매우 뛰어난 학교가 될 수 있다. 질문이 생겼을 때 마음껏 탐구할 수 있는 다양한 형태의 자료들이 쌓여 있는 곳이니 말이다. 실존하는 학습 자료를 적극적으로 사용하지 않을 이유가 없다.

그 자체로 교육 기관의 역할을 하는 박물관은 이미 다양한 체험 프로그램이나 지역의 학교와 연계한 교육 프로그램을 제공해왔다. 하지만 생각을 조금만 바꿔보자. 박물관이 학교가 될 순 없을까? 아예 박물관 안에 학교를 만들어버린 미시간주의 그랜드 래피즈 공립 박물관 학교(Grand Rapids Public Museum Middle & High School, 이하 'GRPMS')[1]와 헨리 포드 아카데미(Henry Ford Academy)[2]를 소개한다.

GRPMS는 실제 세상에 존재하는 장소에서 배움이 일어나도록 하는 '장소 기반 교육(Place-based Education)'[3]의 강점을 잘 보여준다. 이곳은 지역사회와 교류가 없는 독립된 장소로 존재하는 학교가 아니라, 그랜드 래피드 공립 박물관과 25만여 점이 넘는 문화적 역사적 유물을 보유하고 있는 박물관 기록 보관소와 한 지붕 아래 있는 학교다. 이 수많은 1차적 사료가 탐구의 시작점이 된다고 상상해보라!

학생들은 박물관 직원들이 기록 보관실에서 새로운 자료를 수집, 처리, 큐레이션하고, 기존 전시물을 디자인하고 업데이트하는 것을 돕기도 한다. 한 번은 학생들이 직접 그랜드 래피즈 공립 박물관 데이터베이스에 아직 입력되지 않은 유물을 식별하는 연구 프로젝트를 진행했다. 한 학생은 아폴로 미션에 사용한 우주

복을 발견했고, 다른 학생은 1920년대 신여성들이 입던 드레스를 발견했다. 이들은 물건에 얽힌 역사상의 시대를 연구하고, 박물관 데이터베이스에 정보를 입력하고, 그 유물에 대한 인터뷰를 기록하고, 팟캐스트를 만들어 많은 사람들에게 알렸다.

일반 수업시간에는 학교(박물관)에서 찾을 수 있는 다양한 자료뿐 아니라 지역사회의 자원을 활용하여 프로젝트를 한다. 학생들의 호기심, 창의력, 협동심을 장려하기 위해 디자인씽킹 과정을 활용하는데, 이는 학생들이 어떤 주제에 대해 깊이 파고들어 혁신적인 아이디어를 창출하는 과정을 연습하는 데 도움이 된다. 예를 들어, 건강과 영양에 관한 한 학기 융합 프로젝트로 '그랜드 래피드 지역 아이들의 건강과 영양을 어떻게 향상시키는가'를 탐구 질문으로 삼았다고 해보자. 학습 과정은 다음과 같다:

이렇게 박물관 전체를 학습 자료로 사용하는 학교가 또 있다. 헨리 포드 박물관 안에 있는 헨리 포드 아카데미(Henry Ford Academy)[4]는 미국 내에서 최초로 공교육, 기업, 문화기관이 공동으로 만든 차터스쿨(Charter school, 대안학교의 성격을 가진 공립학교)이다. GRPMS와 마찬가지로 살아 있는 박물관의 모든 자료와 일하는 사람들, 방문객들이 배움의 대상이 된다. 박물관 바로 옆에는 자동차 회사 포드 본사 공장과 자동차 공학 연구실이 있어서 산학 연계도 가능하다.

Frame it	해결하고 싶은 문제는 무엇인가요?	– 그랜드 래피즈 지역의 어린이와 청소년들의 건강과 영양을 어떻게 향상시킬 수 있을까? – 이것에 대해 어떻게 생각하는지, 무엇을 알아내야 하는지 고려해본 다. – 학생들이 연구의 방향을 스스로 정한다.
Find it	세상에 나가 찾아보세요.	– 시장에 가서 요리사와 영양사를 인터뷰한다. – 소아과 의사들을 패널로 초대하여 건강에 대한 의견을 들어본다. – 박물관 소장품 중에서 우리 문화가 어떻게 건강을 장려하거나 저해 하는지 예를 찾아본다. – YMCA에 가서 트레이너가 진행하는 운동을 경험하고, 활동적인 생 활을 할 수 있는 방법에 대해 인터뷰한다. – 그랜드 래피즈 아이들을 대상으로 건강에 대한 설문조사를 한다. – 온라인에서 데이터를 검색하여 동향 및 통계를 확인한다.
Play and plan it	모든 것을 고려해봅시다.	– 학생들은 이전 단계에서 얻은 경험과 내용을 바탕으로 브레인스토 밍을 한다. – 많은 아이디어를 낸 후에, 학생들은 어떤 아이디어를 채택할지 투표 를 통해 결정한다.
Make it	무엇이 가장 적합할까요?	– 학생들은 작은 그룹으로 나누어 과제를 해결하기 위해 선택한 아이 디어를 현실로 만들어낸다. – 한 그룹은 건강한 음식을 먹을 수 있는 새로운 도시락 메뉴를 만들기 로 한다. 또 다른 그룹은 방과 후 간식을 건강하게 만드는 방법에 관 한 팟캐스트를 만들기로 한다. 세 번째 그룹은 야외 운동을 제공하 기 위해 지역 단체와 협력한다.
Try it	사람들에게 보여줍니다.	– 학생들의 가족, 그리고 그 동안 학생 팀과 함께 연결됐던 단체들은 아이디어 발표회에 초대되어 발표를 듣고, 자신의 의견을 들려준다. – 학생들은 다음 단계로 발전할 아이디어 중 하나를 선택한다.

<표6. 그랜드 래피드 공립 박물관 학교 프로젝트 수업 과정 예시>

1997년에 고등학교 모델로 만들어진 헨리 포드 아카데미는
자동차 발전의 혁신을 가져온 헨리 포드(Henry Ford, 1863~1947)
의 교육 철학인 '러닝 바이 두잉(learning by doing)'을 계승했다. 실
행을 통해 지식을 습득해온 포드의 인생길 궤적이 곧 그의 교육
철학이 된 것이다. 포드는 어린 시절부터 기계에 흥미가 있어 15

세에 학업을 중단하고 지역의 작은 기계 공장에 들어가 기술을 배웠다. 그 후 자동차를 직접 제작하기 위해 고향으로 돌아가 작업실을 만들어 연구를 쉬지 않았으며, 1890년에 에디슨 조명 회사 기사로 초청돼 근무하던 중 내연 기관을 완성해 1892년 끝내 자동차를 만드는 데 성공한다. 그는 자동차를 디자인하는 과정에서 사람들이 어떻게 생활하는지, 무엇을 원하는지를 자세히 관찰하는 것을 중시했다.

이러한 그의 정신에 따라 헨리 포드 아카데미는 직접 해보는 경험을 강조한다. 신입생들은 입학과 동시에 박물관의 전시물들과 지속적으로 바뀌는 주제별 전시를 보거나 박물관에서 주관하는 각종 프로그램에 매일 참여하며 관심 분야를 탐색한다. 눈에 보이는 문제가 있으면 '디자인씽킹 챌린지' 시간에 문제 해결 프로젝트를 하기도 한다. 박물관 보안 시스템에서 문제를 찾아낸 팀은 방문객들의 동선을 고려한 보안 체크 과정을 재정비하기도 했다.

학교가 박물관 안에 있으니 헨리 포드 아카데미 학생들은 상시적으로 '일하는 어른'들의 모습을 보며 지낸다. 점심도 박물관 직원들과 어우러져 함께 먹는다. 한 선생님은 학생들이 어른들과 함께 학교 생활을 한 덕분에 대화법이나 의견 표현 등 소셜 스킬을 더 빨리 익히게 됐다고 강조했다. 졸업 요건 또한 교육과정과 맞물려 있다. 지역사회로 나가 자신이 관심을 둔 진로 분야에서 일하는 '제3의 어른 파트너'를 찾아 75시간 인턴십을 하는 것이다. 그러고는 현장에서 찾은 주제로 진로 탐구 보고서를 작성하여 발표한다. 이 모든 과정은 '일의 영역에서 이미 자신의 세계를 구축한 사람에게 직접 배우며 호기심을 확장하라'는 의미를 담고 있다.

'헨리 포드 학습 연구소(Henry Ford Learning Institute)[5]는 헨리 포드 아카데미를 운영하며 쌓은 노하우를 바탕으로 출범한 비영리단체로 현재 교육 혁신을 위한 교사 연수, 지역 자원 연계 모델 개발 등의 프로그램을 운영하고 있다. 2009년과 2012년에는 헨리 포드 아카데미 모델을 바탕으로 아트와 디자인에 특화된 중-고등학교와 유-초등학교도 만들었는데, 자동차 디자인 학교로 유명한 CSS(College for Creative Studies)대학 건물 안에 학교를 만들었다. 학생들은 3D 프린터나 아트 스튜디오 등 대학에 마련된 시설들을 마음껏 사용할 수 있다. 이 모든 것이 학교가 있어야 할 장소로 지역의 자원을 공유하며 함께 사용할 수 있는 곳을 찾아냈기에 가능했던 일이다.

물론 어느 도시나 박물관 수보다 학교 수가 많으므로 모든 학교를 박물관 안에 둘 수는 없다. 그러나 꼭 박물관 안에 학교를 만들지 않더라도 보다 적극적으로 지역 자원과 연계하는 학교 모델은 만들 수 있다. 필라델피아주에 있는 사이언스 리더십 아카데미(Science Leadership Academy)[6]는 설립 파트너이기도 한 프랭클린 과학박물관(The Franklin Institute)[7]과 교과과정을 디자인할 때부터 긴밀한 협력 관계를 맺어왔다.

신입생들은 매주 수요일마다 학교에서 세 블록 떨어져 있는 프랭클린 과학박물관에서 하루를 보낸다. 미국 최초의 체험형 박물관 중 하나인 프랭클린 과학박물관을 활보하며 우주, 과학, 발명품에 대한 호기심과 상상력을 넓힌다. 장점은 또 있다. 학생의 가족들 전부가 사용할 수 있는 박물관 멤버십도 제공받는다. 학교에서의 배움이 가정으로도 이어져 언제든 궁금증이 생기면 부모님과 함께 방문할 수 있도록 배려한 것이다.

사이언스 리더십 아카데미는 2006년에 크리스 레만(Chris Lehmann)이 설립한 공립 고등학교다. 레만은 연방 교도소관리국 연구원 출신으로 기존 교육 시스템을 탈피한 대안 교육에 관심을 갖다가 학교를 설립하게 됐다. 이곳은 21세기에 요구되는 역량에 따라 탐구 기반의 프로젝트 학습으로 운영되며, 과학, 기술, 수학, 기업가 정신에 초점을 맞춰서 교과과정을 짜고 있다. 여기서는 질문-리서치-협력-프레젠테이션-성찰의 사이클이 모든 수업에서 일어난다. 또한, 모든 졸업 프로젝트는 지역사회로 환원할 수 있도록 디자인한다. 학생들은 연구, 봉사활동, 예술 작품을 통해 지역사회 문제를 해결한다.

탐구 기반 학습에서 가장 중요한 것은 학교에서 학생이 "이걸 왜 배워야 돼요?"라는 말을 하지 않도록 하는 것이다. 따라서 학생들이 스스로 질문하며 배움의 목적을 찾아갈 수 있는 환경과 커리큘럼을 만들어나가야 한다. 프로젝트로 진행되는 수업에서 "어떻게 배울까?" "어떻게 만들까?" "이니셔티브를 가진다는 건 어떤 의미일까"라는 질문에 답하는 과정을 중요시하는 배경이다.

이러한 교육 방식은 한 학년당 120명 정원에 900개의 입학원서가 들어올 정도로 지역에 널리 알려져 2013년에는 두 번째 캠퍼스를 열게 됐다. 같은 해에 교육자들을 위한 '탐구 학교(Inquiry Schools)'도 문을 열었고, 프로젝트 기반의 탐구 수업을 하고 싶은 교사들을 대상으로 매년 여름 교사 연수(Summer Teaching Institute)를 운영한다. 단순히 교육방법론을 가르치기보다 학교 전체 환경을 탐구 중심으로 재디자인할 수 있는 툴을 제공함으로써 같은 비전을 갖고 있는 학교들의 커뮤니티를 만들어나가는 데 일조하고 있다.

배우는 곳과 일하는 곳의 경계 허물기

리얼 월드와의 연결을 중요시하는 학교들은 인턴십을 적극적으로 활용한다. 배움에 대한 호기심을 충족시키는 데 있어 실제 그 분야의 경험과 노하우가 쌓인 사람을 만나는 것만큼 강력한 경험은 없기 때문이다. 장소 기반 교육을 강조하는 세 학교

(GRPMS, 헨리 포드 아카데미, 사이언스 리더십 아카데미) 역시 인턴십 제도를 운영하고 있다. 해당 학교가 위치하고 있는 박물관에서 인턴십을 하기도 하고, 자신이 관심 있는 회사나 기관, 단체를 찾아 나서기도 한다.

흔히 국내에서 '고등학생 인턴십'을 떠올리면 특성화고 학생들의 직업 현장 학습이나 산학 협력으로 운영되는 마이스터고, 혹은 대안학교에서 운영하는 특별한 프로그램을 연상하기 마련이다. 게다가 대부분의 인턴십은 기술직이나 이공계열과 같은 특정 직군에 한정되어 있다. 하지만 리얼 월드 스쿨에서는 인턴십을 하는 데 고등학교의 유형이나 직업의 종류를 따지지 않는다. 자신의 미래를 설계하는 데 필요한 세상 읽기 감각은 모든 학생이 가져야 할 경험이기 때문이다. 학교 밖 실제 세상에서 '배우고' 학교에서는 나를 성장시키는 '일'을 하는, 배우는 곳과 일하는 곳이 바뀐 학교가 있다면 어떨까? 굉장히 미래 지향적으로 들리는 이 말을 26년 전에 실천한 곳이 있다. 인턴십을 일반 고등학교의 전교생에게 성공적으로 도입한 메트 스쿨이다.

6장에서 관심사 기반 프로젝트 학교로 소개한 빅픽처러닝 학교들의 모태가 되는 메트 스쿨 모델은 '인턴십에 기반한 학습 (Learning Through Internship, 이하 'LTI')'이란 개념을 고안해냈다. 단순히 이 직업이 나에게 맞는지를 판단하는 기회로 인턴십을 활용하는 것이 아니라 일 경험을 통해 배우는 지식과 스킬이 개인의 역량이 될 수 있는 환경을 만드는 것이다. 인턴십은 결국 학습을 위한 도구일 뿐이다. 그렇기 때문에 미국 전역에 흩어진 70여 개의 빅픽처러닝 학교 학생들은 졸업을 앞둔 상급반 때만 인턴십을 하는 게 아니라 고등학교 4년 내내 매 학기 다른 곳에서 인턴십과 개인 프로젝트를 한다.

LTI에서 일어나는 배움은 현장에서 주어지는 일에만 의존하지 않는다. 먼저 학생에게 인턴십에서 얻고자 하는 학습 목표를 세우도록 한 다음 목표를 달성할 수 있도록 인턴십 멘토와 학교 안의 어드바이저(담임 교사)가 끊임없이 개입한다. 멘토는 하루 일과가 끝나면 학생의 강점과 약점, 새롭게 길러진 역량에 대해 피드백을 준다. 어드바이저는 인턴십에서의 경험이 학생 개인의 성장에 도움이 되는지 성찰할 수 있는 질문을 던지고 학생의 감정을 살핀다. 업무를 하기에 부족한 지식이 있다면 관련 내용을 습득할 수 있도록 학습 자료를 제공한다. 이런 식으로 학교 밖 현장에서 배우고, 학교로 돌아와 자신을 한 단계 업그레이드 시키는 일에 몰두하는 사이클이 반복된다.

관심사에 기반을 둔 일 경험을 통해 학습하는 빅픽처러닝 학생들은 일찍부터 자신이 잘할 수 있는 게 무엇인지, 부족한 점이 무엇인지 끊임없이 성찰하며 성장한다. 그러고는 역량 중심으로 자기 자신을 바라본 결과를 이력서로 정리한다. 실제 수행한 일과 자신의 역할, 강점이 적힌 이들의 '잘 써진' 이력서를 보고 나는 깜짝 놀랐다. 단순히 스펙을 나열한 보기 좋은 이력서와는 확연히 달랐기 때문이다. 비즈니스 매너, 이메일 소통법 등 이력서에 적기 애매한 '기록되지 않은 배움(Undocumented learning)'[8]까지 더하면 종이 한 장이 모자라 보였다.

자신을 '커뮤니티 오거나이저(Community Organizer)'라고 소개한 엠 헤이네스(M Haynes)는 시사 이슈에 관심이 많다. 졸업하기 직전까지 학교에서 학생들이 사회적 이슈에 관심을 갖고 참여할 수 있도록 토론하는 프로그램을 직접 개발해서 운영했다. 엠의 이력서를 보면 그동안 어떤 일을 통해 무슨 역량을 길렀는지 한눈에 볼 수 있다. 캠페인 매니저로서 메시지를 효과적으로 전달하고 대중 강연을 할 수 있는 스킬을 길렀고, 회복적 정의 국립 센터와 청소년 센터(Friends of Youth)에서의 인턴 경험으로 커리큘럼을 개발하고 촉진자로서 워크숍을 진행할 수 있는 스킬도 갖추게 되었다.

내가 엠을 만난 곳은 빅픽처러닝 학교들과 그 모델에 관심을 가진 교육자들이 해마다 모이는 빅뱅 컨퍼런스에서다.[9] 이곳에서 엠은 "시사 문제에 학생들을 참여시키는 방법(How to engage students in current events)"이라는 세션을 운영했다. 교사들을 대상으로 워크숍을 준비하고 진행한 것이다. 빅픽처러닝은 이렇게 학생들이 LTI를 통해 다년간 쌓아온 역량을 종합해서 새로운 일에 도전해볼 수 있는 기회를 제공하기도 한다.

역량 중심 배움이 현장에서 일어날 수 있는 데에는 어드바이저의 역할뿐 아니라 멘토의 역할도 크다. LTI는 사실 학생들의 '멘토 만들기' 활동에 가깝다. 누구라도 지역사회 내에서 사회적 자본을 형성할 수 있도록 시작점을 마련해주는 것이다. 기존의 학교 모델에서는 학생들이 학교 내에서 하는 활동을 통해서만 사회적 자본을 쌓을 수 있었기에 멘토의 대상은 대개 '교사'로 한정되었다. 하지만 LTI는 다르다. 지역사회 안에서 다양한 사회적 관계를 쌓을 수 있다. 특히 인턴십 현장의 멘토는 학교 밖에서 학생과 밀접한 관계를 형성하는 제3의 어른으로서 실제 세상에 존재하는 또 다른 네트워크를 연결해줄 수 있는 핵심 역할을 한다.

그래서 LTI는 조직(학교)과 조직(회사)이 협약을 맺고 대규모 인턴십 프로그램을 운영한다기보다 그 안의 사람(학생)과 사람(멘토)의 관계가 성립한 뒤에 학생의 관심사에 맞춰 현장 기반의 멘토링 프로그램을 만든다. 학생들은 이렇게 형성된 밀접한 관계를 통해 정서적 배움 또한 경험한다. 또한, 멘토의 삶을 보며 지역사회의 구성원으로서 자신의 역할을 미리 인식하고 깨닫는다. 자연스럽게 '내'가 하고 싶은 일에서 '우리'를 위해 할 수 있는 일로 관심사가 확장되는 것이다.

예를 들어 한 학생은 인턴십을 한 환경 비영리단체에서 기후

변화의 심각성을 알리는 캠페인을 할 때 새로운 아이디어를 제안했다. 5세 아동도 쉽게 이해할 수 있도록 정보를 이미지화하여 포스터와 엽서를 만들자는 것이었다. 그림을 잘 그리는 자신의 강점을 더 좋은 일에 사용할 수 있도록 자진한 일이다. 이렇게 인턴십 현장에서 자신이 기여할 수 있는 일들을 찾아 앞장서서 프로젝트를 기획하다 보면 공동체에 공감하는 마음도 한층 커지기 마련이다.

스케이트보드에 심취해 있던 또 다른 학생은 AS220이라고 하는 예술가 협력 집단에서 인턴십을 했다. 이곳에서 목재 절단에 사용하는 가공기, 레이저 커터, 유압 프레스는 어떻게 사용하는지, 스케이트보드 데크는 어떻게 만드는지를 배웠다. 이 학생은 졸업 프로젝트로 직접 만든 스케이트보드를 전시하고, 자신이 멘토에게 배운 내용을 다시 전시에 온 사람들에게 전하는 워크숍을 진행했다. 어떻게 기계를 다루는지 간략하게 시연을 보인 다음 자신이 만든 스케이트보드 제작 과정을 공개하면서 직접 가르쳤다. 내가 가진 재능과 경험을 주변에 나누는 활동을 한 것이다. 이로써 학교 밖에서 배운 내용을 학교라는 통로를 통해 다시 지역사회에 기여하는 선순환이 일어났다.

빅픽처러닝 학교 학생들은 학교 밖 경험을 통해 '공동체'에 대한 감각을 자연스럽게 키워가는 중이었다. 개인 프로젝트와 인턴십으로 지역 공동체와 공감할 수 있게 된 것이다. LTI를 통해 얻는 사회적 배움이란 바로 이런 것이다. 인턴십 경험을 통해 학교 밖으로 눈을 돌리면 실제 사람들이 어떻게 관계 맺고 소통하며 일하는지를 보게 된다. 공동체를 인식하면서 저절로 지역사회의 성장을 위한 일에 관심을 두게 된다.

배움과 일을 넘나드는 데 가장 중요한 역할을 하는 지역의 멘토는 어떻게 구할까? 처음 LTI 모델을 접했을 때 모든 멘토가 재능기부로 교육 봉사를 하고 있는 것이나 다름없다는 사실에 나는 크게 놀랐다.

빅픽처러닝 학교들에는 LTI를 담당하는 풀타임 코디네이터가 최소 한 명에서 두 명까지 있다. 이들은 지역사회에 학교의 학습 모델을 충분히 이해시키고 멘토풀을 늘려가는 작업을 학생들과 함께해나가는 것이 중요하다고 강조한다. 2016년에 새로 생긴 빅픽처러닝 학교에 인턴십 코디네이터이자 어드바이저로 부임한 데이빗 버그 (David Berg)는 지역에 아무런 네트워크가 없는 상태에서 멘토풀을 만들기 위해 고군분투한 이야기를 들려줬다. 일단 그는 학교가 위치한 씨애틀의 특성을 백분 살리기로 했다. 바로 자동차로 10분 거리에 있는 마이크로소프트 회사를 공략하는 것.

▶ 지역적 특성상 학부모 중에 마이크로소프트에 다니는 분들이

많았어요. 기회다 싶었죠. 첫 학부모회의 때 학교 기금 마련이니 학부모 참여니 아무것도 요구하지 않았어요. 연락처만 적어달라고 했죠. 인턴십을 통한 학습 모델을 설명하고 학생들에게 여러분의 인맥을 공유해달라고 부탁했어요. 개인적 자원을 공적인 자원으로 만든 거죠. 또, 저는 지역의 로터리 클럽이나 기업가들이 많이 모이는 자리를 찾아다니며 우리 학교를 소개하고, 학생들에게 연락이 오면 친절하게 받아달라고 하고 다녔어요.

데이빗은 학교가 찾은 다양한 인턴십 기회들을 한곳에 큐레이션 하고, 학생들은 관심사에 따라 해당 분야의 멘토를 보다 용이하게 검색할 수 있도록 앱 기반 인턴십 플랫폼인 ImBlaze[10]를 직접 개발했다. "모든 학생들이 실제 세상의 멘토들과 연결되게 한다"는 게 그의 미션이다. "새로운 기회 제안하기" 버튼을 누르면 학생이 직접 관심 있는 회사 정보를 입력할 수도 있다. 학기 초 혹은 멘토풀을 새롭게 구축해야 할 때는 이 기능을 활용하여 학생들이 관심 있는 기업이나 단체를 찾아 10개 이상 입력하는 미션을 내기도 한다. 어드바이저는 학생들이 입력한 데이터를 통해 이들의 관심 분야를 파악할 수 있다.

멘토를 찾는 과정을 통해서 학생들은 자신이 가지고 있는 사회적 자본에 대해 인식해볼 수 있게 된다. 지역사회에 관계를 맺고 싶은 사람, 기관, 회사들이 생기고, 한번이라도 연락해본 멘토들의 풀이 늘어난다. 실제 세상과의 관계 맺기가 시작된 것이다. 꼭 인턴을 했던 곳에 취업하지 않더라도 멘토를 통해 관련 업종에 대한 정보를 받거나 다른 회사로 연결되는 경우가 많다고 한다. 빅픽처러닝 모델을 적용한 학교들에서는 96%의 취업률을 보인다.

코로나가 시작된 뒤로 빅픽처러닝 학생들은 멘토와 온라인으로 만났다. 처음부터 멘토를 구해야 하는 학생들은 오히려 지역의 물리적 거리를 뛰어넘어 평소에 만나보고 싶었던 멘토와 연결해보는 기회로 삼기도 했다. 코로나로 모든 것이 멈춘 시간 동안 교사들은 멘토풀 중 비어 있는 분야의 전문가를 컨택하고 관계를 쌓아가는 시간을 가졌다. 무엇보다 중요한 것은 학생들의 배움이 멈추지 않았다는 것이다. 실제 세상의 변화 자체 또한 배울 거리였기 때문이다. 코로나로 타격을 입은 산업이 있다면, 멘토에게 얼마나 영향이 있는지를 듣고 함께 해결책을 상상해보는 프로젝트를 진행하기도 했다.[11]

LTI는 자신의 진로를 찾는 데 시행착오를 줄이기 위한 직업체험 이상의 의미를 지닌다. LTI는 학습 레벨도, 진학 의사도, 진로의 형태도 관계없는 모두를 위한 학습법이다. 학문적 배움과 정서적 배움을 동시에 경험할 수 있는 새로운 학습모델이자 제3의 어른이 청소년의 배움의 여정에 어떻게 결합할 수 있는지 보여주는 최적의 학교 모형이라고 할 수 있다.

빅픽처러닝의 공동 운영 이사인 앤드류 프리슈먼(Andrew Frishman)은 "우리가 최종 목적으로 삼고 있는 것은 학생들을 평생 동안 스스로를 발전시키려는 열망으로 끊임없이 세상을 탐구하는 '평생학습자'로 기르는 것"이라고 말한다. 이것이 바로 실제 세상과 연결된 리얼 월드 스쿨의 존재 목적이지 않을까. 아니, 모든 학교의 존재 이유가 되어야 하지 않을까.

진로 교육은 따로 존재하는 것이 아니다

통계청이 발표한 '2019 청소년 통계'에 따르면 13세 이상 청소년들의 가장 큰 고민은 '직업' 선택 문제였다. 4년제 대학을 졸업해도 취업이 어려운 시대인 탓에 공부보다는 어떻게 먹고살 것인지에 더 무게를 두고 있음을 보여주는 결과다. 예전 세대에 비해 현실적인 고민을 일찍 시작한 셈이기도 하다. 각종 기사에서는 직업 고민이 공부에 대한 고민을 역전한 것은 통계를 작성하기 시작한 2008년 이후 처음 있는 일임을 강조해서 보도했다.[12] 그런데 이 해석이 어딘지 이상하지 않은가? 나는 여전히 '직업'과 '공부' 고민이 달라야 하는지 의문이다. 공부를 하는 이유가 새로운 지식과 경험을 통해 자신이 기존에 알고 있던 좁은 세상을 확장하고, 탁월해지고 싶은 분야를 찾아가기 위함이 아니던가. '직업'과 '공부'의 불일치를 해결할 수 있는 열쇠가 바로 리얼 월드 스쿨에 있다.

세상과 맞닿아 있는 리얼 월드 스쿨은 개별 학생들이 가진 배움의 호기심에 불을 지피는 곳이다. 학교에서 배우는 내용은 실제 세상과 연결되어 있어서 학생들은 해당 지식이 현실에서 누구에 의해 어떻게 사용되는지를 알 수 있게 된다. 궁금한 분야를 스스로 탐구해가는 과정에서 마주치는 수많은 제3의 어른들의 모습을 통해 자신의 미래 모습도 더 구체적으로 상상할 수 있는 기회가 주어진다. 그렇기 때문에 리얼 월드 스쿨에서 진로 교육은 다른 교과 공부와 따로 떨어진 독립된 것이 아니라 리얼 월드를 통해 각 교과에서 구현된다. 궁극적으로는 교과의 구분조차 없어지고 관심 있는 프로젝트 주제에 따라 지식, 경험, 사람이 한데 묶여 학습자와 상호작용을 하게 된다.

리월 월드 스쿨은 세상과 만날 기회를 성적의 우열에 따라 차등 지급하지 않는다. 모든 학생의 삶이 존귀하기 때문이다. 지식 학습과 진로 탐색이 분리될 수 없는 환경은 학생들의 삶을 보다 풍성하고, 공평하고, 자유롭게 만든다. '실제 세상과 교실을 연결하는 리얼 월드 러닝'을 표방하는 다빈치 스쿨에서 외부 파트너십을 담당하는 나타샤 모리슨(Natasha Morrison)은 리얼 월드 러닝이 궁극적으로 다양한 직업에 대한 학생들의 접근성을 높여준다고 역설한다.

▶ 리얼 월드 러닝은 기울어진 운동장을 바로잡을 수 있는 수단입니다. 존재하는지도 모르는 많은 직업에 대한 학생들의 선택권을 높여주죠. 기존에는 특정 학생들만 누릴 수 있었던 선택권이었는데 말입니다.

학교의 시스템과 문화를 리얼 월드 러닝이 가능한 방식으로 전환한 학교들은 나타샤처럼 '모두를 위한 기회'를 만들기 위해 온 힘을 쏟는다. 학교 밖 대회나 교육 프로그램을 통해 새로운 세상을 만나거나, 학생회 연합회라든지 청소년 자치 활동 등을 통해 새로운 사람과 만나는 기회가 소수의 (공부 잘하는) 몇 명에게만 집중되는 기존의 학교 모습을 떠올려보면 모두를 위한 리얼 월드 스쿨로의 전환이 왜 중요한지 수긍이 갈 것이다. 특히 대한민국에서는 학력이 높은 학생들에게 외부 활동 기회가 쏠린다. 관계 자본까지 일부가 독식함으로써 기회의 불균형은 갈수록 심화된다. 사실 관계 자본으로 득을 볼 수 있는 학생들은 오히려 학력이 높지 않은 집단일 수도 있는데 말이다.

진로는 교육을 통해 찾아지는 것이 아니다. 이미 자신의 삶을 살고 있는 사람을 통해 내 삶이 확장된다. 우리가 알고 있는 세계가 손바닥만 한 종이라면, 새로운 세계의 사람을 만날 때마다 종이의 한쪽 귀퉁이가 쭉쭉 늘어날 것이다. 이는 청소년기를 지난 성인에게도 마찬가지다. 더구나 모두의 종이는 각각 소중하다. 이제 우리 사회도 '진로 교육'의 모습을 재점검해야 한다. 학교를 학생의 삶과, 지역사회와, 세상과 동기화할 수 있는 방법을 고안해보자.

처음부터 학교 전체 시스템을 바꾸기 어렵다면 내가 가르치는 수업에서부터 조금씩 새로운 시도를 해보면 어떨까. 학생들이 성장한 모습을 학교 구성원들이 보게 될 때, 한 교실에서의 수업이 전 학년, 전교생에게로 퍼져나갈 수 있다. 이러한 믿음을 증명하기 위해 유쓰망고에서는 2021년 초에 리얼 월드 러닝의 개념을 자신의 수업에 적용할 실천 교사들을 모았다. 국어, 일반 사회, 창의적 체험활동, 학교 특색 프로그램 등에 적용해보고자 하는 중고등학교 교사 7명이 모였다. 그중 교과 수업 시간을 진로와 연계한 리얼 월드 러닝으로 기획한 수업 사례를 소개한다.

· **사례1:** 고등학교 2학년 '정치와 법' 시간에 진행되는 '교복 입은 시민 – 정책 제안 프로젝트'는 서울시의 정책을 청소년의 관점에서 제안해보는 팀 활동이다. 먼저 자신이 관심 있어 하는 분야[13]를 골라 팀원들과 관련 정책을 검토하며 현재 이슈가 되고 있거나 문제 의식을 느끼는 부분을 주제로 정한다. 다음으로 전문가와의 인터뷰를 통해 정책의 타당성 및 실효성, 현실 가능성 여부를 검증한 뒤, 새롭게 수정 및 보완한 정책 제안서를 작성하고, 시민 제안까지 해보는 프로젝트이다. 정책이 어떻게 만들어지는지를 암기하거나 기존 정책을 평가해보는 기존 수업과는 다르다. '나'와

연관성 높은 주제를 탐구하며 제3의 어른을 통해 현장의 목소리도 듣고 정책 제안까지 해보는 리얼 월드 러닝이라고 할 수 있겠다.

'코로나 시국에서 청소년의 문화, 여가 생활의 활성화 방법에 대한 정책 대안 만들기'를 주제로 찾은 팀은 안산시청소년재단 상록청소년수련관 담당자와 온라인으로 만나 코로나 이후 달라진 청소년들의 문화 생활과 수련관에서 제공하는 프로그램의 변화 등에 대해 대화를 나눴다. '택배기사의 근로환경 문제'를 주제로 잡은 팀은 전국택배노동조합에서 교육선정 국장으로 활동하는 분과, '서울시 주택난'을 해결하고자 한 팀은 서울 주택 도시공사 공동체 주택 지원 매니저와 연결됐다. 주택난과 관련해서 학생들은 임대주택 공급과 룸메이트제를 융합하는 의견을 냈고, 이에 대해 전문가의 의견을 들으며 한층 깊은 대화를 나눌 수 있었다.

· **사례2** : 고등학교 3학년 선택 수업인 '실용경제' 시간에는 개인의 소비 패턴과 소득 구조 및 재무 설계와 관련해서 '19살을 위한 경제 뉴스레터'(1호: 소비, 2호: 소득, 3호: 인터뷰)를 발행하는 프로젝트를 한다. 탐구한 내용을 수업 시간에 발표하는 차원을 넘어 같은 또래 친구들에게 알리는 뉴스레터 형식으로 제작하고 보낼 수 있도록 설계했다. 뉴스레터 3호를 발행할 때는 자신이 관심 있는 진로 분야 멘토를 섭외하여 그들이 수행하는 경제 활동의 과정 및 가치, 미래 재무 설계 등을 인터뷰한 내용을 담았다.

이렇게 학생들은 교과 수업 시간이지만 내가 관심 있는 분야에서 일하고 있는 사람과 해당 주제로 대화해보는 경험을 통해 지식의 현장성을 확인하고, 자연스럽게 직업에 대한 궁금증도 해소할 수 있게 된다. 직접 섭외 이메일과 감사 이메일도 보내본 터라 언제든 필요할 때 요청할 수 있는 스킬도 얻게 되었다. 무엇보다 궁금한 게 생겼을 때 직접 물어볼 수 있는 대상이 생겼다. 이런 수업이 많아진다면 진로 교육을 따로 해야 할 필요도 없다.

하지만 아무리 개별 교사 차원에서 이런 수업을 해도 학교나 지역이 언제든 접근 가능한 멘토풀을 관리하는 시스템을 따라오진 못한다. 교사의 기존 업무가 줄어들지 않는 이상 리얼 월드 경험을 제공하기 위해 외부 자원과 관계를 형성하는 일까지 하기에는 시간이 부족하다. 물론 개중에는 리얼 월드 러닝의 중요성을 일찌감치 자각하여 학교와 학교 밖 자원을 연결하는 역할을 자진해서 하는 회사나 재단도 있다.

미국의 대표적 기업가정신 재단인 카우프만 재단(Kauffman Foundation)은 재단이 위치한 캔자스 시티(캔자스 주와 미주리 주의 경계)를 중심으로 총 2개 주 15개 교육구 내 60개 고등학교를 선발하여 리얼 월드 러닝 생태계를 만드는 새로운 도전을 시작했다. 지역의 회사 자원을 교육 자원으로 활용하는 B2E(Business to Education) 접근을 통해 코로나 이후 지역 경제 활성화까지 목표로 했는데, 특히 일터 기반 학습(Work-based Learning)의 일환으로 전문가와 협업하는 단기 문제 해결 프로젝트(Client-Connected

Projects)와 장기 인턴십을 장려한다. 카우프만 재단뿐 아니라 P-TECH, MC2 STEM 같은 학교들은 이미 2011년도부터 고등학교-대학-회사를 연계한 학교 모델을 만들고 있고, 중고등학교 모델인 서밋 퍼블릭 스쿨(Summit Public School)은 1학기에 8주간 리얼 월드 러닝 프로젝트를 필수 과정으로 삼고 있다.

코로나19로 인한 실업자 수가 27백만 명에 이르며 사실상 경제가 무너진 미국에서는 포스트 코로나를 대비하는 학교 혁신에 대한 논의가 끊이지 않는다. 교육 혁신 미디어 그룹인 게팅 스마트(Getting Smart) CEO 톰 아크(Tom Vander Ark)는 뉴이코노미의 세상 속에서 학생들은 점점 더 진학 이후의 취업을 고민할 수밖에 없기 때문에 고등학교에서 취업과 진로에 대한 브릿지 역할을 잘 해내야 한다고 강조한다. 게다가 코로나19로 지역의 작은 대학들은 이미 폐쇄 위기에 처해 있다. "캠퍼스 생활을 못한다면 대학에 보내지 마라"는 류의 기사가 나오는 상황에서 더 이상 대학 진학을 정답처럼 여기지 말아야 한다는 것이다. 이러한 시대적 변화에 따라 학부모들도 자녀들이 실제 세상에 필요한 역량을 키울 수 있는 리얼 월드 러닝에 관심을 많이 가질 것이라고 전망했다.[14]

리얼 월드 러닝은 모든 학생이 사는 일이자 지역사회가 살아나는 방법이기도 하다. 그런 마법이 우리 눈앞에 펼쳐지려면 학교의 안과 밖에서 일어나는 일에 대한 고정관념을 깰 필요가 있다. 학교는 더 이상 세상 속에 고립된 장소가 아니다. 세상과 연결될 수 있는, 연결되어야만 하는 장소다. 배움의 '장소'에 대한 인식의 확장이 일어날 때 학교는 세상과 동기화될 것이다. 그리고 리얼 월드 스쿨에서 성장한 리얼 월드 러너들은 자신의 삶을 스스로 만들어갈 준비를 갖출 것이다.

제3의 어른과 수업을 연계하는 방법

	학교 ◀ 지역사회	학교 ▶ 지역사회	학교 ◀▶ 지역사회
	탐색	**참여**	**협력**
학생	**초청강의/만남** 학생들의 관심사에 맞는 제3의 어른을 학교로 초대 **회사투어(job shadowing)** 재현된 공간에서 하는 체험이 아닌, 실제 제3의 어른이 일하는 공간에서 일하는 모습을 관찰하고 체험	**학생 프로젝트 피드백** 학생이 시작한 프로젝트에 대한 멘토링을 정기적으로 받음 **수업 진행** 학생이 시작한 프로젝트에 대한 멘토링을 정기적으로 받음	**인턴십** 2주 이상 현장에서 제3의 어른에게 직접 배움 **공동 프로젝트 파트너** 지역사회/회사의 문제를 해결하거나, 10대의 아이디어가 필요한 프로젝트 협업
교사	**회사투어** 교사도 실제로 세상에 대한 생각을 갖기 위해 다양한 현장 관찰 및 체험	**수업과 연계된 강의** 프로젝트 주제, 수업과 관련된 분야 전문가의 강의로 지식의 현장성을 높임 **교사 현장 연수** 교사 역량 강화를 위해 2주 이상 현장에서 일을 하며 배움	**커리큘럼 피드백** 교과과정 재구성 후 학기 초에 프로젝트 피드백을 받음. 실제 세상에서 사용되는 지식과 역량을 수업에 적용하고, 협업할 수 있는 지점을 함께 모색

네트워크 허브로서의 학교

학교 혁신을 위한 뜻밖의 비법, '관계'

코로나19로 개학이 연기되고 학교에 가지 못하는 사상초유의 사태를 겪으며 우리 모두는 '만약 ~한다면'이라는 문장으로 시작하는 상상 속의 조건을 현실로 맞닥뜨렸다. '만약 학생들이 학교에 모일 수 없다면'을 단서로 한 학교의 모습은 유령 도시나 다름 없었다. 집에서 스스로 자기 관리를 하고 정신 건강을 챙겨야 하는 상황에서 알아서 잘하는 학생들과 교사의 관심이 필요한 학생들 사이의 간극은 점점 더 커졌다. 리얼 월드 스쿨을 꿈꾸는 우리는 이 간극이 어디서 오는지를 자세히 봐야 한다.

공부를 잘하는 친구들만 이 변화된 상황을 알아서 잘 헤쳐 나간 것은 아니다. 사실 이 같은 위기 상황에서는 공부 역량보다 사회적 자본을 활용할 수 있는 역량이 더 중요하다. 예를 들어 친구들에게 얼마나 잘 먼저 다가가고 도움을 요청할 수 있는지에 따라 생활의 질이 달라진 것이다. 도움을 요청하는 데 주저함이 없거나, 누구에게 요청해야 할지 정확히 아는 학생들은 선생님에게 따로 이메일을 보내 자신의 어려운 상황을 소통하거나 궁금한 것을 물어봤다. 또는, 친한 친구를 모아 온라인 스터디 그룹을 만들어 서로 동기부여가 가능한 환경을 만들었고,[1] 온라인 생일파티나 온라인 노래방 등 새로운 아이디어를 통해 또래와의 연결감을 잃지 않았다. 하지만 도움을 요청해본 적이 없거나, 과거에 자신이 손을 뻗었을 때 긍정적인 피드백을 받아본 경험이 없는 학생들은 움츠러들었고, 점점 화면 앞에서 사라졌다.

지식과 역량을 키우는 것 이외에 학교의 중요한 역할은 바로 이러한 사회적 관계망을 발달시키고 그것을 활용할 수 있는 방법을 가르치는 데 있다. 그리고 그 중요성은 코로나19로 더 극명하게 드러났다. 하지만 한국의 아동·청소년에게는 사적인 관계 외에 의지할 공적 지지 체계가 거의 없다. 2019년 통계청이 발표한 '아동·청소년 삶의 질 지표 분석 결과'를 보면 문제가 생겼을 때 상담 가능한 사람은 어머니(38.5), 친구(37.1), 형제·자매(6.1), 아버지(5.2) 순으로 나왔다. 학교 담임교사는 0.4%, 상담교사는 0.6% 청소년 상담센터는 0.3%로 매우 저조했다. 가족이나 친구 외에는 도움을 요청할 수 있는 대상이 없다고 느낀다는 뜻인데, 이는 곧 가족 관계나 친구 관계가 좋지 않으면 고민을 털어놓거나 내 이야기를 들어줄 사람이 없다는 이야기다. 학교가 학생들이 맺는 '관계'에 주목해야 할 이유다.

책의 마지막 장 제목을 '네트워크 허브로서의 학교'라고 지어놓고 갑자기 심리·정서적 관계를 예로 들어 이야기를 시작하는 데에는 이유가 있다. 리얼 월드 러닝의 첫 단추를 잘 꿰려면 나의 배움에 대한 호기심에 집중해줄 수 있는 사람이 필요하기 때문이다. 리얼 월드와 연결된다고 해서 외부 네트워크만 마구 확장해놓으면 소용이 없다. 관계망을 안과 밖으로 촘촘하게 엮어야 한다. 학교라는 공간 안에서 나의 강점을 발견해주고 성장점을 읽어줄 사람, 나의 힘든 점과 어려운 점을 털어놓고 헤쳐나갈 수 있는 방안을 함께 찾아나갈 지지자를 확보하는 것이 선행되어야 한다는 뜻이다. 내가 채워져야 밖으로 시선을 옮길 수 있기 때문이다.

이제 학생이 맺는 관계를 다각도로 조명해보자. 우선 친밀도가 높은 관계를 관리한 후에는 기존에 만나지 못했던 전혀 다른 새로운 사람과의 연결에 집중할 필요가 있다. 4장에서 강한 유대 관계라고 할 수 있는 '결속 자본'과 느슨한 연결이라고 할 수 있는 '연계 자본' 두 가지 다 청소년의 사회적 자본 형성 과정에 영향을 미친다고 설명했다. 사회적 자본이 많아질수록 청소년의 학업 태도 및 진로 역량이 성숙하고, 나아가 계층 이동에까지 도움을 받을 수 있음에도 불구하고 그동안 '관계'는 입시 중심 체계에서 늘

후순위로 밀려났다. 하지만 개별 학생들이 학교 안팎에서 맺어가는 다양한 형태의 관계에 집중할 때, 뜻밖의 혁신이 찾아올 수 있다.

시장을 뒤흔들었던 성공적인 회사들이 기존 제품이나 서비스를 더 정교하게 하는 방식이 아닌, 단순한 기능만 탑재한 저렴한 제품이나 서비스로 시장의 밑바닥을 점령하는 현상을 '파괴적 혁신(Disruptive Innovation)'이라고 한다. 마켓에서 소외되었던 대상이나 괄시되었던 기능들이 힘을 발휘하게 되면서 시장의 판도를 바꾸는 것이다. 이를 학교에 적용해보자. 그동안 중요성은 알고 있었으나 지식이나 역량만큼 중요하게 다뤄지지 않은 '관계'를 중심으로 학교를 새로 디자인하면 어떤 일이 일어날까.

'파괴적 혁신' 이론을 창시한 하버드대 경영학 교수 클레이톤 크리스텐슨(Clayton Christensen)[2]이 그의 이름을 따서 만든 연구소[3]가 있다. 이곳에서는 파괴적 혁신 이론에 근거해 사회 각 분야의 혁신을 위한 새로운 관점과 방향성을 제시하는 일을 하는데, 교육의 혁신으로 내세운 키워드가 바로 '관계'이다. 학생들이 맺고 있는 '관계' 자체를 네 가지 측면에서 주기적으로 평가하며 개선해갈 때, 수업의 내용, 학교의 운영 방식, 교사의 역할 등이 함께 변화할 수 있다는 것이다.

이 프레임워크는 관계의 양과 질, 더 나아가 관계를 맺는 네트워크의 구조, 관계를 동원할 수 있는 역량을 구분하여 측정하기를 제안한다. 아는 사람이 많아지는 것도 중요하지만(양), 도움

1. 관계의 양	2. 관계의 질
정의: 시간에 따라 학생의 네트워크에 쌓이는 사람들의 숫자는 얼마인가? **핵심 포인트:** 더 많은 관계를 맺을수록, 학생은 도움을 구하고 기회에 접근할 수 있는 확률이 높아진다.	**정의:** 학생들이 관계를 어떻게 경험하는가? **핵심 포인트:** 학생의 니즈가 변화함에 따라 다양한 관계는 다양한 가치를 제공한다. 긍정적인 관계는 학생의 관계적, 발달적, 도구적 니즈를 충족한다.
3. 네트워크의 구조	**4. 관계를 동원할 수 있는 역량**
정의: 학생들이 얼마나 다양한 사람과 어떤 방식으로 연결되어 있는가? **핵심 포인트:** 서로 다른 네트워크 구조는 각각의 기능을 수행한다. 단단하게 조직된 관계망은 학생들이 신뢰할 수 있는 도움을 제공하고, 다양한 네트워크는 새로운 기회를 발견할 수 있는 통로의 역할을 한다.	**정의:** 관계를 활성화시키는 데 필요한 마인드셋과 스킬을 학생이 갖고 있는가? **핵심 포인트:** 사회적 자본이 어떻게 그들의 네트워크를 적극적으로 확장해갈 수 있는지 가르친다. 네트워크를 관리하고 유지하는 방법을 아는 것이 그들의 삶에서 관계의 저수지를 효과적으로 사용할 수 있게 한다.

<표7. 학생의 사회적 자본을 측정하는 네 가지 프레임워크>
(출처: 크리스텐슨 연구소 발행 리포트 'The Missing Metrics: Emerging practices for measuring students' relationships and networks', 7p., 2020)

을 요청하거나 유용한 정보를 얻을 수 있는지의 유무도 중요하다 (질). 특히 네트워크의 구조는 개별 학생이 얼마나 다양한 사람들과 다양한 방법으로 상호작용할 수 있는 환경을 만들었는지 평가하게 해준다. 이때 초청 강의, 전문가 연계 프로젝트 수업, 인턴십 등 다양한 층위의 관계 맺기가 모든 학생들에게 열려 있는지 확인하는 것이 필수다. 그러고 나면 학생들이 이렇게 생긴 관계들을 지속적으로 유지하면서 미래에 활용할 수 있는 자원으로 만들어갈 수 있어야 한다. 관계를 동원할 수 있는 역량은 관계 맺기를 직접 해볼 때 길러진다. 원하는 정보를 검색하는 법, 이메일 쓰는 법, 대화를 이끌어가는 법, 공통의 관심사를 찾아가는 법, 감사를 표시하는 법 등이 여기에 해당된다.

이 네 가지 중에서 가장 품이 많이 드는 일, 계획을 갖고 설계하지 않으면 제대로 하기 어려운 일은 아무래도 다양한 네트워크의 구조를 만드는 것이지 않을까. 코로나19를 계기로 우리는 온라인을 통해 먼 지역에 있는 사람과도 언제든 연결될 수 있다는 사실을 체험했다. 하지만 개인이 노력하지 않으면 여전히 친한 친구 그룹, 원래 알던 커뮤니티 등 기존의 버블 안에 머물러 있기 마련이다. 연계 자본을 늘리는 데에도 새로운 접근이 필요하다. 학교 생활을 하며, 수업에 참여하며, 자연스럽게 외부의 다양한 제3의 어른들과 연결될 수 있도록 말이다. 그게 바로 내가 이 책에서 다양한 사례와 함께 소개한 리얼 월드 러닝 방법들이다.

관계를 중심으로 학교를 디자인한다는 것은, 우연을 가장한 우연을 통해 관계가 확장되는 환경을 만드는 것을 의미한다. 우연을 가장한다는 말은, 사전에 관계를 잘 디자인해야 한다는 뜻이다. 프로젝트 수업을 기획하는 교사가 얼마나 외부 전문가와의 협업을 교과 과정 내에 중요한 부분으로 배치하는지, 학생의 관심사에 딱 맞는 제3의 어른과 매칭될 수 있도록 얼마나 사전에 꼼꼼하게 탐색 과정을 가지는지 등을 통해 다양한 층위의 관계 맺기가 이루어질 수 있다.

결국 매칭 후 관계를 만들어가는 건 학생들의 몫일지 몰라도 만날 수 있는 순간까지의 길은 접근성이 높아야 한다. 마치 데이팅 앱처럼 말이다. 관심사, 거리 반경, 자기 소개를 입력하면 대화창이 뜨는 것까지는 쉽다. 그러나 주어진 관계를 얼마나 의미 있게 만들지, 계속 만날지 말지 결정하는 것은 참여하는 사람의 의지에 달린 문제다. 그런 의지를 발휘해볼 수 있게 하는 게 결국 학생들의 주체성을 키우는 방법이다. 더 궁금하고 알고 싶은 게 있어야 상대에게 적극적이게 되는 것처럼, 배움의 호기심으로 연결된 관계가 만들어질 때 학생들의 주체성은 발현된다.

　　데이팅 앱이 잘 돌아갈 수 있도록 구조를 만드는 사람이 학교 안에 있다면 어떨까. 교사는 기존의 역할을 변경하고, 학교 전체 차원에서는 학생들의 '관계'를 관리하는 사람이 필요하다. 지역 사회 문제 해결 프로젝트를 교과과정으로 하는 원스쿨은 '기회 돌봄이(Opportunity Wrangler)'가, 학교 주변 30개가 넘는 회사들과 협업 프로젝트를 하는 다빈치 스쿨은 '리얼 월드 러닝 디렉터'가, 인턴십을 통한 학습 모델을 만든 빅픽처러닝에는 '인턴십 코디네이터'와 '어드바이저'가 있는 것처럼 말이다.

　　가정 환경 파악이나 일상 관찰은 담임 교사가, 학생 상담은 상담 교사가, 진로 계획은 진로 교사가, 학교 외부 네트워킹은 관리자가 하겠지, 하면 학생들의 사회적 자본은 결코 통합적으로 관리될 수 없다. 이따금 학교에서 교사들끼리 대화 중에 "○○가 그런 걸 잘할 줄 정말 몰랐어" "내 수업시간에는 한번도 그런 모습을 보여준 적 없었는데 의외네?"와 같은 한 학생에 대한 단편적인 인상과 평가들이 오가기도 한다. 이런 정보들이 한 학생을 만나는 과목별 교사들 간에 공유되는 것부터가 시작이다.

어른들은 개별 학생의 네 가지 관계의 측면을 학교 구성원들이 함께 기록하고 모니터링 하는 구조를 만들어야 한다. 무엇보다 분절된 기존의 역할들을 연결하고 학생의 정보를 통합적으로 관리하는 사람이 학교 내부에 있어야 한다. 끊임없이 외부 자원들을 발굴하고 기회를 엿보다가, 학생과 학교의 수요에 맞는 것들을 연결해줄 수 있는 사람이 필요하다는 뜻이다.

『코로나 이후 세계』를 펴낸 블룸버그 선정 전 세계 1위 미래 학자 제이슨 솅커(Jason Schenker)는 〈서울신문〉과의 인터뷰에서 온라인 관계 맺기의 중요성을 강조했다.[4] 비대면 시대에서는 학연이나 지연보다도 온라인 인맥을 관리하는 것이 경력을 쌓아가는 데 더 중요한 요소로 작용한다는 것이다. 사람들은 이미 링크드인 같은SNS를 활용해 온라인에서 네트워킹을 하고 있고, 유튜브·팟캐스트 등 콘텐츠 플랫폼에 자신이 만든 콘텐츠를 올려 '나'를 보여줌으로써 관련 분야의 전문가들과 연결되고 있다. 이런 방식은 앞으로 더 활성화될 것이다.

새로운 세상은 이미 우리 옆에 왔다. 학교의 모습이 달라져야 한다면, 우리는 '관계'를 중심에 놓고 학교를 새로 디자인해야 한다. 지금을 사는 청소년들을 세상의 인맥을 활용해 자신의 삶을 확장해가는 리얼 월드 러너로 키워내려면 말이다.

네트워크 브로커 교사가 되기 위하여

학생의 사회적 자본을 우선순위에 놓은 학교에서는 교사의 역할도 달라질 수밖에 없다. 수업의 내용과 형태가 달라지고, 학교의 문화가 달라지게 될 것이기 때문이다. 교사는 학생들이 기존에는 접할 수 없던 다양한 학교 밖 실제 세상과의 관계를 중간에서 연결해줄 수 있어야 한다. 한마디로 '네트워크 브로커(Broker, 중개인)'가 되어야 하는 것이다. 어떻게 하면 관계의 혁신을 가져오는 네트워크 브로커가 될 수 있을까?

━ 학생의 성장 궤도를 꿰뚫기

어떤 좋은 것도 본인에게 필요한 것이 아니면 쓸모가 없다. 관계의 확장을 통해 학생의 성장이 일어나게 하려면 그때 그때 필요한 경험이 무엇인지를 알아야 한다. 유쓰망고와 전문가 연계 학생 주도 프로젝트 수업을 진행한 창덕여중 이은상 선생님은 리얼 월드 러닝 환경을 만드는 교사의 역할을 다음과 같이 강조한다.

▶ 교육 전문가들이 학교의 자원과 학교 밖의 자원을 효과적으로 활용할 수 있는 교육과정을 설계하도록 하고, 학생들이 주체적인 학습 경험과 습관을 만들 수 있도록 돕는 것이 학교의 역할이라고 생각합니다. 그렇기 때문에 삶과 앎이 분리되지 않도록 외부 전문가들을 어떤 관점에서 학습자와 연결해야 하는지 아는 게 교사의 역할이겠죠. 단순히 연결만 해주는 것으로 교사의 전문성을 활용했다고 볼 수는 없을 것 같아요. 연결해주는 가운데 학생의 지적 호기심이나 사회적 문제 해결에 대한 욕구를 촉진하고 해결하게 하는 데까지 역할을 다해야 합니다.

인적 자원을 성공적으로 연결하는 데 필요한 첫 번째 조건은 학생의 니즈를 정확히 파악하는 것이다. 제3자로서 양쪽을 중개하는 브로커는 개별 학생의 상황을 종합적으로 알고 있어야 한다. 어떤 경험이 학생의 잠재된 씨앗을 터뜨리게 해줄지 교사는 안다. 학생의 성향과 관심사, 능력과 지식 수준을 이미 이해하고 있어야만 결정을 내릴 수 있다. 결국 학생과 교사 간에 신뢰 관계가 형성되어야 하는데 이는 깊은 대화와 관심을 통해 가능해진다.

학생 본인의 필요가 아닌, 교사가 지레짐작한 필요로 연결된 관계는 오히려 서로에게 독이 되기도 한다. 실제 고등인턴 프로그램 진행 중의 일이다. 현장 경험이 필요하다고 느끼는 청소년들이 관심 분야의 멘토와 연결되어야 배움이 일어날 텐데, 한 학교에서 담당 교사가 단순히 성적 상위권 학생들의 외부 활동 기록을 위해 보낸 적이 있다. 참여 학생도 고역이고, 매칭된 멘토 역시 좋은 마음으로 참여했다가 의욕이 없는 무기력한 학생을 만나면 힘이 빠진다. 우리는 이 부분을 간과하지 말아야 한다. 기껏 연결된 멘토가 의미 있는 경험을 하지 못했다고 느낄 때 멘토풀에서 영원히 빠져나갈 수 있기 때문이다. 학교 입장에서는 소중한 관계 하나를 잃는 것이다. 선발할 수 있는 권한이 회사에게 없는 학교 프로그램의 경우, 오히려 회사는 "딱 맞는 학생을 보내달라"고 주문한다. 이 경험이 정말 득이 되는 학생인지는 학교가 제일 잘 알고 있을 거라는 판단에서다.

두 번째, 매칭된 관계에 적절히 개입하는 솜씨이다. 니즈를 파악해서 매칭만 시켜놓고 손을 놓아버리면 안 된다. 이 학생에 대해 더 잘 아는 사람은 처음 만나는 제3의 어른이 아닌, 교사이다. 빅픽처러닝은 아예 인턴십 시작 전에 교사가 학생, 멘토와 함께 만나 프로젝트를 같이 기획하고 중간 점검도 할 수 있도록 시스템을 만들었다. 학생에 대한 정보를 인수인계 해주거나, 어떤 부분을 중점적으로 다뤄줄지 구체적으로 전달될수록 관계 형성의 속도와 질에 영향을 준다는 것을 알기 때문이다. 학생에 대한 제대로 된 정보를 주려면 교사가 학생의 성장 궤도를 꿰뚫고 있어야 한다. 즉 지식 습득의 속도나 현재의 수준을 바탕으로 지금 단계에 어떤 경험이 핵심적으로 필요한지 코칭해줄 수 있어야 한다는 뜻이다.

리얼 월드 러닝 실천 교사 모임 멤버인 전인고등학교 김성광 선생님은 일반사회 시간에 관심사가 비슷한 학생 그룹별로 관련 전문가와 추천 도서를 함께 읽고 토론하며 개인 탐구 프로젝트 주제를 구체화하는 수업을 설계했다. 그중, 마이클 샌델(Michael Sandel)의『공정하다는 착각』독후 토론에서 대화를 촉진하고 학생들의 관심 주제를 이끌어내는 역할을 맡았다.

이 주제를 택한 그룹과 교육 혁신 분야 전문가 사이에 이루어진 화상 회의 시간에 적극적으로 참여한 것이다. 책의 내용을 잘 이해하지 못한 학생에게는 자신의 관심사를 일상 생활에서 흔히 접할 수 있는 사회 현상과 연결시키도록 유도했다. 뮤지컬 배우를 꿈꾸는 학생이었기에 국내의 각종 오디션 프로그램을 비교 분석해서 자신이 생각하기에 가장 공정했다고 생각하는 오디션을 찾아보는 것을 탐구 주제로 정했다. 미국 SAT 시험의 역사와 능력주의의 문제점을 인상 깊게 읽었다고 한 학생은 문해력이 높고 사회 문제에 관심이 많았다. 이 학생은 좀 더 심도 있는 연구를 할 수 있도록 1960년대부터 현재까지 대학교 입시제도가 공정성을 강화하는 쪽으로 전개되었는지 조사하고 자신의 의견을 제시하는 프로젝트를 과제로 내주었다.

마지막으로, 경험을 해석해주는 관점이다. 학교 밖에서 누군가를 만나고 온 경험이 경험으로 끝나지 않고 '배움'의 단계까지

내려올 수 있도록 해석해주어야 한다. 혹은 학생 스스로 무엇을 새롭게 알게 됐는지 성찰해보도록 기회를 마련해주는 것이 필요하다. 이 과정을 통해 학생의 성장 궤도가 어디로 향하는지를 함께 점검할 수 있기 때문이다. 리얼 월드 러너들은 자신이 해온 경험을 통해 자기다움을 발견하고, 핵심 경험들을 연결해 자신의 맥락을 설명할 줄 알아야 한다. 이런 역량은 회사에 낼 지원서를 쓸 때만 필요한 것이 아니다. 그보다 훨씬 더 가치 있는 것, 즉 일상을 주체적으로 디자인할 수 있는 능력을 키워준다. 하지만 학교에서는 성찰 작업을 형식적이거나 단편적으로 다루는 경우가 많다. 그래서 정작 자신을 제대로 소개할 때가 오면 '자소설'을 쓰게 된다.

요즘은 프로젝트 수업도 많아지는 추세다. 이젠 학생들도 프로젝트를 제법 많이 수행한다. 그런데 놀라운 점은, 학생들이 학교에서 했던 여러 프로젝트들을 쭉 모아놓고 성찰해본 적이 없다는 것이다. 고등인턴 프로그램에서는 전문가 매칭 전에 준비과정을 5차시 정도 갖는데, 과거의 경험을 바탕으로 나의 강점과 핵심 역량을 꼽아보는 활동을 한다. 공통적으로 발견되는 나의 강점은 뭔지, 어떤 상황을 즐기고 어려워 하는지, 언제 가장 성취감을 느끼는지 등을 살펴보는 것이다. 대부분의 참여 학생들은 이런 활동을 처음 해봐서 자신을 파악하는 데 도움이 됐다는 수업 후기를 남겼다. 나에게는 매우 충격적인 경험이었다. 이런 현상은 과목별로 분절된 수업과 평가가 주를 이루기에 일어난다. 교사가 개별 학생을 다각도에서 살펴봐야 하는 것처럼, 한 개인도 자신을 다각도에서 바라볼 수 있어야 한다. 성찰 역량은 하루아침에 길러지지 않는다.

━ 교사를 리얼 월드로!

내가 맡은 학생들의 머리 위로 이들의 성장 궤도가 하나 둘씩 그려지기 시작한다면, 네트워크 브로커인 교사가 할 일은 직접 교실 밖으로 나가는 것이다. 학생의 성장 궤도에 새로운 길을 내줄 사람을 찾기 위해서가 아니다. 학교라는 공간, 익숙한 교직 사회를 벗어나 전혀 다른 그룹의 사람들과 네트워킹을 하면서 실제 세상에 대한 감각을 익히기 위해서다. 교사의 감각이 살아나면, 학생 개개인에게 필요한 정보와 사람은 저절로 보일 것이다.

세상과 벌어진 학교의 시차를 줄이려면 교사가 먼저 세상의 흐름을 파악하는 것이 중요하다. 국내에서는 특성화고와 마이스터고의 일부 전문 교과 교사를 대상으로 현장직무연수를 활발히 운영하고 있다. 스마트제조, 사물인터넷, 빅데이터 등 4차산업혁명과 관련된 산업 분야의 지식을 업데이트 해야 한다는 것이다.[5] 하지만 여러 분야가 융합하며 새로운 가치를 창출하고, 모든 사회 영역이 변화의 변곡점을 겪고 있는 시대에 과연 몇 개 특정 기술 과목을 담당하는 교사에게만 현장 경험이 필요할까?

회사에서 단기간으로 운영하는 직무 교육을 '익스턴십

(Externship)'이라고 한다. 학교 유형과 교과목을 불문하고 모든 교사에게는 익스턴십이 필요하다. 이러한 현장 업무 경험이 K-12 수업 현장에 어떤 영향을 주는지를 조사한 연구[6] 결과에 따르면, 실제 세상에 노출된 교사들은 오늘날의 기업 환경에서 21세기 역량이라고 하는 창의력, 문제해결력, 협업 및 커뮤니케이션 역량이 실제로 어떻게 활용되는지 경험하고, 그 중요성에 대한 이해도가 높아졌다. 나아가 교사들은 학생들이 실제 세상과 연관된 맥락이 있는 활동 중심 학습을 통해 이러한 역량을 개발할 수 있는 교실을 만들겠다는 의지를 보였다.

국내에서는 교원 전문성 강화를 위해 파견 교사 제도나 학습연구년 제도를 운용 중이다. 물론 좋은 일이다. 그러나 내 생각은 조금 다르다. 이런 시간을 꼭 학문적 탐구에만 제한해야 할까, 스타트업이나 관련 기업에서 현장 경험을 쌓아볼 수 있게 기회를 열어놓으면 어떨까, 하는 생각 때문이다. 특별히 배우고 싶은 기술이나 깊이 이해하고 싶은 업계가 있다면 실제 조직에 들어가 1년간 실제 세상의 업무를 해보는 것이다. 에듀테크 같은 기업들 중에는 시장의 수요에 맞춘 서비스를 디자인하기 위해 현직 교사들의 인사이트가 필요한 경우도 많다. 학교의 문화나 시스템을 제대로 알지 못해 현장에서 쓸 수 없는 서비스를 출시하는 경우도 있지 않은가. 이럴 경우 기업의 요구를 정확하게 파악해서 산학협력의 일환으로 교사를 기업에 파견하는 형태도 고려해볼 수 있을 터다.

교사를 리얼 월드와 연결시키는 방법은 다양하다. 리얼 월드 러닝을 학교 시스템으로 구현한 다빈치 스쿨은 교사 현장직무연수를 전 교직원으로 확대했다. 꼭 특정 지식을 현장에서 익히는 교육이 아니더라도, 기업의 HR부서와 연계해 회사가 어떤 역량을 갖춘 인재를 실제로 찾고 있는지에 대한 현 트렌드를 익히는 연수를 하기도 한다. 그뿐 아니라 세상과 맞닿은 수업을 설계하는 데 업계 전문가들을 적극 활용한다. 다빈치 스쿨은 교과 융합형 주제별 프로젝트 수업을 설계하는 과정에서 교사들이 현업에 종사하는 전문가에게 피드백을 받을 수 있도록 '프로젝트 발표 패널(Project Pitch Panel)'을 연다. 학기 시작 전에 교사가 먼저 실제 세상의 맥락을 수업에 반영할 수 있는 자리를 마련하는 것이다.

Boeing(항공회사)의 프로젝트 관리 스페셜 리스트,

Northrop Grumman(항공회사)의 매니저,

Belkin International(전자기기/악세서리 회사)의 HR 담당 부회장,

Deutsche(광고 디자인 회사) 크리에이티브 디렉터,

Go Stellar(디지털 디자인회사)의 UX 디렉터,

ReStore(해비타트 펀드레이징 비영리단체)의 마케팅 담당자,

Quest Nutrition(에너지바 식품 회사)의 HR 디렉터

...

<표8. 다빈치 스쿨 프로젝트 발표 패널에 참여한 전문가 리스트.>
회사 종류도, 업무 분야도 다양한 사람들이 한 자리에 모였다.

꼭 수업 주제와 연관된 전문가가 아니어도 된다. 다양한 분야의 업계 전문가들은 수업에 활용할 만한 다양한 보조 자료나 소프트웨어 등을 추천하거나, 업계의 흐름에서 해당 프로젝트가 어떤 의미가 있을지 의견을 보태고, 추가로 이야기를 나눠보면 좋을 만한 다른 전문가를 연결해준다. 참가하는 교사들은 현업에 종사하는 사람들과의 교류가 새로운 배움의 경험을 제약하는 기존 교육 시스템을 뛰어넘는 생각을 하게 해줘서 좋다는 반응이다.

프로젝트 발표 패널은 두 시간 남짓 열린다. 이 시간을 통해 교사는 당장 시작될 이번 학기 수업 계획에 도움을 받기도 하지만, 새롭게 알게 된 사람과 관계를 맺음으로써 장기적으로 협업 프로젝트를 기획할 수 있는 계기를 얻기도 한다. 교사의 사회적 자본이 늘어날수록 수업을 실제 세상과 연계할 수 있는 아이디어가 풍부해진다. 다양한 분야의 사람과의 연결을 통해 학생들은 경험과 지식이 확장된다.

교사를 리얼 월드와 연결시키는 작업은 평소에 생각해보지 못한 세상의 문을 열어준다. 전문가와 함께 책을 읽고 개인 탐구 프로젝트를 하는 수업을 기획한 김성광 선생님은 "리얼 월드 러닝을 하니 학생도 학생이지만 교사의 세계가 넓어진다. 내가 보고 있던 것, 편견을 갖고 있던 것이 깨진다"고 증언했다. 투자 전문가와 학생들 간의 대화를 지켜보면서 그동안 부정적으로만 여겼던 가상 화폐를 새로운 경제 생태계의 시작으로 볼 수 있다는 점을 깨달았다고 한다. 뿐만 아니라 앞으로 가상 화폐와 관련해서 생겨날 무수한 직업의 종류도 알게 됐다는 것이다.

나는 그동안 국내 교육 정책을 보면서 특성화고 학생들만 일터로 나가는 특수 그룹으로 취급한다는 느낌을 지울 수가 없었다. 삶을 사는 모든 인류는 일터로 나간다. 그리고 요즘은 자기만의 일터를 만들어가는 사람들의 숫자가 점점 많아지는 추세다. 이런 시기, 학생들의 진로 상상력을 깨우려면 무엇보다 교사의 진로 상상력이 커져야 한다. 교사가 세상과 맞닿아 있을 때, 유효기간이 만료되지 않은 상상을 학생들과 함께할 수 있지 않을까?

━ 리얼 월드 러너로서의 교사

학교 안에 리얼 월드 러너가 많아지려면 교사부터 리얼 월드 러너가 되어야 한다. 자신이 무엇을 좋아하는지, 더 좋아하고 싶은 게 무엇인지 알아야 한다. 그래야 교사 자신이 즐거운 배움의 과정 안에 있을 수 있고, 그 모습을 학생들에게 자연스럽게 보여줄 수도 있다. 리얼 월드 스쿨 교사는 교과서 지식과 함께 박제된 시공간에 부유하는 불변의 존재가 아니다. 누구보다 예민하게 변화에 반응하고, 세상을 읽고, 자신이 만나는 학생들이 세상과 맞닿을 수 있도록 정보를 흘려보내는 사람이다. 끊임없이 배우고 성장하는 리얼 월드 러닝 사회에서는 교사 역시 리얼 월드 러너가 되어야 한다.

배움에 열망이 있는 교사는 사실 자연스럽게 학교 밖 리얼 월드로 배움의 여정을 떠나기 마련이다. 궁금증을 해결하기 위해 사람을 만나고, 정보를 찾고, 직접 경험하기 위해 행동에 옮기기 때문이다. 학생들에게 책을 써보라고 하기 전에 본인이 먼저 책을 출판한다. 온라인 글쓰기 모임을 찾아 매주 모여 글을 쓰고, 출판사 등록 과정도 배우고, 제작 비용을 확보하기 위해 크라우드 펀딩에도 도전해본다. 학생들에게 코딩이 중요하다고 말하기 전에 본인이 먼저 기술 해커톤에 참가하고, 개발자 친구를 만들고, 업계에서 사용하는 개념이나 언어들을 배우고, 이들이 일하는 방식을 관찰한다. 이 모든 게 본인이 하고 싶어서 한 일들이다. 교사 스스로 리얼 월드 러너가 된다면 교사를 일부러 리얼 월드로 내보내는 연수 따위는 필요 없을지 모른다.

이 두 사례 모두 내가 아는 교사들의 경험담인데, 흥미롭게도 학교 밖 모임에서 알게 된 분들이다. 교직 사회에서 커리어를 시작하지 않은 나는 평생 주변에 '교사'라는 직업을 가진 사람을 만날 기회가 없었다. 그러나 사회 혁신 조직에서 일하기 시작하며, 사회 변화 컨퍼런스나 디자인씽킹 워크숍 같은 행사에서 교사들을 하나 둘씩 만나게 되었다. 학교와는 전혀 다른 컨텍스트에서 만난 이들은 세상에 대한 호기심으로 자신의 세계를 확장하고 있었다. 공통의 관심사로 연결된 선생님들은 나를 그들의 자원으로 삼기도 했다. 학생들에게 내가 보는 세상의 이야기를 들려 달라고 요청하기도, 자신의 수업 계획에 의견을 구하기도 했다.

어쩌면 나는 그때부터 리얼 월드 스쿨의 모습을 상상하기 시작했는지 모르겠다. 이런 선생님들이 많아진다면, 그리고 이들이 연결된 사람이 나 말고도 많아진다면, 학교 안에 어떤 다이나믹이 일어날지 궁금해하면서 말이다. 그렇게 학교의 변화 방법을 찾기 위한 나의 리얼 월드 러닝도 시작됐다.

스스로 네트워킹의 힘을 경험한 사람, 세상 속에서 함께 성장하며 배우는 경험을 체험한 사람은 정확히 무엇을 학생들에게 주어야 하는지 안다. 교육적 유행이나 트렌드, 미래 교육 담론, 사회가 조장하는 변화에 대한 두려움에 좌지우지되지 않는다. 자신의 경험을 통해 단단한 교육 철학을 만들어갈 뿐이다.

창덕여중 이은주 선생님은 다양한 시도와 협업에 열려있는 학교, 교사 공동체가 나서서 외부 자원을 끌어오는 학교로 오고 난 후에야 '관계'의 중요성을 깨달았다고 고백한다. 스스로 배우며 실험하는 과정에서 만난 사람들을 통해 사회적 자본의 확장을 체험했다면서. 네트워크 브로커 교사의 역할, 리얼 월드 러너로서 교사의 정체성이 어떠해야 하는지에 대해 그는 교사의 목소리로 이렇게 말했다.

▶ 청소년기에는 본인의 색깔이 선명하지 않으니까 어떤 사람들이 나에게 더 필요하고, 누구와 의도적으로 네트워킹을 해야 하는지에 대한 기준을 잘 모를 수 있어요. 학교에서 그런 걸 가르쳐 주지는 않잖아요. 저도 인맥이 중요하다는 이야기는 많이 들었지만 정확히 왜 중요한지 20대 후반이 될 때까지 전혀 느끼지 못했어요. 그러다가 창덕여중에 근무하며 워낙 다양한 외부 사람들을 만나게 되니 그제서야 인적 자원의 소중함을 알게 됐어요. 그전에는 만나던 교사 네트워크에 다양성이 없었거든요.

한 사람을 알게 됨으로써 그와 나누는 대화와 정보가 내 생각의 관점을 넓혀주고, 전혀 연관 없어 보이는 삶의 다른 부분에 긍정적인 효과를 준다는 걸 이제야 알게 됐어요. 그 사람을 통해 연관된 사람이 문어발처럼 늘어나는 걸 경험했죠. 중요한 건 어떤 사람을 만나는 환경에 놓여 있느냐, 하는 점이더라고요. 그런 경험이 쌓이다 보니 내가 편협해지지 않으려면 이런 류의 사람들을 만나는 게 좋다, 나는 이런 사람들과 이야기할 때 영감을 받는다, 라는 것들을 판단할 수 있는 나만의 기준이 점점 쌓이는 것 같아요.

학생들에게는 내가 궁금한 것이 생겼을 때 물어볼 수 있는, 컨택할 수 있는 줄 하나를 만들어주는 것. 이게 첫걸음이 될 수 있을 것 같아요. 학교 밖의 사람과 소통하는 방법은 이런 거고, 내가 가진 사고 밖의 사람과 만나보니 내가 알던 게 이만큼 금이 가고 깨지네, 라는 경험이 누적되면, 나중에는 누가 설계해주지 않아도 또 다른 분야의 사람과 대화해 보는 게 재미있고 좋은 경험이라는 걸 알게 되지 않을까요.

서로가 서로의 자원이 되어줄 수 있다면

우리 사회는 이미 네트워크형 학습 시대로 돌입했다. 누구라도 정보에 쉽게 접근할 수 있기 때문에 정보를 소유한 개인이 경쟁의 우위를 점하는 시대는 지났다. 오히려 개방된 환경에서 각자가 알고 있는 지식을 나누며 공동의 목표를 달성해간다. 적어도 성장하는 회사들은 그렇게 일한다. 일을 잘하는 '일잘러'들도 그렇게 일한다. 모르는 게 있으면 조직 내/외부에서 학습 커뮤니티를 만들고, 직접 해보며 깨달은 내용은 정리해서 남에게 공유하면서 배움의 외연을 넓혀간다.

책 『홀로 성장하는 시대는 끝났다』에서 이소영 마이크로소프트 이사는 개인과 조직의 성공에 있어 중요한 역량으로 커뮤니티 리더십을 꼽는다. 아시아 전 지역에서 활동하는 IT 커뮤니티 리더 2,000여 명을 인터뷰하며 기존에 중요하게 여겨졌던 학벌이나 경력보다는 함께 배우며 성장하는 역량이 이 시대를 사는 새로운 문법이 되었음을 발견했다는 것이다. 커뮤니티 리더들은 자신이 공부하는 분야를 다른 사람들과 끊임없이 공유한다. 남에게 알려주면서 자신이 더 많이 배우게 되고, 서로 갖고 있는 지식을 함께 축적할 때 다음 단계로 더 빨리 넘어갈 수 있기 때문이다.[7]

실제 나의 지인 중에는 XR이라고 하는 기술의 미래가 궁금해서 주변에 관심 있어 할 만한 사람들을 모아 취미로 공부도 하고, 직접 시제품을 만들어보는 모임[8]을 5년째 운영하는 분이 있다. XR(Extended Reality: 확장현실)은 VR(Virtual Reality: 가상현실), AR(Augmented Reality: 증강현실), MR(Mixed Reality: 혼합현실)을 모두 아우르는 기술이다. 이 모임은 XR에 관심 있는 아마추어와 프로페셔널 모두가 모여 같이 XR을 즐기면서 지식을 익히고 새로운 정보를 공유한다. XR관련 테크놀로지라면 무엇이든지 시도 및 응용해보며 토론할 뿐만 아니라, 자신의 분야에서 XR이 어떻게 적용되는지 각자 사례를 분석하고 발표함으로써 함께 유기적으로 지식의 범위를 넓혀가고 있는 것이다. 코로나로 모임이 온라인으로 전환되면서 더 많은 지역의 사람들이 참여하고 있다.

이제 우리는 꼭 업무와 연관이 되지 않더라도 일상에서 취향과 관심사가 비슷한 사람들과 자신이 가진 정보를 나누며 함께 성장한다. 각종 취미 기반 클래스나 모임, 특정 정보를 공유하는 SNS 계정, 비슷한 라이프 스타일을 가진 사람들이 모여 사는 공유 주거 등 원하는 커뮤니티에 접속할 수 있는 방법은 온라인과 오프라인을 넘나들며 무궁무진하다.

성장하기 위해서는 나를 제대로 아는 것이 중요한데, 나를 깊숙하게 만나는 작업을 함께 모여서 하는 서비스들도 생겨나고 있다. '진짜 나를 찾고자 하는 사람들이 연결되는 건강하고 행복한 커뮤니티'를 미션으로 하는 '나이스투밑미'[9]라는 플랫폼에서는 요가, 명상, 음악, 음식, 글쓰기 등을 통해 나를 찾아가는 여정을 꾸준히 반복적으로 하는 행위를 리추얼(Ritual, 의식)이라고 부른다.

'온라인 리추얼'에 참여하는 사람들은 커뮤니티 리더인 '리추얼 메이커'의 리드에 따라 일정 기간 동안 미션을 각자 수행하고 인증 사진을 단톡방에 서로 공유한다. 내가 쓰는 '나' 사전, 나만의 플레이리스트 만들기, 나를 위한 한 끼와 식사 일기 쓰기 등 다양한 방법으로 자신의 일상을 돌아보는 시간을 갖는다. 인증만 할 뿐이지만 공통의 리추얼을 함께한 사이라는 연대감으로 관계를 지속하거나 서로의 성장을 응원하는 사이가 된다. 리추얼 재구매율은 55%가 넘고, 많게는 80%까지 가기도 한다. 5월에는 오프라인 공간도 오픈했다.

경기도 남양주에서 근무하는 김소영 선생님은 최근 나이스투밑미의 주3회 달리고 글쓰는 온라인 리추얼을 신청했다. 혼자 하면 할까 말까 망설여지는데 인증사진이 올라오면 달리고 싶어지는 마음이 신기하단다. 평소에 지키지 못한 다짐이나 습관을 공동체의 힘으로 달성하게 되는 순간을 경험하면서 무엇보다 "항상 만나는 사람만 만나다가 '교사'라는 직업에 대해 전혀 모르는 새로운 사람과 만나니 환기가 되는 느낌"이라고 소감을 전했다. 리추얼을 통해 자신 내면의 성장도 이루지만, 전혀 다른 분야에서 일하는 사람과의 소통을 통해 관계의 외연을 넓히기도 한다.

이렇게 얼마든지 흩어졌다 결합하는 느슨한 연대 방식에 익숙해진 사람들은 서로에게 기꺼이 사회적 자본이 되어준다. 내가 누군가한테 도움을 받았던 것처럼, 나도 얼마든지 누군가에게 도움이 될 수 있다는 감각을 갖게 되기 때문이다. 함께 배우며 성장하는 사회의 흐름에 몸을 맡기다 보면 사회적 자본은 저절로 형성되기도 한다.

서로가 서로의 자원이 되어주는 네트워크형 학습 사회의 모습을 학교에, 청소년들이 학습하는 방식에 적용하자는 게 바로 이 책을 통해 내가 하고 싶은 말이다. 리얼 월드 러닝, 즉, 세상을 통해 배운다는 것은 변화된 세상이 작동하는 방식대로 배운다는 말과 같다. 이미 변해버린 세상의 모습과 학교 간의 차이를 줄이기 위해서는 한시라도 빨리 온 세상이 학교의 자원이 되어야 한다. 온 세상을 학교의 자원으로 삼아야 한다. 온 세상이 배움의 장소가 된다면 지금 우리 머릿속에 있는 '학교'의 모습은 더 이상 유효하지 않게 될 것이다.

리얼 월드 스쿨은 이미 실제 세상에 존재하는 다양한 배움의 커뮤니티에 청소년과 교사들을 접속시킨다. 도서관, 박물관, 미술관, 공공기관, 회사, 공원, 시장 등 이미 존재하는 곳들을 배움의 장소로 초대한다. 리얼 월드 스쿨은 교육자와 비교육자, 어른과 청소년의 구분 없이 서로가 서로에게 배우며 성장할 수 있음을 믿는다. 각자가 가진 관점을 더하며 더욱 풍성한 배움이 일어날 것을 믿는다. 이러한 단계까지 도달하기 위해서는 청소년을 바라보는 사회의 관점에 변화가 필요하다.

청소년 액티비즘(Youth Activism)을 연구하는 학자들에 따르면, 사회가 청소년을 어떻게 인식하는지에 따라 두 가지 관점이 존재할 수 있다. 청소년을 결핍된 존재로 보는 관점(Deficit Model)[10]에서는 청소년들의 역량과 자원이 어른들보다 부족하며 사회 문제에 관심이 적기 때문에 그들이 적절한 방법으로 사회에 참여할 수 있도록 지도하고 가르쳐야 한다고 주장한다. 반면, 청소년을 충분한 존재로 보는 관점(Sufficient Model)[11]에서는, 청소년이 자신에게 주어진 자원들을 종합하고 내재화하여 행동할 수 있는 충분한 사회 구성원이기 때문에 기회와 자원, 네트워크를 제공하는 것이 진정한 어른들의 역할이라고 강조한다. 한국 사회는 청소년을 어떤 관점에서 바라보고 있을까? 충분한 존재로 보고 있을까, 아니면 부족하기 때문에 채워야 하는 존재로 보고 있을까?

코로나 시대를 지나며 전 세계는 앞으로 더 연결된 사회를 살아가게 될 것이다. 코로나 시대에 태어나거나 청소년기를 보낸 '코로나 세대'는 그 이전 세대보다 기술이 삶에서 더 큰 비중을 차지하는 상황을 경험하게 될 것이다. 그에 따라 네트워크형 학습 사회의 특성도 더욱더 가속화될 전망이다. 그러니 교육 제도가 이를 따라가지 못한다면 리얼 월드와의 시차가 갈수록 크게 벌어져 다음 세대를 '스스로의 배움을 찾아 나서지 못하는 사람'으로 길러낼지도 모른다.

교육 제도만큼 사회와 긴밀히 연결되어 있는 것은 없다. 교육은 다양한 분야가 가장 복잡하게 얽힌 사회 제도다. 서로 엉킨 채 낡은 모습으로 남아 점점 더 풀기 어려워지는 문화지체현상을 해결하기 위한 유일한 답은 '세상과의 연결'에 있다.

우리 학교 주변
자원 검색법

1. 지도 앱을 켜서 우리 학교를 검색한다(같은 학교 교사들끼리, 혹은 학생들과 함께 해도 좋다).

2. 주변에 어떤 자원이 있는지 살펴본다. 반경을 어디까지 정할지는 여러분의 몫이다.

3. 안쪽 원에는 이미 나와 연결되어 있거나, 지역 자원으로 수업에 활용한 곳을 적는다.

4. 바깥 원에는 우리 지역에 있는 줄 몰랐던 새로 찾은 자원을 적는다.

5. 붙어 있는 자원들을 보며 리얼 월드 러닝 프로젝트를 상상해본다.

리얼 월드 러닝 아이디어

- 만화박물관 – 학교 만화 동아리와 협업.

- 현대백화점 – 학교 학생들의 작품 팝업 스토어 제안.

- 고려대학교 안산병원 – 의료계의 변화 파악, 10대 입원 환자가 좋아할 만한 여가활동 제안 프로젝트.

- 이케아 – 소품과 가구 디자인 과정을 안내 받고, 청소년 시점에서 필요한 형태의 소품/가구 아이디어.

- 정선아리랑재단 – 정선아리랑 알리기 프로젝트.

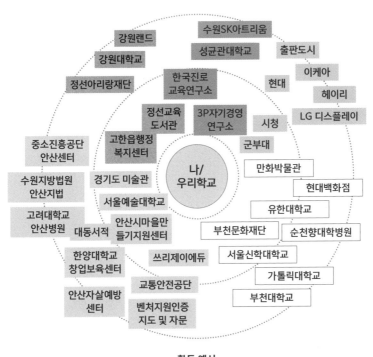

활동 예시

제3의 어른 멘토풀 만들기

한 개인의 정보를 다각도에서 파악하기
성공적으로 멘토를 매칭하려면 청소년의 관심사뿐 아니라 멘토의 관심사도 파악해야 한다. 전문 분야 및 구체적인 업무, 개인적인 관심사까지. 꼭 회사 일이 아니더라 도 멘토의 전문성을 발휘하는 사이드 프로젝트와 청소년의 관심사가 연결될 수도 있기 때문이다.

학생 소감
"한 사람을 만나지만 이 사람이 과거에 했던 일, 지금 하고 있는 일, 관심 있는 것들, 이렇게 세 가지에 대해 다 알 수 있는 게 도움이 많이 됐어요."
"직업 이외에도 스케이트보드, 식물 가꾸기처럼 일상에서 관심 가질 수 있는 평범한 주제 덕분에 편하게 얘기할 수 있었어요. 저와 공통점이 있어서 더 가깝게 느껴졌거든요."

제3의 어른 멘토가 제공할 수 있는 일(예시)

멘토가 담당하고 있는 업무의 기본적인 프로세스를 알려줄 수 있다.
- 데이터 사이언스, 공연 칼럼니스트, 건축가 등 실제 현업에서 하는 업무 전반에 대해 배움.
- 기업 홍보 마케팅의 경우, '나만의 브랜드 론칭' '브랜드 론칭 캠페인 기획서 쓰기' '보도자료 라이팅'을 파이널 과제로 진행.
- 뉴스레터 콘텐츠 기획 및 발간 업무를 배우고, 독자를 고려하는 글 쓰기 연습 및 글 발행.

- 멘토의 팀 내 역할을 체험하기 위해 협업하고 있는 다른 포지션 담당자와 연결, 인터뷰 기회 제공.

리서치, 자료 정리 등을 통해 업계의 동향과 트렌드를 공유할 수 있다.
- 동종 업계 유사 플랫폼 조사, 프로그램 기획을 위한 레퍼런스 자료 정리.
- 온라인 컨퍼런스 영상 녹취록 작성 등 멘토의 업무 보조.
- 책을 한 권 같이 읽고 짧은 소감문을 쓰거나 의견 나누기.

기존 제품/서비스에 10대의 인풋을 받을 수 있다.
- 기업 홈페이지에 있는 반응형 페이지의 성향 분석 질문을 10대 사용자의 관점에서 검토해보고, MZ세대들에게도 와 닿는 방안 제안.

10대 사용자를 타깃으로 하는 제품/서비스를 함께 기획/운영할 수 있다.
- 기존 청년/성인 대상 제품의 사용자를 늘려 청소년 버전 출시를 앞두고 실사용자로서 제품 기획 협업, 핵심 타깃 그룹(교사) 인터뷰/설문 진행.
- 10대가 사용하는 온라인 플랫폼 기획 단계에서 수요 조사를 위한 인터뷰/설문 진행.
- 청소년을 대상으로 하는 심리 치유 프로그램 기획/운영.

멘토 등록 양식 (온라인 설문 링크 활용)

01. 기본 정보

- 이름, 연락처, 소속, 직함, 업무 지역(재택 근무 여부), 업무 경력 기간

02. 멘토 담당 업무

- 현재 담당하고 계시는 업무를 최대한 자세히 작성해주세요.

03. 어떤 내용의 인턴십이 가능한가요?(중복 선택 가능)

- 제가 담당하고 있는 업무의 기본적인 프로세스를 알려줄 수 있습니다.
- 리서치, 자료 정리 등을 통해 업계의 동향과 트렌드를 공유할 수 있습니다.
- 10대의 인풋이 있으면 좋을 만한 제품/서비스가 있습니다.
- 10대를 대상으로 하는 프로젝트가 있어서 사용자와 함께 기획/운영할 수 있습니다.

04. 생각하시는 구체적인 인턴십 업무가 있다면 작성해 주세요(가능한 업무의 범위).

05. 개인의 관심사나 흥미, 현재 진행 중인 사이드 프로젝트가 있다면 들려주세요.

06. 이전에는 어떤 일을 하셨나요? 현재 맡은 업무 이외에 전문성이 있는 분야가 있나요?

07. 어떤 성향의 인턴과 함께하고 싶으신지 자유롭게 말씀해주세요.

08. 인턴십 가능 인원(1~3명 중 선택)

09. 인턴십 형태(온라인만 가능, 온+오프라인 병행, 오프라인만 가능, 상황에 따라 변동)

10. 회사 홈페이지나 프로젝트 소개 페이지가 있다면 링크를 남겨 주세요! 멘토 개인에 대해 알 수 있는 인터뷰 기사나 SNS 링크도 좋습니다.

*위 양식을 참고하여 멘토가 자신의 언어로 작성할 수 있게 한다.

**멘토풀이 만들어지면 정기적으로 변경 사항을 업데이트한다.

> 개별 학생들이 학교 안팎에서 맺어가는
> 다양한 형태의 관계에 집중할 때,
> 뜻밖의 혁신이 찾아올 수 있다.

에필로그 _ 변화에 대한 두려움을 가르치기

변화가 빠르게 닥칠 앞으로의 시대를 살아가기 위한 역량을 설명할 때 흔히 서핑에 비유한다. 변화의 파도를 잘 읽고, 제때 파도를 타고, 즐기라는 것이다. 그런데 말이 쉽지, 실제 서핑을 배워보니 파도타기는 굉장히 어렵다. 운동 감각이 좋은 사람도 몸에 익히기까지 꽤 오랜 시간이 걸린다. 그리고 아무리 파도를 읽을 수 있어도 파도를 정말 즐기며 탈 수 있게 되기까지 명심해야 할 두 가지가 있다는 것을 알게 됐다.

첫 번째는 파도를 두려워하는 마음이다.

물이 두려워서 아예 변화의 바다에 들어가지 말라는 말은 아니다. 좋아해서 두려워하는 마음을 갖는 것이 중요하다. 서핑을 배우는 과정에서 잠깐 방심하다가 몇 번 파도 안에서 구른 적이 있다. 그 뒤로는 더 집중하게 되고, 내가 탈 수 있는 파도인지 아닌지를 더 잘 분간하게 됐다. 우리는 두려워할 때 예민해진다.

변화가 디폴트인 시대에서 교사는 학생들에게 두려움을 가진 채로 변화를 다루는 법을 가르쳐야 한다. 아직 오지 않은 미래에 대해 두려움을 갖는 것은 당연한 일이다. 게다가 요새는 'AI가 인간의 직업을 대체할 것'이라는 위협을 항상 안고 살아가지 않는가?

독일의 교육학자 라인하르트 칼(Reinhard Kahl)은 전에는 학생들이 전혀 두려움을 느낄 필요가 없는 학교가 좋은 학교인 줄 알았는데, 지금은 학생들이 두려움을 느낄 수 있지만 그런 학생들과 함께하며 두려움을 직면하도록 도와주는 학교가 좋은 학교라고 확신하게 되었다고 말한다.

변화의 파도를 탈 수 있는 사람으로 다음 세대를 길러내고 싶다면 우리는 이들을 먼저 바다로 내보내야 한다. 두려움을 가르칠 수 있는 유일한 방법은 학교를 모든 위험한 요소로부터 분리시켜 안전한 곳으로 만드는 것이 아니다. 경험해보지 못한 실제 세상에서 스스로 부딪히면서 깨달음을 얻도록 이끌어야 한다.

두 번째는 파도를 잡기 위한 피나는 노력이다.

다가오는 파도를 잡기 위해서는 패들(서핑보드에 엎드려서 팔로 노를 젓는 행위)을 엄청나게 해야 한다. '그냥 하면 되는 거지' 정도가 아니다. 팔이 빠지도록 해야 한다. 미리 바다에 나가서 기다리다가 파도가 오는 속도보다 빠르게 패들을 하고 있지 않으면 파도가 내 밑으로 지나가 버리기 때문이다. 적당히 저어서는 파도를 놓쳐버리기 일쑤다. 팔이 아파도 계속 저어야 한다. 패들에도 끈기가 필요하다는 것을 해보면서 알게 됐다.

서핑을 잘하기 위해서는 기본적으로 패들을 잘해야 하고, 패들을 잘하려면 등 근육이 있어야 한다. 서퍼들이 근력운동이나 요가를 하는 이유가 다 있었다. 패들을 한 후에 파도를 잡은 순간 보드를 상체로 밀어 일어서는 동작(테이크 오프)을 해야 하는데, 여기에도 코어 근육과 등 근육은 필수이다.

흔히 프로젝트 수업을 한다고 하면 학생들이 하고 싶은 것만 하다가 꼭 필요한 지식을 놓치면 어떡하냐는 걱정을 한다. 이는 오해다. 서핑을 '잘' 하려면 근육 운동부터 해야 하는 것처럼, 스스로 주제를 탐색하고, 자원을 연결하고, 실행하기까지 필요한 기본적인 역량들(글을 잘 읽고 해석하는 법, 올바른 정보를 분별하는 법, 논리적으로 사고하는 법, 자신의 생각을 표현하는 법 등)을 먼저 키워야 한다.

잘하고 싶은 게 생기면 하나씩 실력을 쌓아가기 마련이다. 처음부터 프로젝트를 잘할 수 없다. 근육이 생기기까지는 고통이다. 몸이 익힐 때까지 인내가 필요하다.

이 두 가지가 있을 때 비로소 내가 탈 수 있는 파도를 잡아

유유히 서핑을 즐길 수 있다. 변화의 파도에 올라설 수 있는 힘을 키워주는 리얼 월드 러닝은 하루 아침에 구현될 수 있는 게 아니다. 학생 개인의 노력과 교사의 역할 변경, 학교 제도의 변화와 사회 구성원의 참여가 함께 작동할 때만 비로소 가능하다. 변화의 시대에 필요한 배움의 공식은 이 요소 중 어느 하나라도 빠지면 성립하지 않는다.

당신이 만나는 청소년을 리얼 월드 러너로 키우고 싶은가? 일단 세상으로, 변화의 파도가 몰아치는 바다로 내보내자. 학교가 세상과 연결되는 바로 그 지점에서 진짜 배움이 일어날 것이다.

망설이지 말고, Go!

미주

⟨프롤로그⟩

1 Maxwell, M., Stobaugh, R., & Tassell, J. L., Real-world learning framework for secondary schools, Solution Tree Press, 2016.

2 2020.8. World Economic Forum ⟨일의 미래 리포트 2020⟩

⟨1부 1장⟩

1 존 듀이 지음, 강윤중 옮김, 『경험과 교육』, 배영사, 72쪽, 2018.

2 www.beachcycling.com

3 2020.05.04. ⟨조선일보⟩ "대표에만 직보, 32세 과장·29세 대리가 전권을 쥐다"

4 2020.4.29. ⟨플래텀⟩ "벤처캐피탈 TBT, 300억 규모 '포스트코로나 펀드' 조성한다"

5 인디펜던트 워커의 종류 및 수치 https://news.joins.com/article/23815459

6 2020.06.11. ⟨중앙일보⟩ "회사와 일, 코로나 이전으로 돌아갈 수 없다", 폴인 디지털 리포트(https://www.folin.co/book/952)

7 긱 이코노미(Gig Economy): 'Gig'이란 단어는 '일시적인 일'이라는 뜻으로, 1920년대 미국 재즈클럽에서 단기계약으로 연주자를 섭외한 것에서 유래한다. 수요에 따라 공급자를 제공하는 온라인 기반의 '온디맨드' 서비스가 확대됨에 따라 단기 계약 형태로 유연하게 근무하는 사람들이 많아졌다. 노동자가 원하는 시간에 원하는 만큼만 일을 할 수 있게 된 것이다. 자유로운 라이프스타일을 추구하는 사람들이 많아지면서 차량, 숙박, 배달, 청소, 변호사, 컨설팅 등 긱 이코노미의 고용 형태로 일하는 사람들의 유형도 다양화 되고 있다.

8 호주 일자리의 미래 보고서

9 링크드인(www.linkedin.com): 2003년에 출시된 글로벌 비즈니스 인맥 사이

트이다. 200여개 국에서 5억 명 이상이 사용하고 있다. 국내에서도 스타트업이나 해외 취업을 준비하는 구직자들을 중심으로 사용하다가 요즘은 점차 확대되고 있다. 사용자들은 개인의 이력과 보유 역량을 디지털 상에서 기록하기 때문에 궁금한 직업이 있다면 이곳에서 다양한 사람들의 실질적인 커리어 경로를 참고하기에 유용하다.

〈1부 2장〉

1   2021년 4월 기준 3만 6천 명의 구독자 보유

2   2021.3.16. 〈조선일보〉 퍼블리 창업자 박소령 대표 인터뷰 기사 "퍼블리의 6년 피벗, 박소령 인터뷰" www.chosun.com/economy/startup_story/2021/03/16/VEPNHOEKVRDRDI54NJUX52NIWQ

3   이들의 자세한 스토리는 태용 채널 인터뷰 영상 참고: www.youtube.com/watch?v=IGQsUfA210s

4   모티비 영상 참고 www.youtube.com/watch?v=S2UtVbgIkbo

5   인스타그램 계정 @womensbasecamp 를 운영하고 있다.

6   Savickas, M.L. (1997). Career Adaptability: An Integrative Construct for Life-Span, Life-Space Theory. The Career Development Quarterly, 45, 247-259. 미국의 심리학자 마크 사비카스(Mark L. Savicaks)가 제안한 진로적응도는 직업 환경이 변화함에 따라 일을 나에게 맞춰가는 과정에서 가져야 할 태도, 행동, 능력을 포함하는 심리적 개념이다. 나에게 맞는 일을 찾았을 때 잘 적응하는 것뿐 아니라 일을 찾는 과정에서 겪게 되는 어려움을 극복하는 것 까지를 포함한다. 사비카스에 따르면 진로적응도가 높은 사람에게는 4C가 발견되는데, Concern(진로관심), Control(통제), Curiosity(호기심), Confidence(자신감)을 말한다.

7   이혜민 지음, 정현우 사진, 『요즘 것들의 사생활: 먹고사니즘 - 새롭게 일하고 나답게 먹고사는 밀레니얼 인터뷰』, 900KM, 40쪽, 2021.

8   2020.11.25. 〈매일경제〉 인터뷰 기사 "'집콕족' 열광…코로나 와중 770억 투자 유치 '오늘의 집' 이승재 대표", www.mk.co.kr/premium/behind-story/view/2020/11/29320/

9   2019.08.20. 아산나눔재단, 구글 스타트업 캠퍼스, 스타트업 얼라이언스, 코리아 스타트업 포럼, 『2019 스타트업코리아 보고서』

〈2부 3장〉

1   2020.7.21. 〈동아일보〉 "중위권 학생 확 줄고 하위권 급증… 교사 생활15년만
    에 처음"

2   장경원, 『비대면 원격교육 상황에서의 프로젝트 학습 사례 연구: 학습
    자들의 학습경험을 중심으로』, 교육공학연구36(3), 775-804쪽. 2020.

3   Wurdinger, S. D., The power of project-based learning:
    Helping students develop important life skills, Rowman &
    Littlefield, 2016.

4   Hart, R., Children's Participation: From Tokenism to Citizenship,
    unicef 리포트, Innocenti Essays No.4, 1992.

5   Sheila Tobias, Overcoming math anxiety, Norton, 1994(초판본은 1979).

6   고등학자 홈페이지에서 청소년 주도 연구 방법 및 학생들의 프로젝트를 확인
    할 수 있다: http://hihakja.net/

7   진저티프로젝트 지음, 『고등학자, 내 삶을 연구하다 – 180일간의 청소년 주
    도 연구 이야기』, 진저티프로젝트, 24-27쪽, 2018.

8   세이모어 번스타인, 앤드루 하비 지음, 장호연 옮김, 『시모어 번스타인의 말-
    피아니스트의 아흔 해 인생 인터뷰』, 마음산책, 23쪽, 2017.

9   Maxwell, M., Stobaugh, R., & Tassell, J. L., Real-world learning
    framework for secondary schools, Solution Tree Press, 2016.

10 체인지메이커 교육 관련 자료:
    * 체인지메이커 가이드북 & 스토리북: http://bit.ly/CMedu (무료 다운로드)
    * 체인지메이커 활동 모듈별 PT: http://bit.ly/CM_PT (모듈별 PT 무료 다운
    로드)
    * 국내외 청소년 체인지메이커 스토리(글): http://bit.ly/Mango_story
    * 한국 청소년 체인지메이커 스토리(영상): https://bit.ly/3gCyHuH
    * 논문: 이은상 외, 「체인지메이커 교육 프로그램 개발 연구」, 교육혁신연구
    29(2), 117-146쪽, 2019.
    * 중학교 검인정 교과서: 임세은 외, 〈체인지메이킹〉, YBM, 2019.

11 유쓰망고가 안경잡이와 진행한 청소년 체인지메이커 인터뷰 시리즈 첫 번째 영
    상 '너넨 가로등 세워봤어?' 중 www.youtube.com/watch?v=TC1_K0Sevxc

12 2021.4.24. 〈중앙일보〉 "[더오래]은퇴준비?… 계급장 떼고도 날 설명할 동

사 한 줄 찾아라 - 퇴사선배(3) 헤이조이스 이나리 대표" 인터뷰 기사 중
https://mnews.joins.com/article/24042599home

13   마크 프렌스키 지음, 허성심 옮김, 『미래의 교육을 설계한다』, 한문화, 115쪽, 2018.

〈2부 4장〉

1   https://whoyouknow.org/

2   Putnam, R. D., Bowling alone: The collapse and revival of American community, Simon and Schuster, 2000.

3   이지영, 박소라, 나은영, 김은미, 『한국과 호주 청소년들의 SNS 이용과 온라인 사회적 자본』, 언론문화연구, 21(0), 1-33쪽, 2012.

4   스토리스튜디오 혜화랩은 네이버 예약 페이지를 통해 사전 예약 후 12~19세 청소년 누구나 이용할 수 있다. 인스타그램: https://www.instagram.com/hello_storystudio, 브런치: https://brunch.co.kr/magazine/storystudio

5   Drexler, W., The networked student model for construction of personal learning environments: Balancing teacher control and student autonomy, Australasian Journal of Educational Technology, 26(3), 369-385. 2010.

6   이은상, 김하늬, 이은주, 『전문가 연계 학습자 주도 프로젝트 학습 설계 전략 개발』, 학습자중심교과교육연구, 21(14), 739-755쪽, 2021.

7   OECD (2019). OECD future of education and skills 2030 Concept note (검색일: 2021. 1. 29.) http://www.oecd.org/education/2030-project/teaching-and-learning/learning/student-agency/Student_Agency_for_2030_concept_note.pdf.

8   남미자, 김영미, 김지원, 박은주, 박진아, 이혜정, 『학습자 주도성의 교육 적 함의와 공교육에서의 실현가능성 탐색. 2019-04 기본연구』, 수원: 경기도교 육연구원, 2019.

〈2부 5장〉

1   Ron Berger·Leah Rugen·Libby Woodfin·EL Education, Leaders of their own learning, Jossey-Bass, 2014.

2   '북한탐구생활' 프로젝트 웹사이트 https://sites.google.com/gwanak.sen. ms.kr/nkkorea/ED9988

3   소셜미디어 관리 플랫폼인 훗스위트와 컨설팅업체 위아소셜 발표 자료 참고 기사 '세계인구 50 인터넷으로 연결되고 모바일은 PC를 앞섰다' www.yna. co.kr/view/AKR20170125007400009'

4   캐나다 SNS관리플랫폼업체 '훗스위트'와 영국 디지털마케팅업체 '위아소셜'이 발표한 조사보고서 「디지털 2019」

5   영어 Deviant는 '일탈적인'이라는 뜻으로, 여기에서는 비범한 아티스트들이 자신의 작업물을 올리는 공간의 의미로 사용됐다. www.deviantart.com

6   2019.11.20 인터뷰 영상 Build Series 'Indonesian Rapper Rich Brian Chats About His Single "100 Degrees" & More' www.youtube.com/ watch?v=WL_Z0j_mJQ4

7   개인 웹사이트: https://pecoshank.com/

8   https://us.youtubers.me/pecos-hank/youtube-estimated-earnings

9   행크의 페이트론 페이지: www.patreon.com/pecoshank

10 RIMINGS 페이트론 페이지: www.patreon.com/RIMINGs/posts

11 DKDKTV 페이트론 페이지: www.patreon.com/dkdktv

12 2020.7.17. 〈한국섬유신문〉 "트렌드로 자리잡은 '크라우드펀딩' 어디까지 왔나?" www.ktnews.com/news/articleView.html?idxno=115971

13 2020년 10월 12일에 종료된 와디즈 펀딩 페이지: www.wadiz.kr/web/ campaign/detail/82700

14 2020년 10월 16일에 종료된 와디즈 펀딩 페이지: www.wadiz.kr/web/ campaign/detail/84331

15 학생들이 직접 작성한 블로그 글 '리즌포유는 이렇게 협업합니다' http:// naver.me/GttGa1nK

16 성남시청소년재단 와디즈 펀딩 파트너 페이지: www.wadiz.kr/crowd/ snyouth

17 2021.4.17 〈조선일보〉 인터뷰 "[스타트업] 2000만 독자의 솔루션, 스티비의 임호열 대표" www.chosun.com/economy/smb-venture/2021/04/17/OKCV2QS3CRBJ7KOE7ZYSCV322I/

18 Z세대가 Z세대에게 쓰는 편지, Z에게 www.notion.so/Z-Z-Z-fcdb4c92805647b4adaea35b210356af

19 아름다운재단 기획연재 '청소년이 만드는 작은 변화, Z세대의 공익활동' 인터뷰 기사: https://blog.beautifulfund.org/49576/

20 SV의 Test Optional 온라인 청원 캠페인: www.stuvoice.org/updates/testoptionalnow-universities-covid-19

21 제임스 벨란카 외 지음, 김하늬·최선경 옮김, 김진숙 감수, 『디퍼닝(21세기 학습역량을 키우는 융합교육 혁명)』, 테크빌교육(즐거운학교), 2019.

〈3부 6장〉

1 〈신동아〉 "[20대 리포트] 전문가들이 보는 대학 자퇴 원인" https://news.v.daum.net/v/20190509100109910

2 XQ 프로젝트 홈페이지의 '지식 모듈' 페이지: https://xqsuperschool.org/resource/knowledge-modules/ 새로운 고등학교를 구체적으로 상상해보기 위한 총 13개의 모듈이 Discover-Design-Develop 단계로 나눠 소개되어 있다

3 디자인씽킹(Design Thinking): 문제 해결에 있어서 디자이너들이 문제를 풀던 방식대로 사고하는 '디자인적 사고'이다. 철저히 고객(사용자)에게 공감하는 과정을 바탕으로 진짜 문제를 정의하고 해결해가는 '공감-문제정의-아이디어-시제품-테스트' 5단계를 거친다. 회사뿐 아니라 사회 전반에서 기존의 상황을 보다 나은 상태로 만드는 변화 단계로 사용하고 있다.

4 빅픽처러닝과 관련한 내용은 매년 빅픽처러닝 학교가 모여서 운영하는 컨퍼런스 빅뱅(Big Bang) 2019, 2020년에 참가해서 진행한 다수의 인터뷰를 기반으로 한다. 유쓰망고는 빅픽처러닝 글로벌 네트워크 일환으로 정기적으로 미팅을 하며 관계를 맺고 있다. 국내에서 진행한 고등인턴 1, 2기는 빅픽처러닝 인턴십 모델을 기반으로 기획된 프로그램으로, 준비단계에서 빅픽처러닝 남부 총괄 디렉터 손(Sonn)이 2020년 1월에 방한해서 '넘나들며 배우기' 워크숍을

진행한 바 있다.

5 빅픽처러닝 홈페이지: www.bigpicture.org

6 www.cde.ca.gov/sp/eo/is/ 캘리포니아 주의 유치원~고등학교 전 과정에서
운영하는 '개인 학습(Independent Study)' 시간은 대안적인 커리큘럼이 아
니라, 학생 관심사나 흥미, 역량에 따라 스스로 학습할 수 있도록 승인하는 제
도이다. 재적하고 있는 학교에서 요구하는 학업 수준과 수업 일수를 맞춰야 한
다. 학교 재량에 따라 일주일에 최대 15시간 사용 가능하며, 강제할 수 없다.
학생이나 교사, 학부모, 보호자의 자발적인 동의하에 이루어진다.

7 오디세이학교(http://odyssey.hs.kr/about): 고등학교 1학년 학생들에게 성찰
과 체험 등 창의적이고 자율적인 교육과정을 통해 스스로 삶의 의미와 방향을
찾고 삶과 배움을 일치시키는 1년의 전환학년 (Transition Year) 과정을 운영
하는 학교. 서울에 거주하거나 서울 소재 중학교를 다니고 있는 누구나 신청
가능. 중3 졸업예정자를 대상으로 선정, 일반 고등학교에 원적을 둔 상황에서
1년간 위탁교육을 받은 후 고2 과정으로 복귀.

8 몽실학교: 의정부 소재 학생 복합 문화 공간을 중심으로 학생이 스스로 삶
의 주인이 되어 상상력으로 만들어가는 학생 자치 배움터. 경기도에 거주하는
초·중·고 학생들과 같은 나이대의 학교 밖 청소년 누구나 신청 가능. 방과후
와 주말을 이용하여 학생이 스스로 배우고 싶은 내용을 기획하여 활동 하는
'몽실학교 학생 주도 프로젝트' 운영.

9 경기 꿈의학교: 경기도 내 초·중·고 학생들과 같은 나이대의 학교 밖 청소년
들이 모여 스스로 기획하고 운영하는 학교 밖 교육활동. 학생들이 직접 신청하
는 '만들어가는 꿈의 학교', 마을의 다양한 주체들이 프로그램을 운영하는 '찾
아가는 꿈의 학교', 기업과 기관이 학생들의 다양한 진로 경험을 지원하는 '다
함께 꿈의 학교'가 있다.

10 전인고등학교 소스쿨 주제: 경제경영, 역사, 국제정치, 문학, 유아교육, 복지, 언
론미디어, 수학과 컴퓨터, 화학, 생명과학, 음악, 미술, 체육, 건축

11 www.davincischools.org 다빈치 스쿨은 공립 차터스쿨로, 유치원-초등학
교-중학교(K-8), 고등학교(9-12), 심지어 대학교 연계 과정(13-14)까지 있다.
차터스쿨은 각 주에서 재정을 지원해주는 공립학교지만, 교육법 규제에서 벗어
나 커리큘럼, 예산 사용, 교직원 채용, 근무 일수 등에서 독립적으로 운영될 수
있는 '자율형 공립학교'라고 볼 수 있다. 학비가 무료며. 해당 교육구 내의 거
주자는 추첨을 통해 선발된다.

1   고등학교 홈페이지: www.grps.org/museum-high 중학교 홈페이지:www.grps.org/museum-middle

2   박물관 홈페이지 안에 소개되어 있는 페이지: www.thehenryford.org/education/at-the-henry-ford/academy/ 학교 홈페이지: https://hfa-dearborn.org/about-hfa/

3   장소기반교육은 2002년에 발표된 그레고리 스미스(Gregory Smith)의 학술문헌 『Place-Based Education: Learning to Be Where Are』에서 처음으로 표현되었다. 학습을 위한 시작점으로 지역사회 및 총체적인 지역환경을 활용하고 실제 세계에서의 직접적인 학습 경험을 강조하는 교육법이다. 스미스는 다섯가지 주제의 장소기반교육을 제안한다. 문화연구, 자연연구, 실생활 문제해결, 인턴십과 취업기회, 지역사회 의사 결정 과정에 참여.

4   중학교 커리큘럼 예시는 학교 홈페이지에서 참고할 수 있다: www.grps.org/museum-middle-curriculum

5   www.thehenryford.org/education/at-the-henry-ford/academy/ 학교 홈페이지: https://hfa-dearborn.org/about-hfa/

6   사이언스 리더십 아카데미 학교 홈페이지: https://scienceleadership.org/pages/the_museum_experience

7   프랭클린 과학박물관 홈페이지 내에 사이언스 리더십 아카데미 소개: https://www.fi.edu/science-leadership-academy

8   실제 빅픽처러닝에서는 인턴십을 끝내고 돌아오는 학생들을 대상으로 어드바이저가 '기록되지 않은 배움'까지 작성해보도록 양식을 준다. 업무 현장에서는 너무 당연해서 딱히 언급하지 않는 것들을 스스로 점검해본다. 지각하지 않기, 눈 마주치며 대화하기, 이메일 쓰기, 전화 받기, 멘토에게 미리 연락하기 등 실제 세상에서 일하며 필요한 태도와 센스까지 익힐 수 있도록 한다.

9   빅픽처러닝의 2019 빅뱅 컨퍼런스에 유쓰망고는 연사로 참여했다. 탐방 보고서 다운로드: https://blog.naver.com/youthmango/221637191902

10   2017에 개발한 ImBlaze는 현재 독립된 비영리단체로 운영되고 있으며, 빅픽처러닝 학교들뿐 아니라 청소년 인턴십 프로그램을 운영하는 누구든지 사용료를 지불하고 자신의 학교/지역 맞춤형으로 앱을 사용할 수 있다. 앱 관리자 모드에서는 사용자들의 검색 과정을 모니터링할 수 있고, 인턴십 출결 상황 및

성공적으로 완수하기까지 피드백 관리 등 모든 것을 처리할 수 있다. Imblaze 홈페이지: www.imblaze.org

11 LTI 모델을 참고하여 유쓰망고가 진행한 고등인턴 프로그램에서는 실제 공연 예술 칼럼니스트 멘토와 연결된 학생이 있었다. 이들은 함께 공연을 보거나 공연업계에 종사하는 다른 분야의 사람들을 만날 수 없어서, 코로나 시대의 공연 업계의 미래에 대해 토론하고 비대면 공연 예술의 변화된 형태에 대해 글을 쓰는 활동을 하기도 했다.

12 2019.05.01 〈파이낸셜 뉴스〉"[2019청소년통계]청소년 고민, 직업〉공부〉외모", 2019.05.01 〈노컷뉴스〉"청소년 최대 고민은 '직업'…처음으로 '공부' 앞질러", 2019.05.20 〈연합뉴스〉"청소년 가장 큰 고민의 '직업'"

13 서울시 정책 분류 기준에 따라 '농림해양, 주택건축, 경제산업, 통신과학, 국방보훈, 교통, 교육, 환경, 건강복지, 안전, 문화여가, 일반행정, 사회기타'로 나눠서 관심사별로 팀을 구성했다.

14 카우프만 재단과 교육 혁신 미디어 그룹 Getting Smart이 함께 진행한 '리얼 월드 러닝: 포스트팬데믹에는 뭐가 달라질까?' 웨비나 시리즈 중 한 발언. www.kauffman.org/real-world-learning/peer-to-peer/webinars/

〈3부 8장〉

1 2020년 4월. 개학을 이틀 앞두고 코로나19를 처음 겪는 청소년들을 인터뷰했다. '코로나19 시대를 사는 청소년에게 학교란 무엇인가' https://brunch.co.kr/@hitchoneyker/7

2 그의 이론은 국내에도 『혁신 기업의 딜레마』 『성장과 혁신』이라는 책으로도 잘 알려져 있다.

3 크리스텐슨 연구소 홈페이지: www.christenseninstitute.org

4 2020.07.27 〈서울신문〉"대학만큼 온라인 인맥 중요한 시대 온다" www.seoul.co.kr/news/newsView.php?id=20200731500051&wlog_tag3=naver

5 2017.4.10. 〈중앙일보〉"특성화고 기술교사 현장직무·4차산업 연수 강화" https://news.joins.com/article/21458195

6 Bradley Bowen & Teresa Shume, Educators in Industry: An Exploratory Study to Determine how Teacher Externships Influence

K-12 Classroom Practices, Journal of STEM Education19(1), 2020.
이 연구에서는 여름방학 중 4주간 STEM과 관련된 회사에서 업무를 익히는
'K-12 Externship Program'에 참여한 교사들을 대상으로 인터뷰를 진행했다.

7   마이크로소프트에서는 25년 째 IT 분야의 전세계 커뮤니티 리더들을 발굴하
여 수상하는 MVP상을 운영하고 있다고 한다. 마이크로소프트뿐만 아니라 아
마존, 구글, 페이스북 같은 IT 기업들도 수천억 원의 예산을 들여 커뮤니티 리
더를 지원, 육성하고 있다. 미래형 인재에 투자하는 방식이다.

8   www.xrstudygorup.com

9   자아성장 큐레이션 플랫폼, 나이스투밑미 홈페이지: https://nicetomeetme.
kr

10   Audrey Osler & Hugh Starkey, Learning for Cosmopolitan Citizenship:
Theoretical debates and young people's experiences, Educational
Review 55(3), 2003.

11   Youniess, Susan Bales, Verona Christmas-Best, Marcelo Diversi,
Youth Civic Engagement in the Twenty-First Century, Journal of
Research on Adolescence 12(1), 121-148, 2002.

001　공부, 삽질하지 마라! : 교육학자와 심리학자가 처방한 WPI 성격 유형 공부법

이은주, 황상민 지음 | 256쪽

나를 아는 것'이 '나의 문제를 해결하는 비법'이라는 기본적인 생각에서 출발했다. 우리는 종종 문제의 핵심을 제대로 깨닫지 못한 채 내 아이를 옆집 사는 전교 1등 아이와 비교하고, 공부 잘하는 친척 아이와 비교하면서 무작정 따라 하도록 종용한다. 하지만 남의 공부법이 내 아이에게도 맞을 거라는 생각은 착각이다. 전교 1등 하는 옆집 아이가 보는 교재, SKY 수석 입학자의 공부법, 교과서를 몇 번 읽으면 저절로 외워진다는 비법, 기적을 불러온다는 노트 필기법 등에 효과를 기대하는 마음도 착각의 소산이다. 그렇다면 왜 A에게 맞는 공부법이 B에게 맞지 않는 걸까? 이유는 딱 하나, 아이들 개개인의 마음과 성격이 다르기 때문이다. 이것이 바로 'WPI 성격 유형 공부법'을 알아야 하는 이유다.

#마음관리 #시간관리 #맞춤형_공부법

002 발표의 신 : 우리 아이를 프레젠테이션 스타로 만들어주는

박효정, 임선경 지음 | 224쪽

교실 분위기가 달라졌다. 교사 혼자 교과 내용을 설명하고 이따금 나오는 질문에 대답하던 방식은 더는 통용되지 않는다. 이제는 교과목마다 아이들이 앞에 나서 발표하는 수업이 대세다. 학생 스스로 발표 주제를 잡고, 내용을 구성하고, 프레젠테이션 자료를 보여주며 수업을 진행한다. 『발표의 신』은 두 파트로 구성되었다. 연두색 페이지는 프로젝트 수업을 하게 된 중2 학생들이 프로젝트를 진행하는 전 과정을 소설 형식으로 담았고, 흰색 페이지에는 부모님이나 선생님이 먼저 참고한 후 지도할 수 있도록 발표의 프로세스를 담았다. 갑자기 많아진 프로젝트 수업 때문에 걱정하는 학생들, 아이의 성격이 소심해서 수업 시간에 발표를 제대로 할 수 있을까 걱정하는 부모님, 발표 수업을 지도하는 데 사용할 마땅한 자료가 없어 고민하는 선생님들에게 이 책을 권한다.

#프로젝트수업 #학교이야기 #자료조사

003 장 자매의 영어 홈티칭 : 엄마 아빠는 채점만 하세요

장이분, 장미경 지음 | 327쪽

『장자매의 영어 홈티칭』은 학생들의 원어민 수업이나 학교·학원 수업에서 부족한 '정확하게 읽고 말하고 쓰기'를 가정에서 보충할 수 있도록 구성한 책이다. 모든 영어 문제의 우리말 해석은 물론 답안과 해설, 가이드를 제공함으로써 손쉽게 지도할 수 있게 만들었다. 이 책은 크게 '읽기 전' 활동과 '읽는 중' 활동, 그리고 '읽기 후' 활동으로 구성되었다. 읽기 전(Before You Read) 활동에서는 단어와 토픽들을 맛보고, 읽는 중(While You Read) 활동에서는 본문을 먼저 읽은 다음 단어와 구문, 해석, 다양한 쓰기에 도전할 수 있다. 읽은 후(Review) 활동에서는 구체적인 사항에 묻고 답하기, 최소한의 문법 공부, 그리고 이 책의 특장인 요약하기를 연습할 수 있다. 원전과 영화를 비교해보는 쏠쏠한 재미는 부모와 자녀에게 드리는 덤이다.

#초등영어지도 #부모표_영어 #영작문

004 지금 알려줄게요 미국대학원 : 미국 석박사과정 장학금 받고 1년 만에 합격하기

이민아 지음 | 340쪽

이 책은 고려대학교 컴퓨터학과를 졸업한 이민아 양이 1년 동안 미국 대학원을 준비하여 세계 1위 컴퓨터학과 박사과정에 합격한 비결을 공개한 것이다. 공부와 전략만 강조한 다른 유학 매뉴얼과 달리 스스로 길을 개척한 사람답게 오류와 시행착오의 경험을 공유함은 물론 실용적이며 따뜻한 조언까지 가감 없이 실었다. 해외 대학원 진학을 고려하거나 준비하는 독자들이 박사과정 지원에 필요한 전반적인 요소들을 파악하고, 더 나아가 시행착오를 줄일 수 있는 데 이 책이 든든한 가이드 역할을 해줄 것이다. 독자들이 자신의 여건에 맞게 활용할 수 있도록 책 말미에 공개한 저자의 자기소개서, 학업계획서, 유학 준비 타임라인은 이 책에서만 볼 수 있는 특장이다.

#미국유학 #장학금 #추천서_받기

005 청년창업 : 글로벌 명문 공대에서 배운다

이세형, 이유종, 조은아, 김수연, 한기재, 구자룡, 부형권, 동정민, 장원재, 조동주 지음 | 232쪽

이 책에서 특히 눈여겨보아야 할 대목은 국내에서 나름대로 창업 교육을 선도하고 있는 한국의 7개 대학(고려대, 서울대, 연세대, 한국과학기술원, 포스텍, 한동대, 한양대)에 대한 탐구다. 이 대학들은 어려운 여건 속에서도 한국의 창업 교육 활성화에 힘을 쏟고 있다. 물론 아직까지는 이 책에서 소개하는 해외 명문대에 비해 전반적으로 '한 수 아래'임이 확실하다. 또 하나 주목할 것은 고질적인 병폐가 되어버린 명문대 올인 사회, 대기업 올인 사회에 대한 통념을 바꿔야만 창업교육을 비롯한 일반교육이 정상화될 수 있다고 강조한 부분이다. 이 책을 통해 각 대학이 내세우는 창업 교육의 강점과 특성화 전략을 꼼꼼히 비교하고, 지역별(아시아, 유럽, 미국, 중동, 한국) 대학 간 전략의 공통점과 차이점을 체크하여 우리 사회의 구성원들이 공부와 직업에 대한 인식을 바꾸어가길 희망한다.

#스타트업 #창업을_선도하는_해외_명문대 #창업교육

006 아동학대 예방 & 대처 가이드 : 폭력으로부터 아이들을 구하는 법

이보람 지음 | 392쪽

아동폭력을 예방하고, 이후 대처 방안에 대해서 '법'을 핵심 삼고 있다. '법'은 아동의 권리와 아동학대가 일어났을 시 처벌규정을 명시해놓고 있다. 또한, 외부인이 접근하기 어려운 가정의 문제를 비롯한 다양한 상황에 대해, 아동학대를 예비할 수 있는 법안을 마련해놓았다. 그러므로 아동과 관련된 법에 접근해보는 것이, 아동학대를 예방하고 대처하는 데 첫걸음이 될 것이다. '법'을 적용한 다양한 사례를 통해 어떤 조항이 어느 상황에 어떻게 적용 가능한지 구체적으로 살필 수 있고, 현실에서 아동이 위험에 처했을 경우 어떻게 대처할 수 있을지 습득할 수 있다. 교육자, 보호자뿐만 아니라 모든 사람이 아동폭력을 예방하고 대처할 수 있도록 실질적인 방침을 담은 이 책이 아직은 희미한 아동인권 이슈를 각성하게 해주는 데 도움이 되길 바란다.

#가정폭력 #학교폭력 #성폭력

007 하나님이 키우신다 GOD Schooling : 신앙과 양육에 관한 열한 가지 묵상

모지현 지음 | 240쪽

부모가 되어 자녀를 키우는 사람들에겐 변하지 않는 소망이 있다. 나의 자녀가 건강하고 무탈하게, 온전한 성품을 가진 성인으로 성장하는 것이다. 공부를 잘하고, 학교에서 좋은 성적을 받고 졸업하고, 사회에 나가 누구나 선망하는 멋진 기업에 취직하고, 훌륭한 배우자를 만나 가정을 이루고…. 거의 모든 부모가 아직 젖도 떼지 않은 어린 자녀를 품 안에 안고 기도하는 내용이다. 종교를 가진 사람이든 갖지 않은 사람이든 마찬가지다. 그런데 이러한 바람을 이루는 것이 한 인간의 삶에서 '전부'일까? 이 책은 평범하지 않은 교육의 길을 걷기로 결심한 엄마의 동기, 목적과 이유, 그리고 이를 삶에서 실천하는 과정을 통해 자녀와 함께 성장하는 데 어떻게 온 마음을 바쳤는지 보여주는 신앙의 고백이자 여정을 담은 간절한 기록이다.

#홈스쿨링 #온가족이_함께하는 #크리스천_홈스클링

008 언어사춘기 : 주인의 삶 vs. 노예의 삶, 언어사춘기가 결정한다

김경집 지음 | 248쪽

'언어사춘기'란 '아이의 언어에서 어른의 언어로 넘어가는 중
간 시기' 혹은 '중간 시기의 언어'를 이르는 말로 '언어사춘기'
라는 표현은 저자가 고안해낸 것이다. 최근 뇌과학자들과 교육
학자들이 공동으로 연구한 결과에 의하면, 초등학교 4학년 이
후부터 중학교에 이르는 연령 때가 '아이의 언어'에서 '어른의
언어'로 변환되는 시기인데, 이때 어른의 언어를 습득하는 효율
성이 가장 높다고 한다. 저자는 이 책에서 먼저 '언어사춘기'의
의미와 자각에 대한 필요성을 역설한 다음, 구체적이며 활용 가능한 팁들을 소개한다. 즉
아이의 언어를 버리고 어른의 언어로 넘어간다는 것이 무엇을 뜻하는지, 풍부한 감정 표현
이 가능하려면 무엇을 어떻게 해야 하는지, 남보다 섬세하게 지각하고 사유하려면 어떤 언
어 훈련을 쌓아야 하는지 그 방법들을 제안한다.

#자녀교육 #역전하는_삶 #섬세한_사유능력_기르기

009 열흘 만에 끝내는 초등수학 : 초등학교 수학의 새로운 발견

반은섭 지음 | 272쪽

이 책은 한 그루의 '수학 나무'인 아이들과 함께할 작은 '수학
정원'을 아름답게 가꾸는 데 유효한 설명서다. 1부에서는 아이
들이 왜 수학을 어려워하는지, 수학의 본성이 무엇이지, 또 아
이들의 수학 공부를 도와주기 위해 어떤 교수 원리가 필요한지
소개한다. 두 장에 걸쳐 아이들에게 수학을 어떻게 가르쳐야
하는지, 아이들에게 어떤 수학을 가르쳐야 하는지 다룬다. 2부
에서는 학교에서 다루는 중요한 수학 내용을 자녀들과 어떻게
공부해야 하는지 구체적으로 소개한다. 가장 기본적인 덧셈, 뺄셈, 곱셈, 나눗셈과 같은 사
칙연산부터 분수와 비율, 도형과 측정을 가장 효과적으로 정확하게 공부하는 법을 소개하
고, 이후 문장제 문제를 풀이함으로써 앞서 소개한 공부법을 적용한다.

#수학교육 #사칙연산_개념잡기 #수학의_본성_이해하기